职业教育

法律职业教育
精品系列教材

庭审实务训练教程

唐素林　主编

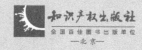

知识产权出版社
全国百佳图书出版单位
——北京——

图书在版编目（CIP）数据

庭审实务训练教程/唐素林主编.—北京：知识产权出版社，2021.12
ISBN 978-7-5130-7881-8

Ⅰ.①庭…　Ⅱ.①唐…　Ⅲ.①审判－中国－高等学校－教材
Ⅳ.①D925

中国版本图书馆CIP数据核字(2021)第238048号

责任编辑：赵　军　　　　　　　　责任校对：谷　洋
封面设计：纵横华文　　　　　　　责任印制：刘译文

庭审实务训练教程
唐素林　主编

出版发行：知识产权出版社有限责任公司	网　　址：http://www.ipph.cn
社　　址：北京市海淀区气象路50号院	邮　　编：100081
责编电话：010-82000860转8127	责编邮箱：zhaojun99668@126.com
发行电话：010-82000860转8101/8102	发行传真：010-82000893/82005070/82000270
印　　刷：北京建宏印刷有限公司	经　　销：各大网上书店、新华书店及相关专业书店
开　　本：787 mm×1092 mm　1/16	印　　张：21
版　　次：2021年12月第1版	印　　次：2021年12月第1次印刷
字　　数：364千字	定　　价：78.00元

ISBN 978-7-5130-7881-8

作者简介

唐素林，女，四川井研县人，中国政法大学法学硕士（理论法学）、访问学者，现任北京政法职业学院法律文秘专业教研室主任、副教授，北京市职业院校专业带头人、优秀中青年骨干教师，中国中文信息学会速记专业委员会专家委员，兼职律师。从事教学工作 27 年，其中从事法律高职教育工作 18 年。主要研究方向为法学理论、人民调解、社会治理、法学教育等，主持北京市级课题 1 项，主持学院课题 6 项，参与市级、院级科研课题 10 余项；主要成果有《社会管理创新法治化问题研究》（专著）、《民间纠纷调解要点与技巧》（编著）、《纠纷调解制度与基层法律服务》（主编）、《中国法治建设及公民法律意识培养研究》（合著），发表论文40 余篇。

林云，女，安徽金寨县人，汉族，1976 年 4 月出生；北京大学法学本科毕业，获专业硕士学位；现任北京市丰台区人民法院党组成员、副院长、审判员。分管该院立案速裁、党的建设、队伍建设、司法改革、审判管理和人才培养工作。具有丰富的庭审实务经验和深厚的理论研究功底，发表文章多篇。其指导的"多元调解＋速裁"庭审实务案例教学获评国家法官学院精品课程。

郑文静，女，山东济南人，首都师范大学宪法学与行政法学硕士（法治与公共行政方向），现任北京市丰台区人民法院行政审判庭副庭长，曾立个人三等功一次，从事行政审判工作近十年，多审理疑难复杂及新类型案件，论文曾获全国法院系统学术讨论会论文二等奖、三等奖，北京市行政审判优秀文书一等奖等。

支小龙，陕西宝鸡人，中国政法大学法学硕士，民商法学专业毕业，现任北京市高级人民法院行政庭三级高级法官。具有部队政治工作、人力资源工作经历，热衷于行政审判事业，先后审结 1170 件行政案件。

王静，丰台区人民法院刑事审判庭一级法官，北京工商大学社会实践导师、河北省邯郸市中级人民法院调研人才库指导老师。2011 年参加工作以来，多次考评为优秀并立三等功 1 次，曾获丰台法院特殊贡献奖、突出贡献奖、优秀共产党员、宣传工作先进个人、调研工作先进个人等荣誉。主要学术成果：《惩治邪教相关法律问题研究》（合著）；《刑事速裁案件裁判文书范式研究》获得第 27 届全国法院学术论文讨论一等奖、北京法院学术论文讨论特等奖；此外，多篇论文曾获北京法院学术论文讨论一等奖、优秀奖，全国法院学术论文讨论一等奖、二等奖、优秀奖；论文获"沈家本与中国法治之路"论坛征文一等奖，收录于《沈家本与中国法治之路》，发表论文 2 篇，3 篇案例被中国法院年度案例收录。

黄昊，四川宜宾人，毕业于中国政法大学，硕士研究生学历，现就职于北京市普华律师事务所，任公司法律事务部副主任，专职律师；曾任北京市丰台区人民法院民事审判三庭法官助理，主要研究领域为商事审判及司法制度改革。论文分别获全国法院第三十届学术讨论会二等奖及全国法院第三十一届学术讨论会三等奖，论文《司法确认制度在律师调解中的适用问题研究》获"百名法学家百场报告会"首都法学家专场报告会优秀奖，案例《不适用七天无理由退货的网络销售产品需有显著的确认程序且经消费者单次购买时确认》入选《中国法院年度案例》（2019 年本）。曾获北京市丰台区人民法院年度考核优秀、个人三等功、个人嘉奖、个人突出贡献奖、优秀共产党员、党员先锋队优秀队员、法官好助手等多项荣誉。

陈志博，男，1989 年出生，汉族，中共党员，籍贯为浙江省丽水市。研究领域为司法改革和法院教育培训。2015 年毕业于北方工业大学，获法学硕士学位，同年 7 月进入北京市丰台区人民法院工作，先后在王佐人民法庭、政治部教育培训工作组任职。现任政治部教育培训工作组四级主任科员。撰写的《市场化背景下利率竞争法规制》《超过诉讼时效的离婚协议能否支持——李某某诉刘某某离婚后财产案》分别在《金融服务法评论》《中国法院年度案例》等期刊刊登，并先后获评本院优秀共产党员、法官好助手、党团活动积极分子等多项荣誉。

田磊，男，1989 年出生，山西晋中人，中国政法大学民商经济法学院硕士研究生，现任北京快手科技有限公司高级法律顾问，曾任北京市丰台区人民法院法官助理。主要研究领域为民商法学和民事诉讼法学，在最高人民法院主办的第二届京津冀商事论坛中发表《关于要素式审判方法推进商事案件简案简办的调研报告》，发表案例分析《银行代销理财产品的风险承担》《保证期间内债权人撤诉的司法效力认定》《融资租赁合同中出租人收回租赁物后的返还义务认定》。先后于国家法官学院北京分院、青海省高级人民法院参与教授书记员履职案例教学活动，于北京市高级人民法院讲授法官助理如何高效履职课程。

王培松，男，安徽太和人，毕业于中国政法大学，法律史博士研究生，现为北京市丰台区人民法院民事审判二庭法官助理，主要从事行政审判、民事审判相关工作。曾撰写《绩效管理视角下的审判团队绩效考评机制构建》《关于非法占地类非诉行政执行案件的调查研究——以北京市法院系统 2013—2017 年审判案例为样本》等论文，多次获全国法院学术讨论会论文奖。

杜明哲，西南政法大学宪法与行政法学专业硕士，2014 年入职北京市丰台区人民法院，任行政审判庭法官助理。论文《规范性文件的司法审查标准构建》曾获第十二届中国法学青年论坛主题征文活动三等奖及北京市法学会行政法学研究会法治政府建设论坛一等奖；论文《关于一审依职权履行法定职责案件审查视角和裁判规则的调查研究》曾获中国法学会审判理论研究会行政审判理论专业委员会 2018 年年会主题论坛优秀奖；撰写的案例《陶淑华诉山东省青岛市社会保险事业局劳动社会保障行政确认案》曾获全国法院系统优秀案例分析评选活动优秀奖。此外，有多篇案例发表在《中国法院年度案例》《审判案例要览》及《审判前沿》。其先后多次为行政机关、大学生授课。

李洋，女，1988 年出生，2014 年毕业于中国人民大学法学院法律硕士（非法学）专业，研究方向为多元纠纷解决。就职于北京市丰台区人民法院刑事审判庭，担任法官助理。工作期间，参与多件疑难、敏感、新类型案件的办理。论文《犯罪嫌疑人、被告人虚报身份的法律规制问题研究》获全国法院系统第 27 届学术讨论会优秀奖，论文《论我国刑事鉴定意见的审查与完善途径》发表于《北京审判》2017 年第 10 期；六篇案例分析被《中国法院年度案例》收录。

薛碧晗，女，北京人，毕业于贵州大学法律硕士专业，现就职于北京市丰台区人民法院刑庭，任法官助理，著《远程视频作证探析》获全国法院第三十届学术论文三等奖、北京法院第三十届学术论文二等奖。

刘瑞珍，女，河南濮阳人，毕业于北京林业大学，硕士研究生，现就职于北京市丰台区人民法院，担任刑庭法官助理职务，研究方向为刑法理论、环境法学，曾在《法律适用》《林业经济》等期刊发表论文若干篇。

于楠，女，北京市人，中国共产党党员，毕业于中央民族大学，现任北京市高级人民法院刑二庭书记员，在 2018 年、2019 年机关年度考核中被评为嘉奖。

前　言

进入 21 世纪以来，我国的司法体制改革一直稳步推进。尤其是十八届四中全会作出《关于全面推进依法治国若干重大问题的决定》后，我国的司法体制改革进入了快车道。特别是党的十九大之后出台了一系列政策法规推动司法改革的进一步深化，如：《关于深化司法体制和社会体制改革的意见及贯彻实施分工方案》，明确了深化司法体制改革的目标、原则，制定了各项改革任务的路线图和时间表；《关于司法体制改革试点若干问题的框架意见》，对若干重点难点问题确定了政策导向。2019 年 1 月推出《关于政法领域全面深化改革的实施意见》和《中国共产党政法工作条例》，确定了党领导政法工作的重要制度。2019 年 2 月最高人民法院在全面总结前期成效基础上，对标中央《关于政法领域全面深化改革的实施意见》，制定发布了《关于深化人民法院司法体制综合配套改革的意见》，作为《人民法院第五个五年改革纲要（2019—2023）》（简称"五五改革纲要"）推进实施。目前各项改革措施逐步实施，取得实质性进展，中国特色的司法体制逐步完善和定型，法官、法官助理、书记员等人员分类管理的措施日渐成熟，成效也逐步凸显。

习近平总书记指出："制度的生命力在于执行。"而制度的执行需要人才支持。伴随司法体制和司法人员分类管理改革的不断深入推进，社会对司法人员在知识、岗位技能、职业素养方面的能力要求越来越高，要求司法人员有更强的使命感和责任感。这对政法院校的人才培养提出了新挑战，政法院校的人才培养将面临培养目标、教学管理机制、法学课程体系、教学模式手段等诸多改革与调整。我们需与时俱进，深入推进法学教学改革，培养出高素质、复合型的法律人才。这既是全面贯彻依法治国基本方略的需要，也是国家与社会良性发展的基石。因此我们编写了《庭审实务训练教程》供全国大专院校法律专业学生开展庭审实务训练或模拟法庭使用，期望提高他们对法律的理解与综合应用能力，学到丰富实用的法律技巧，树立独立的法律意识，形成良好的法治思维，学会用法治方式处理事务。

作为即将进入法院及相关法律辅助岗位工作的人员的法学、法律专业学生，应当熟知三大诉讼法的规范，掌握民事、刑事及行政诉讼的形式和程序，以保证审判公正、程序公开、判决合法等。为了让学生们能够在仿真的情境中，通过不同角色的扮演，掌握民事一审、二审普通程序的各个阶段的工作，撰写的各类文书及材料，整理归档等工作，本教程编写了三编内容，包括：第一编民事诉讼庭审实务训练、第二编刑事诉讼庭审实务训练、第三编行政诉讼庭审实务训练。每编阐述了第一、二审的程序规范，也提供了案例示范及主要文书样式，突出了该教程实践性和实用性的特色。

其实践性体现在：第一，本教程编者大部分来源于基层人民法院和高级人民法院的在审判一线的专家与骨干，他们具有丰富的审判经验，可以告诉未来的司法从业者将如何做。第二，本教程在内容方面，提供了民事、刑事及行政案件在一审或二审阶段，从庭前准备、开庭审理及庭后工作等方面对学生进行训练的内容，指出在未来工作中容易失误或应该注意的事项，实践内容翔实丰富。

其实用性体现在：第一，本教程既有对民事、刑事及行政诉讼第一审、第二审程序规范的阐述，也有对在工作中容易出现失误点的重点提示，具有很强的实用性；第二，本教程在每编既安排了示范案例，也提供了训练案例，还有参考文书样式，给学生提供了很好的参考。

使用本教程，一方面可以加深法学学生对晦涩法律的立体理解，树立良好的法律意识，更加准确地理解法律、适用法律；另一方面可以节省培养学生掌握法律的能力所需要的时间和空间，寓学于练，真正把书本所学的知识和实际演练融为一体，实践性和实用性特色鲜明。

在本教程编写过程中，由唐素林负责设计、统稿、定稿及校阅，来自法院的法官及法官助理承担了大部分稿件撰写。具体分工如下：

第一编（第一章第一节、第二章）、第二编（第七章第一节的三、四、五、第十章的第三节）由唐素林撰写。

第一编（第一章第二、三节）由黄昊撰写。

第一编（第三章）由陈志博撰写。

第一编（第四章第一节、第三节）由林云撰写

第一编（第四章第二节、第五章、第六章）由田磊撰写。

第二编（第七章第一节的一、二和第二节）由薛碧晗撰写。

第二编（第七章第三节）由刘瑞珍撰写。

第二编（第八章）由于楠撰写。

第二编（第九章）由李洋撰写。

第二编（第十章第一、二节、第十一章、第十二章）由王静撰写。

第三编（第十三章）由杜明哲、王培松撰写。

第三编（第十四章）由支小龙撰写。

第三编（第十五章、第十七章）由王培松撰写。

第三编（第十六章）由郑文静、王培松撰写。

本书由张华审定。在本书编写过程中，曾蒙北京市丰台区人民法院教培组组长吴中华及知识产权出版社赵军编辑的关心和帮助，在此一并致谢。此外，由于时间仓促，主编水平有限，本教程可能有疏漏和不当之处，敬请广大同仁及读者不吝批评指正。

目 录

第一编 民事诉讼庭审实务训练

第二编 刑事诉讼庭审实务训练

第一编 民事诉讼庭审实务训练

作为即将进入法院及相关法律助理岗位工作的人员或学生，应当熟知《中华人民共和国民事诉讼法》（以下简称《民事诉讼法》）的规范，掌握民事诉讼的形式和程序，了解当事人及其代理人、其他诉讼参加人的诉讼权利与义务，以保证审判公正、程序公开、判决合法等；能够在仿真的情境中，通过不同角色的扮演，掌握民事一审、二审普通程序的各个阶段的工作，撰写各类文书及材料，整理归档等，以期为今后的工作打下坚实的基础。

民事诉讼一审程序大致可以分为以下几个阶段：庭前准备、开庭准备、法庭调查、法庭辩论、调解、评议与宣告等。庭前准备是开庭审理的前提和基础，开庭审理又是评议的前提和基础。法官在评议的基础上作出判决，并进行宣判。开庭审理阶段包括：开庭准备、法庭调查、法庭辩论、当事人陈述、调解等程序。作为即将步入法院工作的司法辅助人员，必须要依照《民事诉讼法》规定，掌握民事案件审理程序，做好各个流程所要求的工作，会制作或校对修改法律文书。

第一章　民事诉讼第一审程序工作规范

第一节　民事诉讼第一审庭前准备工作规范

庭前准备是开庭审理的前提和基础，如果庭前准备没有做好，疏漏了任何一个环节，都将影响开庭审理，甚至导致不能正常开庭审理，且影响开庭审理的公正性。因此庭前准备充分与否，对案件审理的质量、效果和效率将产生巨大影响。换句话说，庭前准备越充分、庭审的效率越高，质量也越高，庭审进行就越顺利，案件的公正性才有保障。

一、民事诉讼第一审庭前准备工作概述

什么是庭前准备？它有哪些特征呢？庭前准备是民事诉讼第一审程序的一个阶段，是指人民法院受理案件以后，开庭审理之前，准备开庭审理所应遵循的程序以及由此发生的各种法律关系与诉讼后果；就准备的内容而言，是指立案之后、开庭审理之前，人民法院、当事人、诉讼参加人、诉讼参与人等为开庭审理所进行的能产生一定诉讼后果的诉讼活动和诉讼行为。庭前的准备具有下列特征：

（1）庭前准备在法院立案之后至开庭审理之前。

（2）庭前的工作是为开庭审理作准备，重点在于固定证据和争议焦点的整理。

（3）庭前准备法官通常不审查案件的事实，即使法官在此阶段对案件事实有了部分的了解，也不能先入为主，使法庭审理流于形式。

庭前准备阶段，法官和司法辅助人员需要做很多具体的工作，如送达法律文书，处理管辖权异议，对不符合起诉条件的案件还要裁定驳回起诉，不属本院管辖的案件要移送管辖，对管辖权有争议的案件要请示上级法院指定管辖等。须注意的是，并不是每件民商案件都有庭前准备阶段，对于适用简易程序审理的案件，一般不用庭前准备；对于事实清楚，证据没有太大争议的案件，一般也不用庭前准备。

二、庭前准备的目的

庭前准备的主要目的：第一，保障诉讼公正。在庭前准备程序中以程序规范和强制诉讼后果保证当事人之间能充分地交换证据和诉讼主张，使开庭审理能在法官及当事人准备充分的前提下，顺利地完成。同时也体现了当事人的意思自治和法官的中立。第二，保障诉讼经济。在庭前准备程序中，法官和当事人获得无争议的证据、事实和诉讼主张在开庭审理时经当事人同意一般不再进行调查、辩论，仅对有争议的诉讼请求、证据和事实进行审理，从而有利于法庭集中和迅捷地审理，减少或避免重复开庭和拖延诉讼。

此外，法官通过庭前摸底可对当事人的想法、心态、情绪等有所掌握，庭审时做到心中有数，准确地把握当事人，掌控庭审，使庭审顺利进行。

三、庭前准备的主体

（一）审判组织

审判组织即人民法院审理各类案件的组织形式，分为独任制和合议制两种。所谓独任制，是只由一名法官审判案件的审判组织形式。独任制具有简单、灵活，便利诉讼程序进行优点。一方面，使法院的民事审判（诉讼）行为时间缩短、程序简化，节省了审判资源；另一方面，也使当事人减少在民事诉讼活动中花费的时间、财力；当事人能更加简便易行地参与诉讼活动，行使诉讼权利。独任制能够达到有效地实现诉讼程序经济价值的目的。我国《民事诉讼法》第四十条第二款和第一百六十条、第一百七十八条规定，独任制适用在基层法院及派出法庭审理事实清楚，权利义务明确、争议不大的简单民事案件且使用简易程序时由审判员一人独任审理；另外，在适用简易程序审理的案件，除选民资格案件或者重大、疑难的案件外，也由审判员一人独任审理。

合议制是在案件审理活动中，由一名主审法官（即审判长）和其他职业法官或人民陪审员共同组成合议庭审理案件和裁决案件的审判组织形式。合议制在运行程序上强调多人参与，集体审判、共同商讨。其适用范围是案件独任制难以正确处理的情况下组建合议庭，由合议庭组成人员共同审理和裁决。

（二）法官及司法辅助人员

法官是案件的审判人员，庭前的准备程序中，法官应适当地引导或指挥当事人完成庭前的各项诉讼活动和诉讼行为，以保证当事人正当、顺利地完成准备工作。

在庭前准备过程中，要适当行使释明权，使当事人能够明确自己在诉讼中的权利义务，为开庭审理作好充分准备。

司法辅助人员是辅助法官完成庭审办理案件的工作人员，包括法官助理和书记员、法警等。在庭前准备中，司法辅助人员协助法官引导或指挥当事人完成庭前的各项诉讼活动和诉讼行为，以保证当事人正当顺利地完成庭前准备工作。

（三）当事人

当事人是诉讼的发动者，他们参加诉讼是为了维护他们自己的合法权益，有些当事人在进行庭前的准备时，因不懂法律、对法律有误解或其他主客观原因不能履行庭前准备程序中的各项义务时，法官要适时行使释明权，使当事人明白诉讼法等所规定的内容的意义，使当事人以正确的态度对待诉讼，以保证庭前工作的顺利进行。如民事审判实践中经常遇到的被告在领取民事起诉状副本时，因原告"告"了自己，因此抵触情绪很大，会表示开庭时不出庭，此时，法官应告之如其不到庭，视为其放弃抗辩权利，法院将缺席进行审理，因此导致对其不利的后果，由被告承担。通过必要的释明，使被告认识到不出庭的后果，之后再由被告决定是否出庭。同时告知当事人进行诉讼的各种风险。

（四）诉讼代理人

诉讼代理人包括法定代理人、委托代理人、指定代理人三种。在庭前准备阶段，诉讼代理人有权依法或根据授权代理当事人进行庭审准备的各种诉讼活动和诉讼行为。

人民法院在对诉讼代理人的审查过程中，要注意审查以下问题：

（1）转委托代理问题。一是转委托代理的问题在审判实践中经常遇到，《民法典》第九百二十三条对民事代理中的转委托作出了明确规定，《民事诉讼法》未规定委托中的转委托。转委托首先须取得委托人的事先同意，如委托人不同意转委托，则转委托行为无效；二是转委托人基于特殊原因不能或者不便履行诉讼代理职责；三是受委托人必须符合委托代理人的条件，否则不能进行代理；四是转委托代理的权限不能超过委托人原来授权的权限。

当事人在同意转委托行为后，应由转委托后的委托代理人与委托人另行签订委托协议，转委托代理人并非对原代理人负责，而是直接对委托人负责。发生转委托诉讼代理时，法官应要求当事人书面告知法院，即向法院递交转委托代理事项的授权委托书。

（2）共同诉讼的委托代理问题。审判实践中，经常会出现在共同诉讼的委托代理活动中，委托代理人同时为共同诉讼人或为共同诉讼人中的部分人进行代理的情况。在此情况下，法官要注意审查数个共同诉讼人之间的利益是否存在冲突，如果存在现实或潜在的冲突，就不能同时代理他们进行诉讼。特别是在共同侵权的诉讼中，诉讼代理人一般不应为两个或两个以上的被告进行代理，因为尽管在反对原告上共同被告的利益具有一致性，但在侵权大小问题上共同被告之间是存在着利益冲突的。如果共同诉讼人之间不存在利益冲突，则应当允许诉讼代理人代理数位共同诉讼人进行诉讼。

（3）授权委托书的书写及审查。授权委托书中必须书写清楚，有的当事人为图方便，在授权委托书代理权限一项中只概括地写上"全权代理"。对这种不规范的授权，《民事诉讼法适用意见》明确规定授权委托书仅写"全权代理"而无具体授权的，委托代理人无权代为承认、放弃、变更诉讼请求，进行和解，提起反诉或上诉。法官在诉讼过程中，要注意审查授权委托书中委托人给予委托代理人多大的代理权限。对于委托人超越权限所为的行为是无效的。如委托权限中，没有委托代理人对当事人的权利进行实体处分，而代理人在诉讼中承认或放弃当事人的某项诉讼请求，就超出了其代理权限，该代理如未经委托人追认，则无效。

（五）其他诉讼参与人

这里所说的其他诉讼参与人是指诉讼代表人、证人、鉴定人、翻译人员等。

二、民事诉讼庭前准备分角色工作规范

庭审前的准备，是民事诉讼的一个非常重要的阶段，只有充分细致地做好庭前准备工作，才能在庭审中保障民事诉讼各方参与人充分行使诉讼权利，履行诉讼义务，保证人民法院合法、高效地进行审判，保障争议在法律框架内予以解决。在模拟训练中，扮演原告、被告、法官等不同角色的人员都需要就即将开始的庭审进行认真的准备，达到模拟训练的目的。

（一）原告的庭前准备

随着法治建设进程的深入，公民的法律意识、权利意识也越来越强。当他们认为自身民事权益受到侵犯或与他人发生争议，可能会采取不同的方式去维护自身权益或化解矛盾，如：忍受、双方谈判和解，找人调解，甚至到法院进行诉讼以维护自身权益。公民到法院起诉，就有可能成为民事诉讼的原告，从而启动民事诉讼程序。为了争取对自己有利的诉讼结果，原告必须要按照《民事诉讼法》和法院的要求，积极做好开庭前的准备工作。

1. 确定起诉

原告主要从以下方面分析确定是否起诉：（1）根据纠纷或争议的发展，分析起诉是否有利于保护自己的利益，是否有利于解决争议；（2）分析诉讼后果，分析胜诉可能性和诉讼风险；（3）通过对自己的诉讼经验与法律知识等方面的分析，确定是否聘请律师或其他代理人；（4）进行必要的咨询；（5）申请诉前财产保全与证据保全。认为需要诉前财产保全的，应当提出书面申请并提供担保。

2. 准备起诉状

确定起诉后，需要准备起诉状。起诉状可以由当事人自己书写，也可找委托诉讼代理人代书。

3. 咨询与了解

向律师等有关人员咨询法律知识，学习、查阅有关资料。重点在于了解自己的起诉决定是否有理，证据情况是否有利于起诉，分析诉讼中可能出现的情况，是否有调解、和解的可能及可能的调解方案。

4. 委托律师

根据法律规定，可当事人以委托 1~2 名律师作为自己的委托诉讼代理人。委托律师时，需要与律师事务所签订委托代理合同、给律师签署授权委托书、缴纳代理费等。

5. 证据准备

证据有以下几种：（1）书证；（2）物证；（3）视听资料；（4）证人证言；（5）鉴定结论；（6）勘验笔录。

原告根据案情需要，收集齐全与案件相关证据材料。

6. 到人民法院登记立案

这一阶段是当事人进行庭前准备的重要一环。有以下工作需要处理：（1）按照《民事诉讼法》的规定确认管辖法院。（2）向有管辖权的人民法院递交起诉状。递交起诉状时，应当按照对方当事人的人数提出副本，并附证实自己身份的有关材料（原告为自然人的，附身份证复印件并提供原件以便核对；原告为法人或其他组织的，应当提交营业执照副本等工商登记材料，及法定代表人身份证明书等）。并附证据材料。（3）按照人民法院立案部门的要求，完善程序事项，未在起诉状上签字盖章的，履行签字盖章手续。（4）申请诉讼中财产保全、申请先予执行、证据保全的，提交书面申请，并按照人民法院的要求提供担保，提供有关材料。（5）提出由人民法院依职权进行调查的申请，提出鉴定申请，提出进行勘验检查的申请。（6）如果案件不能公开审理，向人民法院提出不公开审理的申请。（7）交纳诉讼费用。

7. 阅读举证通知，了解当事人的权利义务

8. 补充举证

经阅读"举证通知"及"权利义务告知书"后，需补充举证，补充有关材料的，应在人民法院规定的举证期间内完成。

9. 接收被告答辩状

认真阅读法院发来的被告的答辩状。

10. 参加预备庭或庭前谈话

有时候法院会根据案情需要，召集原被告进行庭前谈话。原告可充分利用这一时机，检查自己的诉讼准备情况，以备在正式庭审中更好地保护自己的合法利益。

11. 出庭准备

提前做好准备，准备齐全开庭需要的所有材料。

12. 到庭

原告必须按照人民法院于传票中列明的开庭时间、地点准时到达，并携带开庭传票及有关身份证件向人民法院报到。

（二）被告的庭前准备

1. 接受起诉状

接受起诉状时，应审查送达是否正确，自己是否为送达对象，确认后，在送达回执上签字或者盖章。

2. 阅读举证通知，了解当事人的权利义务

3. 分析起诉、咨询与了解

对原告的起诉状进行分析，向律师等有关人员咨询法律知识，学习、查阅有关资料。重点在于了解自己是否有理，证据情况是否有利于应诉，分析诉讼中可能出现的情况，是否有调解和解的可能及可能的调解方案。还要准备对于自己的权利是否需要处分、所需要的条件、可能的处分方案等。

决定是否提出管辖异议。或决定是否提出财产保全、证据保全的申请。或决定是否提起反诉。

4. 准备答辩状（反诉状）

对起诉状进行答辩时，应考虑是否具备提起反诉的条件；如果具备反诉条件，可以一并提出反诉。答辩内容应实事求是、以理服人。

5. 委托律师

如果需要聘请律师，请办理委托手续，包括委托代理合同和授权委托书。

6. 证据准备

被告也要收集对自己有利的证据材料，以便更好地维护自身合法权益。

7. 递交答辩状

8. 根据需要提交申请书

如果案件证据需要由法院采证的，提出由人民法院依职权进行调查的申请；也可根据需要，提出鉴定申请，提出进行勘验检查的申请等。若案件应不公开审理，向人民法院提出不公开审理的申请。

9. 交换证据、参加预备庭或庭前谈话

按照法院约定的时间和地点参加准备庭或庭前谈话，并进行证据交换。

10. 出庭准备

提前做好准备，准备齐全开庭需要的所有材料。

11. 到庭

被告必须按照人民法院于传票中列明的开庭时间、地点准时到达，并携带开庭传票及有关身份证件向人民法院报到。

（三）第三人的准备

第三人的庭前准备活动与原告和被告的庭前准备活动基本相同，要注意充分保护自己的利益。例如向人民法院请求给予充分、合法的准备时间或提出自己意见的时间，原被告之间的诉讼材料应当与第三人进行交换，对于已经进行的程序应有必要的了解，等等。

（四）鉴定人、翻译人的准备

鉴定人、翻译人不是诉讼当事人，与案件没有利害关系。鉴定人、翻译人参与诉讼，是因为他们具有专业知识、专业技能。因此，对鉴定人、翻译人的要求是准确、如实地提供鉴定结论及翻译。

接到人民法院要求鉴定人、翻译人出庭的通知后，鉴定人、翻译人应当认真准备，以便如实回答法庭与当事人的提问。当庭提供翻译的口译人员，还应当在庭前了解与自己翻译工作有关的案件情况及背景资料，以便准确、及时地进行口译工作。接到人民法院的开庭通知后，鉴定人、翻译人应当按照通知的时间、地点到庭，向人民法院工作人员出示身份证明。一般情况下，鉴定人、翻译人并不全程参加庭审，而是在通知的区域等候，按照人民法院工作人员（一般是书记员）的通知到达庭审现场，由鉴定人提供鉴定报告、对专门问题作出说明，翻译人进行翻译工作。因此，在通知到庭之前，应在专门区域等候，不可随意离开。

（五）代理律师的庭前准备

1. 确定代理

律师与当事人接洽，律师介绍自己的业务专长，与当事人沟通案件相关内容，协商代理费的金额、代理期限等。律师与当事人沟通协商后，确定代理后需拟定委托代理合同条款，签订委托代理合同。

2. 起草与审查委托代理手续

律师与当事人签订委托代理合同后，需办理授权委托书，这需要由当事人签字授权。此外，要开具好律师事务所函，准备好律师证件。

3. 了解案情，调查取证

律师接受代理后，需要及时详细地了解案情，如果需要，需进一步调查取证。

4. 替当事人提出管辖异议、财产保全等申请

如果所诉案件需要提出管辖异议、财产保全、证据保全、先予执行等申请，替当事人代书相应的申请书，并提交到法院办理相关手续。

5. 根据需要提交申请书

如果案件证据需要由法院采证的，提出由人民法院依职权进行调查的申请；也可根据需要，提出鉴定申请，提出进行勘验检查的申请等。如果案件需要不公开审理，向人民法院提出不公开审理的申请。

6. 参与证据交换

按照约定时间带／代当事人参加证据交换。

7. 指代对当事人参加庭审应诉

律师作为专业人士，需在开庭前对当事人进行指导，告诉参加庭审事项及需要注意的问题。

8. 拟定参加庭审的方案，起草有关法律文书

9. 参加庭前谈话

10. 出庭准备

11. 到庭

律师必须随同当事人按照人民法院于传票中列明的开庭时间、地点准时到达，并携带开庭传票及有关身份证件向人民法院报到。

（六）书记员的庭前准备

1. 检查起诉手续是否完备

（1）审查起诉状。看看起诉状是否具备以下情形：

第一，起诉必须符合以下实质条件：①原告是与本案有直接利害关系的公民、法人和其他组织；②有明确的被告；③有具体的诉讼请求和事实、理由；④属于人民法院受理民事诉讼的范围和受诉人民法院管辖。

第二，起诉状应当记明下列事项：①当事人的姓名、性别、年龄、民族、职业、工作单位和住所，法人或者其他组织的名称、住所和法定代表人或者主要负责人的姓名、职务；②诉讼请求和所根据的事实与理由；③证据和证据来源，证人姓名和住所。

第三，原告未在起诉状上签字盖章的，书记员应当指导原告履行签名或者盖章手续。

第四，指导当事人对其提交的证据材料逐一分类编号，对证据材料的来源、证明对象和内容做简要说明，原告需签名盖章，注明提交日期，并按照对方当事人人数提出副本。书面证据以 A4 纸大小的格式提交，以蓝黑钢笔、签字笔书写。提交票据须按票号或时间逐一粘贴于 A4 纸上。

第五，审查原告是否按对方当事人的人数提出起诉状副本。未提出副本或副本数量不足的，告知当事人补足。

第六，对于书写起诉状确有困难的原告，书记员应当将起诉内容制成笔录，由原告在笔录上签名或者盖章。当事人在诉状中有谩骂和人身攻击之词，送达副本可能引起矛盾激化，不利于案件解决的，应当说服其实事求是地修改。坚持不改的，可以送达起诉状副本。

第七，对有诉前财产保全申请的，及时转送有关审判人员处理。

第八，对起诉状审查合格后，向原告发出受理案件通知书，告知原告在指定的银行交纳诉讼费用。

（2）处理不符合条件的起诉。对下列起诉，分别情形，予以处理：①依照《行政诉讼法》的规定，属于行政诉讼受案范围的，告知原告提起行政诉讼；②依照法律规定，双方当事人对合同纠纷自愿达成书面仲裁协议向仲裁机构申请仲裁、不得向人民法院起诉的，告知原告向仲裁机构申请仲裁；③依照法律规定，应当由其他机关处理的争议，告知原告向有关机关申请解决；④对不属于本院管辖的案件，告知原告向有管辖权的人民法院起诉；⑤对判决、裁定已经发生法律效力的案件，当事人又起诉的，告知原告按申诉处理，但人民法院准许撤诉的裁定除外；⑥依照法律规定，在一定期限内不得起诉的案件，在不得起诉的期限内起诉的，不予受理；⑦判决不准离婚和调解和好的离婚案件，判决、调解维持收养关系的案件，没有新情况、新理由，原告在 6 个月内又起诉的，不予受理。

2. 立案

书记员在立案阶段主要做以下工作：

（1）对原告的起诉审查合格，原告已按规定交纳诉讼费用的，书记员应按规定报经批准，在收到起诉状或者口头起诉后的 7 日内立案，在立案登记本上登记。

（2）向原告发出举证通知书、当事人诉讼权利义务须知，当事人交换证据材料清单。告知原告进行证据交换的时间和地点。

（3）对于不符合起诉条件的，由审判人员在 7 日内作出不予受理的裁定。书记员应当完成裁定的送达工作，原告不服裁定提出上诉的，完成档案整理工作，连同全部材料和证据，报送第二审人民法院。

3. 通知被告

通知被告答辩，向被告发出原告起诉状副本，应诉通知书、举证通知书、当事人诉讼权利义务须知，当事人交换证据材料清单。告知被告进行证据交换的时间和地点。被告在收到之日起 15 日内提出答辩状。

4. 接收和审查被告答辩状

（1）接收被告答辩状。按照规定履行接收手续。

（2）审查答辩状。书记员应当平等对待双方当事人。①如果被告未在答辩状上签名盖章的，书记员应当指导被告履行签名或者盖章手续；②指导被告对其提交的证据材料逐一分类编号，对证据材料的来源、证明对象和内容作简要说明，被告需签名盖章；注明提交日期，并按照对方当事人人数提出副本。书面证据以 A4 纸大小的格式提交，以蓝黑钢笔、签字笔书写。提交票据须按票号或时间逐一粘贴于 A4 纸上；③审查被告是否按对方当事人的人数提出起诉状副本。未提出副本或副本数量不足的，告知当事人补足；④对于书写答辩状确有困难的被告，书记员应当将答辩内容制成笔录，由被告在笔录上签名或者盖章；⑤如被告提出反诉，应提供反诉状，书记员应按对起诉状的审查程序进行审查。并完成送达反诉状，接收反诉答辩状等工作；⑥出现第三人参加诉讼的情况，书记员应当将情况及时报送有关审判人员，以便作出处理，并做好记录等工作。

（3）处理被告提出的管辖异议。被告在答辩期间提出管辖异议的，书记员应当及时报有关审判人员审查，异议成立的，由审判组织裁定将案件移送有管辖权的人民法院；异议不成立的，裁定驳回。

（4）发送答辩状给原告。书记员在收到被告答辩状之日起五日内将答辩状副本发送原告。被告不提出答辩状的，不影响人民法院审理。

5. 向当事人送达合议庭组成人员通知

按照《民事诉讼法》第一百一十五条的规定，合议庭组成人员确定后，应当在 3 日内告知当事人。

6. 组织当事人交换证据

原告与被告交换证据应在规定的时间进行。书记员实际组织此项工作，应特别注意严格、细致，检查与核对双方当事人是否按照当事人交换证据材料清单填写了有关证据材料，应有条理地整理文件，避免差错。当出现当事人之间情绪对立等不利于工作的情况时，应及时、恰当地制止。

7. 协助完成调查及勘验现场工作

在法院依职权进行的调查及勘验检查工作中协助审判人员完成现场工作，担任记录。需绘制图形、制作表格的，应使用正规、准确的符号、线条。

8. 协助完成财产保全、证据保全现场工作

在财产保全、证据保全等工作中协助审判人员完成现场工作，担任记录。

9. 做好准备庭或庭前谈话的记录工作

根据案情的需要，有些案件在正式开庭前，合议庭会举行准备庭或庭前谈话。书记员应当完成开庭准备工作，核对当事人，宣布法庭纪律，并担任此后的准备庭庭审记录。准备庭（庭前谈话）结束后，组织当事人及相关参与人员核对笔录，并在笔录上签名。

10. 整理初步档案

书记员应将此前形成的材料整理成档。应当按照最高人民法院的要求，规范整理。

11. 合理安排开庭时间

书记员要与法官协商好，依法合理地安排开庭时间。

12. 送达开庭通知并告知应携带的应诉手续

按照《民事诉讼法》第一百三十六条的规定，人民法院审理民事案件，应当在开庭 3 日前通知当事人和其他诉讼参与人。书记员一般为实际送达人，情况需要时也由法警送达。对当事人的开庭通知使用传票，对律师及其他诉讼参与人的开庭通知使用出庭通知书。

13. 办理公告

公开审理的案件，书记员应当在人民法院公告栏内公告开庭审理的时间、地

点、案由。

14. 开庭前的检查工作

提前到庭检查法庭设备是否能够正常使用；接收当事人交回的传票，核对当事人身份，接收代理律师交回的出庭通知书，核对律师身份等。

（七）审判员、陪审员的庭前准备

审判员、陪审员的庭前准备应当紧紧围绕着案件审理的主线进行，即审判员、陪审员应当把准备的重点放在遵守程序，查清事实，正确适用法律的准备上。其主要准备工作是，在审判长的主持下，参与庭前重要准备事项，既形成与审判长的良好配合，又要有独立思考。

还要注意：在庭前准备阶段不能形成"先入为主"的主观印象，过早形成判断，影响了案件的公正审理。因此，审判员、陪审员的庭前准备工作在以下主要方面的"参与"和"了解"。

（1）参加合议庭会议，明确分工。

（2）参加人民法院依职权进行的调查。

（3）参加财产保全、证据保全、先予执行工作。

（4）参与对证据的初步审查。

（5）详细阅读案卷材料，制定审理提纲。

（6）向审判长提出建议，补充庭审提纲。

（7）按时到达，向审判长报到。

（八）审判长的庭前准备

审判长在民事诉讼中处于指挥者的重要地位。审判长应有较高法律素养，有相当的审判经验。能够对事实有敏锐的洞察力，善于分析和归纳，并能正确适用法律。在庭前准备活动中，适时掌握进程，明确庭前准备的目的是为了庭审的合法、公正、富有效率，使各方的意见能够在庭审中清楚、充分地展开，保证经过充分审理后形成正确的判断。因此，审判长的庭前准备，应当突出对审判主线的掌握。

1. 对诉讼材料进行程序审查

程序审查，是进行民事诉讼庭前准备的首要事项。程序审查，具体包括起诉、管辖、立案受理等内容。

2. 组成合议庭

合议庭组成人员由院长或庭长在案件移交到民事审判庭后指定。合议庭组成人员确定后，应当在3日内告知当事人。这项工作一般由审判长安排书记员完成。合议庭成员因回避、调动、病休等特殊情况，不能继续履行职务时，由庭长另行指定人员。合议庭重新组合后，应当在 3 日内告知当事人。

3. 召开合议庭会议，进行合议庭的庭前准备

主要内容为：一、研究庭审要点，掌握诉讼请求、争议焦点、法律关系、适应法律建议等，并根据案件情况，在合议庭成员中进行分工。审判长应当做到全案争议焦点清楚，主持庭审心中有数，有应付突发情况的预案，并根据案情准备审理提纲。二、合议庭应在立案受理五日内将起诉状副本发送被告答辩，安排书记员送达。并附应诉通知书，告知被告：①被告应在收到起诉状副本之日起十五日内提交答辩状及副本；逾期不交的，不影响案件审理；②被告在答辩期内，可以对案件管辖提出异议；③当事人有关的诉讼权利和义务。三、被告在答辩期间提出管辖异议的，经合议庭审查，异议成立的，裁定将案件移送有管辖权的人民法院；异议不成立的，裁定驳回。重大、疑难案件管辖异议的处理意见，应报请院长审核批准。对管辖异议的裁定，可以上诉。无独立请求权的第三人对案件管辖权提出异议的，应告知其无权对管辖权提出异议，并记入笔录。四、确定当事人做好举证准备的期限。告知当事人：①可以委托律师帮助举证，但不得伪造、隐藏、毁灭证据；不指使、贿买他人作伪证；否则，将承担法律责任；②提供证人应具备姓名、性别、年龄、工作单位、详细住址等内容；③书证、物证要提交原件、原物；④如果无法举证或证据不充分将承担对自己不利的后果；⑤所有证据应于举证期限届满前准备齐全。五、确定当事人进行证据交换的时间。组织当事人进行证据交换。组织证据交换的工作一般由书记员进行。需要时审判长也可自己组织进行，或安排陪审员、审判员进行。六、依职权调取应由人民法院负责收集的证据。七、需要委托外地人民法院调查的，应向受委托人民法院发送委托调查函，提出具体调查事项和要求。八、需要去外地调取的证据、需要勘验的物证和现场、需要进行检查的，对专门性问题的鉴定、不能出庭作证的证人询问笔录等，均在准备阶段完成。

4. 进行财产保全、证据保全

决定并进行财产保全、证据保全，先予执行、对妨害民事诉讼的强制措施。需要说明的是，财产保全，证据保全、先予执行，对妨害民事诉讼的强制措施不一定在每个案件中发生，即便发生了，也不一定只发生在庭前准备阶段，也可能发生在民事诉讼的其他阶段。

财产保全的适用。人民法院对于可能因当事人一方的行为或者其他原因，使判决不能执行或者难以执行的，可以根据对方当事人的申请，作出财产保全的裁定；

当事人没有提出申请的，人民法院也可以在诉讼争议的财产有毁损、灭失等危险或者有证据表明当事人一方可能隐藏、转移、变卖其财产的情况下，依职权作出财产保全的裁定。但适用财产保全措施，必须手续健全，程序到位，掌握适用条件。①严格批准手续。决定采取财产保全措施的，必须报经批准。②申请人提供担保。采取财产保全措施，可以责令申请提供担保，其担保数额应相当于申请财产保全的数额；申请人不提供担保的，应驳回申请；驳回申请可采用书面或者口头通知形式，口头通知的，应记入笔录。③财产保全的裁定。人民法院接受财产保全申请后，对情况紧急的，必须在 48 小时内作出裁定；裁定采取财产保全措施的，应当立即开始执行。④诉前财产保全。利害关系人因情况紧急，不立即申请财产保全将会使合法权益受到难以弥补的损害的，可以在起诉前向人民法院申请采取财产保全措施，并应提供有效、等额的担保。人民法院收到申请人诉前财产保全的申请书后，应立即进行审查。申请诉前财产保全应当提供担保，不提供担保或者提供虚假担保的，应驳回申请；驳回申请可采用书面或者口头通知的形式。口头通知驳回的，应记入笔录。人民法院接受诉前财产保全申请后，必须在 48 小时内作出裁定，裁定采取财产保全措施的，应当立即开始执行。申请人在采取保全措施后 30 日内不起诉的，人民法院应当解除财产保全。⑤财产保全的范围和方法。财产保全限于请求的范围，或者与本案有关的财物；财产保全采取查封、扣押、冻结或者法律规定的其他方法。

先予执行的适用。人民法院在受理案件后到终审判决前的阶段中，根据当事人的书面申请，可以裁定先予执行。

第一，先予执行的范围。裁定先予执行的案件范围限于：①追索赡养费、扶养费、抚恤金、医疗费用的；②追索劳动报酬的；③因紧急情况需先予执行的。

第二，先予执行的条件。裁定先予执行，应当符合下列条件：①当事人之间权利义务关系明确，不先予执行将严重影响申请人生活或生产经营的；②被申请人有履行能力；③在当事人诉讼请求范围内；④申请先予执行的申请人提供担保。

第三，严格批准手续。裁定先予执行的，须报庭长、院长批准。

妨害民事诉讼强制措施的适用。在民事诉讼庭前准备及民事诉讼全过程中，对妨害民事诉讼秩序的行为人，可以适用妨害民事诉讼的强制措施，以保证民事诉讼活动的正常进行。对妨害民事诉讼的强制措施具体包括拘传、训诫、责令具结悔过、责令退出法庭、责令履行协助义务、罚款、拘留等。拘传、罚款、拘留必须经院长批准。

5.决定与举行庭前谈话

审判长根据需要决定是否举行庭前谈话，通过主持庭前谈话，搞清案件的争议焦点，明确当事人的请求，理清法律关系，以便正式开庭时能够顺利进行审理。

6.讨论决定开庭事项

能否开庭审判，是否公开进行审理；对离婚案件、涉及商业秘密案件的当事人申请不公开审理的，可以不公开审理；确定并公告（不公开审理的除外）当事人姓名、案由、开庭时间、地点；当庭应出示的由人民法院收集的证据及应传唤到庭作证的证人。

7.合并审理和撤诉

诉讼中原告增加诉讼请求，被告提出反诉，第三人提出与本案有关的诉讼请求，可以合并审理的，应当合并审理；诉讼中，合议庭发现原告主体资格不符合条件的，告知原告撤诉或者裁定驳回起诉。原告所诉被告不当的，告知原告撤诉后另行起诉；原告坚持起诉的，裁定驳回起诉。

8.庭前调解与和解

开庭审理前，在双方当事人自愿的前提下，合议庭可以要求双方当事人及其诉讼代理人自行协商解决纠纷。当事人达成和解协议，原告申请撤诉，或者双方当事人要求发给调解书的，经审查认为和解协议不违反法律规定，不损害第三人利益，可以裁定准予撤诉，或者按照双方当事人达成的和解协议制作调解书送达当事人。合议庭审查起诉状、答辩状、代理意见后，认为法律关系明确、案件事实清楚的，经征得当事人同意，可以在开庭审理前进行调解。调解达成协议的，制作调解书送达当事人。

9.通知诉讼参加人出庭

开庭日期确定后，书记员应当在开庭3日前将开庭传票送达当事人，将开庭通知书送达当事人的诉讼代理人、证人以及鉴定人、勘验人、翻译人员。公开审理的，应当公告当事人姓名、案由和开庭的时间、地点。通知原告、被告、第三人及其法定代理人出庭应一律使用传票，通知其他诉讼参与人出庭一律使用通知书。必须共同进行诉讼的当事人没有参加诉讼的，应当通知其参加诉讼。当事人向人民法院申请追加共同诉讼人的，人民法院应对其申请进行审查。申请无理的，裁定驳回；申请有理的，书面通知被追加的当事人参加诉讼。应当追加的原告已明确表示放弃实体权利的，可不予追加；既不参加诉讼，又未表示放弃实体权利的，追加为共同原告，不参加诉讼的不影响人民法院的审理和依法作出判决。

10. 按时到达

审判长应按时到达，按照规定着装，检查合议庭成员、书记员的到达情况，按时进入法庭。

第二节　民事诉讼第一审开庭审理工作规范

一、开庭审理程序概述

开庭审理是指案件进入实体审理当中，经合议庭或者独任审判庭听取原告起诉意见，被告答辩意见，接受双方举证质证，发表辩论意见和最后陈述以作出裁判的程序。

二、开庭审理要求

开庭审理要求法庭在庭前及时有效地向各方当事人送达开庭传票。同时，各方当事人应积极配合法院传唤，准时到庭，方可使案件得到最为充分地开庭审理。原告方经法院传唤无正当理由未到的，按撤诉处理，被告方经法院传唤无正当理由未到庭的，将对其缺席审理。

三、民事诉讼开庭审理工作规范

（一）开庭前的相关工作

1. 确定法庭人员到庭情况

确定法庭人员是指书记员庭前应当核对开庭相关人员的到庭情况，确保庭审活动顺利进行。该项工作主要包括两个方面，一是核实各方当事人及代理人到庭；二是核实审判人员与辅助人员到庭。

（1）核实各方当事人到庭情况

各方当事人包括：原告、被告、第三人以及各方的委托诉讼代理人。核实当事人及代理人到庭需要书记员提前查阅向各方当事人送达传票的签收情况。

对于按照地址确认书送达或者当事人／代理人到庭领取传票的，如果其没有按照传票载明的时间、地点准时到庭，法庭可以对其直接作出相应处理：原告不到庭将按照撤诉处理，被告、第三人不到庭将缺席审理。

没有到庭领取材料亦没有通过地址确认书邮寄送达传票的，如果当事人没有签收，则庭审活动不能进行，需要向该方当事人继续采取其他形式进行送达。如果当事人签收，则原则上需要安排庭审，当事人如果到庭的，则庭审正常进行；当事人没有到庭的，则需要继续向该当事人送达，重新安排庭审。

（2）核实审判人员与辅助人员到庭情况

审判人员包括法官与人民陪审员，辅助人员包括法官助理与书记员。根据庭审活动内容的不同，审判人员与辅助人员的组成亦有所差别。

庭审活动为庭前会议、法庭谈话的，可由法官与书记员或者法官助理与书记员形成小组展开审理。此时书记员应当与法官或者法官助理确认时间，确保准时到庭。

庭审活动为简易程序开庭审理的，应由一名法官与书记员形成小组展开审理。此时书记员应当与法官确认时间，确保准时到庭。

庭审活动为普通程序开庭审理的，应由3~7名法官或者人民陪审员组成合议庭审理，其中一名法官担任审判长，另有一名书记员负责记录。此时，书记员应当与担任审判长的法官以及陪审的合议庭成员确认时间。合议庭成员均为法官的，应与各法官联系；合议庭成员为人民陪审员的，需要提前与陪审员管理部门预约，并核实到庭陪审员的相关信息，确保各方均到庭后方可开展庭审。

2. 核对当事人 / 代理人信息

核对当事人信息是指书记员在庭审活动之前应核对到庭各方当事人 / 代理人的基本情况，确保其具有参加庭审的条件。发现不具有参加庭审条件的情形，应及时向法官汇报，由法官决定处理。

当事人本人到庭的。应审核其身份证原件，与本人基本样貌进行比对，确保是本人到庭。

当事人一方聘请代理人到庭参加诉讼的。应审核代理人与当事人的身份关系及代理权限。

关于身份关系：是近亲属的，应审核亲属关系证明；是律师的，应审核律师事务所函及律师证，并留存律师证复印件；是同一公司或者社区推荐的公民的，应审核社区或公司出具的推荐函。

关于代理权限：应审核授权委托书，明确具体的代理权限，仅为一般授权的，不可参加调解、和解。特别授权的，应查阅具体的代理权限。代理权限写为全权代理的属于约定不明，应告知代理人重新提交具有明确代理权限的授权委托书，否则视为无权代理。

3. 宣布法庭纪律

宣布法庭纪律是指书记员在庭审活动之前向各方当事人／代理人告知相应的法律纪律，确保庭审活动能够按照法定程序正常进行。法庭纪律主要内容见《中华人民共和国法院法庭规则》第十七条。❶

（二）法庭调查程序的各项工作

法庭调查程序是法庭为查明案件事实所必须进行的基本程序，按照民商事审判的规律，法庭调查的基本顺序如下：

（1）原告陈诉起诉的诉讼请求，及事实理由。

（2）被告陈述答辩意见。主要包括是否同意原告诉讼请求，如果不同意，是何理由。

（3）由第三人陈述其意见。主要围绕对本案中与己方有利害关系的事实发表意见。

（4）各方当事人进行举证质证。举证的一方说明证据的名称、来源、证明目的，质证的一方围绕证据的真实性、合法性、关联性、证明目的发表意见。

顺序原则上按照：原告举证，被告、第三人质证；被告举证，原告、第三人质证；第三人举证，原告、被告质证的顺序进行。

有证人到庭作证的，记录顺序为：法庭告知证人的权利义务、证人发表陈述、申请证人到庭的一方向证人提问，其余各方当事人向证人提问、法庭向证人提问、证人退庭后各方对证人证言依次发表质证意见。

（5）法庭就案件事实提问，各方回答，同时各方亦可就没有陈述清楚的案件事实进行补充。

（三）法庭辩论程序的各项工作

法庭辩论是各方充分围绕案件的争议焦点，发表相关法律意见的程序，根据民商事审判规律，法庭辩论顺序如下：

（1）原告发表辩论意见，有多名原告的依次发表。

（2）被告发表辩论意见，有多名被告的依次发表。

---

❶ 《中华人民共和国法院法庭规则》第十七条：全体人员在庭审活动中应当服从审判长或独任审判员的指挥，尊重司法礼仪，遵守法庭纪律，不得实施下列行为：（一）鼓掌、喧哗；（二）吸烟、进食；（三）拨打或接听电话；（四）对庭审活动进行录音、录像、拍照或使用移动通信工具等传播庭审活动；（五）其他危害法庭安全或妨害法庭秩序的行为。检察人员、诉讼参与人发言或提问，应当经审判长或独任审判员许可。旁听人员不得进入审判活动区，不得随意站立、走动，不得发言和提问。媒体记者经许可实施第一款第四项规定的行为，应当在指定的时间及区域进行，不得影响或干扰庭审活动。

（3）第三人发表辩论意见，有多名第三人的依次发表。

（4）法庭对案件相关法律问题进行向各方提问，各方回答。

（四）最后陈述程序的各项工作

最后陈述是各方当事人最后发表意见的程序，要求各方用最简洁的语言总结己方的最终意见。基本顺序如下：

（1）原告简要陈述最后意见，没有新的意见的，原告方记录为坚持诉讼请求。

（2）被告方简要陈述最后意见，没有新的意见的，记录为坚持答辩意见。

（3）第三人简要陈述最后意见，没有新的意见的，记录为坚持述称意见。

（4）法庭告知各方当事人休庭，审理至此。

（五）调解程序的各项工作

调解是指在案件开庭审理之外或者审理当中，由法官或者法官助理主持的一项庭审活动。其主要目的是促成各方当事人达成调解或者和解，以调解笔录的形式确认各方权利义务，做到案结事了。

调解一般处理以下事项：

（1）双方达成的调解协议内容；

（2）诉讼费用的负担；

（3）法院对各方权利义务的确认；

（4）如当庭履行完毕的还应有法庭对各方权利义务履行的确认。

（六）合议宣判程序的各项工作

合议宣判程序是指案件在法庭审理终结之后，由合议庭进行审理得出裁判结论，并将裁判结论公开的程序。合议宣判实际分为两个阶段，即合议和宣判。

1.合议

合议通常由主审法官召集该次审判的全体审理人员集合，通过会议讨论的形式发表各方对案件裁判的意见，由书记员记录整理，由主审法官对各审判人员意见进行总结后得出裁判结论。

2.宣判

由法庭通知各方当事人到庭，公布裁判结论，送达裁判文书。当事人不能到庭的，可向其邮寄送达裁判文书进行宣判。当事人自始未能取得联系，对其公告送达起诉状的，以公告形式送达裁判文书宣判。

第三节　民事诉讼庭后工作规范

民商事案件在开庭审理终结之后仍有诸多后续工作需要处理，主要是确保案件的裁判结论准确，按照法定程序告知各方当事人，并对当事人行使上诉权进行处理。庭后工作主要包括以下方面：

一、裁判文书的校核

裁判文书的校核是书记员审判辅助事务的核心工作之一。裁判文书系法院审理案件的结果性文件，关乎各方当事人的核心利益，更代表着法官的裁判水平以及人民法院的司法形象，故裁判文书的校核务必细致，确保文书的文字质量。一方面，尽管当前人民法院已经研发了文书智能校对工具，但由于裁判文书本身的灵活性，目前尚无法通过智能工具完全替代人工校对。另一方面，由于人工校对必然存在一定的差错率，故应尽量减少差错的发生，特别是重大差错的发生。现结合工作实际，就裁判文书中的重大差错点进行说明。

（一）文书标题

民事案件的文书标题包括法院名称和文书名称，法院名称要用全称，不能用简称。民事案件的文书名称有：民事判决书、民事调解书、民事裁定书、民事决定书四种，书记员校对时应首先确定文书种类，确保文书名称与文书类别对应。

（二）文书案件号

文书案件号相当于每一个案件的身份号码，如果出现错误，则会导致案件的整体流转出现障碍。书记员应首先核对裁判文书的案件号码与立案表上的是否一致。

需要注意的是，同一案件中出现多个同种类型的裁判文书时，后有裁判文书应依次在案件号之后标明之一、之二、之三，以此类推。例如某一民事案件、法院已经出具了保全裁定书，按照载明为"（20××）×民初1号"，如果解除保全，则解除保全的裁定书为"（20××）× 民初1号之一"，如果在解除保全之后案件撤诉，法院出具撤诉裁定书，则该文书为"（20××）×民初1号之二"，以此类推。

（三）当事人／代理人信息

当事人／代理人信息关乎各方身份的确定，如果出错，则可能导致当事人权利义务受到直接损害，引发错案。当事人为公民的，核实姓名是否有错别字；当事人为公司或其他法人组织的，核实其全称是否准确无误。

（四）原告（包括反诉原告）的诉讼请求

原告的诉讼请求，反诉原告的反诉请求是判决的基础，应仔细核对判决书中载明的诉讼请求与起诉状，反诉状是否一致。需要注意的是，当事人在诉讼过程中变更了诉讼请求的，应当以变更后的诉讼请求为准。

（五）判决书主文

主要是指在判决书本院认为部分后，依据法律判决的全部内容。校对时应重点核对以下部分：

1. 判决依据的法律条文

需要特别注意的是：①缺席审理的应当引用《民事诉讼法》第一百四十四条；②驳回诉讼请求的应当引用《民事诉讼法》第六十四条第一款；③有金钱给付内容的应当在判项之后加上《民事诉讼法》第二百五十三条及相应的法律后果。

2. 当事人全称以及顺序

重点核对当事人的全称是否准确以及顺序是否正确，如被告×××向原告×× 支付×××元；驳回原告×× 其他诉讼请求。

3. 给付金额

金额应当以每三位空一格，如一百万元应当为 1 000 000 元。严格审核给付金额的位数，确保金额无误。

4. 是否支持全部诉讼请求

如果没有支持当事人全部诉讼请求的，主文中应有驳回原告其他诉讼请求或者驳回反诉原告其他反诉请求。

（六）诉讼费用的负担

重点核实诉讼费用金额是否准确，有保全的应当载明保全费金额，有公告费的应载明公告费金额。

（七）上诉权利

裁判文书应依法告知当事人的上诉权利、上诉期限和上诉法院。裁判文书为民事判决书的，上诉期限为 15 天；裁判文书为裁定书的，上诉期限为 10 天；涉外案件的，对涉外一方当事人的上诉期均为 30 天。民事调解书或者撤诉相关的裁定书，不可上诉。

（八）法庭组成人员

简易程序审理结案的，法庭组成人员为审判员及书记员。普通程序审理结案的，法庭组成人员为审判长、审判员或人民陪审员共计三人；另有书记员一名，有法官助理的也需加上。

（九）裁判日期

裁判日期应当在法庭审理终结之后，起草人员或因套用之前的裁判文书导致文书落款日期早于开庭，故校对时务必注意核实。

二、裁判文书的送达

送达裁判文书时务必注意不要遗漏当事人，有多名原告、多名被告的，均应当对其本人送达或者向其诉讼代理人送达。有第三人的，应当向第三人送达。裁判文书送达大致分为三种情形：

（一）直接送达

当事人或代理人能够到庭直接领取的，应告知裁判结果、上诉权利义务，要求其在宣判笔录和送达回证上签字、日期，签收当日视为送达。

（二）邮寄送达

当事人不能到庭领取的，应按照其地址确认书上载明的地址邮寄送达，邮寄送达签收或者退回之日视为送达。

（三）公告送达

当事人没有到庭参加诉讼，系公告送达开庭审理的，应当对其继续公告送达裁判文书，公告送达期满且上诉期满后视为送达。

三、案件上诉的处理

如果当事人不服一审裁判提出上诉的，对判决书不服的应当在收到文书起 15 日内向法院提出，对裁定书不服的应当在收到文书起 10 日内向法院提出，境外的当事人应当在 30 日内向法院提出。

法院在收到当事人上诉状之后首先应当审查是否超过上诉期，如果超过上诉期的，应告知该方当事人无权提起上诉。

对于未超过上诉期的，应将上诉状送达其余各方当事人，并通知上诉方当事人交纳上诉费用。

四、卷宗材料的整理与归档

对于程序完结的案件，书记员应按要求整理好卷宗，并进行归档。注意：需退还案件受理费、保证金的案件，应尽量在归档前办理完毕。如果归档之后再行办理，需要调取电子卷宗查阅相关信息以核实退费详情，并且需要将当事人退费后的相关手续再次附卷。

（一）案卷的排列顺序

民商事案件因当事人的诉讼地位、提交的材料、审理程序等不同而有其相应的排列顺序。一般而言，民商事案件的卷宗分为正卷和副卷。关于卷宗排列顺序，将会在第四章予以讲述，此不赘述。

（二）案卷的归档程序

1. 一审程序案卷归档程序

案件经过一审即生效的，应当按照如下程序归档：

（1）报结案。

（2）确定案件生效时间以向当事人送达裁判文书的最后时间为起算日，撤诉、调解结案的，当日即生效；判决结案的，以该方当事人签收后第16日生效。公告送达的，以公告送达期满日（境内60日、涉外三个月）加上上诉期（境内15日，涉外30日）后的第一天为生效日。

（3）填写卷宗数量，案件基本信息。

（4）移送本院档案部门。

2. 二审程序案卷归档程序

如果案件上诉，经过二审程序的则应经过如下程序：

（1）报结案。

（2）移送至二审法院。

（3）等待二审法院退卷。

（4）查阅二审法院文书落款日期，以该日期为案件生效日。

（5）填写卷宗数量，案件基本信息。

（6）移送本院档案部门。

第二章　民事诉讼第二审程序规范

第一节　民事诉讼第二审程序工作规范

一、民事诉讼第二审程序概述

（一）什么是民事诉讼第二审程序

在我国，由于实行两审终审制，因此，有些案件是一审结束后，当事人可能不服一审判决提起上诉，使案件进入第二审程序；同时民事诉讼第二审程序还可因人民检察院的抗诉而引发。第二审程序是为了保证当事人依法行使上诉权及人民检察院的抗诉权和上一级人民法院依法进行审判而设置的。所以民事案件会有第一审程序和第二审程序的区别。什么是民事诉讼第二审程序？民事诉讼第二审程序是第二审人民法院根据上诉人的上诉或者人民检察院的抗诉，就第一审人民法院尚未发生法律效力的民事判决或裁定认定的事实和适用法律进行审理时，所应当遵循的步骤、方式和方法。《民事诉讼法》关于第二审程序的全部条文，都是针对审判上诉案件所作的规定。所以第二审程序是审理上诉案件的程序，也称上诉审程序。人民法院适用第二审程序对上诉案件进行审理后所作出的判决、裁定，是终审判决、裁定，当事人不得上诉。因此，第二审程序又称终审程序。

（二）民事诉讼第二审程序与第一审程序的关系

1. 民事诉讼第二审程序和第一审程序的联系

第二审程序和第一审程序虽是两个审级不同的程序，但第二审程序与第一审程序有着密切的联系。

具体说，第一审程序是第二审程序的前提和基础；第二审程序是第一审程序的继续和发展，即对同一民事案件继续进行审理，而不是开始审理另一个新的案件。第二审程序发生后，上一级人民法院就要根据上诉人的请求范围审查第一审人民法院的判决、裁定在认定事实，适用法律、执行审判程序上是否正确、合法，继续行使国家赋予的审判权，最终解决当事人之间的争议，以保护当事人的合法权益。

应当明确，第二审程序并不是每个案件的必经程序。如果一个案件经过第一审程序审理，当事人达成了调解协议，或者在上诉期限内当事人没有提出上诉，就不会引起第二审程序的发生，当然也就不需要经过第二审程序。

根据《民事诉讼法》第一百八十四条规定，按照审判监督程序再审的案件，发生法律效力的判决、裁定是由第二审法院作出的，或者上级人民法院按照审判监督程序提审的，也都按照第二审程序审理，然而提审、再审的案件适用第二审程序与上诉案件适用第二审程序是有区别的，比如当事人的诉讼地位、称谓不同，当事人的诉讼权利不完全一样，人民法院对案件的审理范围也不完全相同。

综上所述可见，第二审程序是上诉人要求上一级人民法院审查第一审人民法院的裁判是否正确、合法，以上诉权维护自己的合法权益的诉讼程序；也是上一级人民法院根据当事人的上诉请求，对第一审人民法院裁判的有关内容进行检查、监督，使有错误的裁判在发生法律效力前得到纠正的诉讼程序。

2. 民事诉讼第一审程序与第二审程序的不同

第一，程序发生的根据不同。第一审程序是基于当事人的起诉权和第一审人民法院的管辖权而发生的；第二审程序是基于当事人的上诉权或人民检察院抗诉而发生。

第二，审级不同。依照人民法院组织法、《民事诉讼法》的规定，第一审程序是案件在第一审人民法院审理的程序，是初审；第二审程序是案件在第二审人民法院审理的程序，是续审。它们分别是两个审级的人民法院所适用的审理程序。

第三，审判组织不同。第一审程序包括普通程序和简易程序，分别实行的是合议制和独任制的审判组织形式。适用合议制时，合议庭可以由审判员组成，也可以由审判员与陪审员共同组成；第二审程序的审判组织只有合议制一种形式，合议庭只能由审判员组成，不吸收陪审员参加。

第四，审理的对象不同。第一审是因当事人之间的权利义务争议而引起，审理的对象是双方争议的事实及权利义务关系；第二审是因当事人不服一审裁判而引起，审理的对象是当事人上诉请求所涉及的一审法院认定的事实和适用的法律。

第五，审结期限不同。第一审普通程序的审结期限一般为6个月，简易程序为3个月；适用第二审程序审理案件，对判决不服的，审结期限为3个月；对裁定不服的，审结期限为30日。

第六，裁判的效力不同。地方各级人民法院所作出的第一审判决和准许上诉的裁定，在法定的上诉期内不发生法律效力；而第二审人民法院作出的判决、裁定，一经宣判和送达，即发生法律效力，是终审的判决和裁定，

二、民事诉讼第二审程序规范

我国《民事诉讼法》第十四章第一百六十四条至一百七十六条都是关于民事诉讼第二审程序规范的规定。根据《民事诉讼法》的规定，民事诉讼第二审的流程如下：

（一）上诉的提起

（1）上诉的提起的期限。根据《民事诉讼法》第一百六十四条规定，当事人不服地方人民法院第一审判决的，有权在判决书送达之日起15日内向上一级人民法院提起上诉。当事人不服地方人民法院第一审裁定的，有权在裁定书送达之日起10日内向上一级人民法院提起上诉。一般来讲，不服判决的上诉期间为15日，不服裁定的上诉期间为10日，涉外案件境内无住所的30日。

（2）提起上诉的主体。哪些人可以提起上诉呢？根据法律规定，在第一审程序中，享有实体权利、承担实体义务的当事人，具有上诉人资格。包括第一审程序中的原告、被告、共同诉讼人、诉讼代表人、有独立请求权第三人、法院在一审判决中确认其承担义务的无独立请求权第三人。

（3）上诉客体。根据《民事诉讼法》规定，可以对之提出上诉，作为合格上诉客体的判决、裁定有：①地方各级人民法院按普通程序、简易程序审理民事案件所作的判决；②第二审人民法院发回原审人民法院重新审理的案件所作的判决；③第一审人民法院按照审判监督程序提起再审所作的判决；④地方各级人民法院所作的不予受理的裁定、驳回起诉的裁定和对管辖权有异议的裁定。

（4）提交上诉状。根据《民事诉讼法》第一百六十五条规定，上诉应当递交上诉状。上诉状的内容，应当包括当事人的姓名，法人的名称及其法定代表人的姓名或者其他组织的名称及其主要负责人的姓名；原审人民法院名称、案件的编号和案由；上诉的请求和理由。

（二）立案

根据《民事诉讼法》第一百六十六条、第一百六十七条规定，上诉状应当通过原审人民法院提出。当事人直接向第二审人民法院上诉的，第二审人民法院应当在5日内将上诉状移交原审人民法院。原审人民法院收到上诉状，应当在5日内将副本送达对方当事人，对方当事人在收到之日起15日内提交答辩状。原审人民法院

收到上诉状、答辩状，应当在 5 日内连同全部案卷和证据报送第二审人民法院，第二审人民法院应当对上诉请求的有关事实和适用法律进行审查。也就是说，原审人民法院应当在当事人递交上诉状之日起 25 日内（如当事人直接向二审法院上诉，则为当事人递交上诉状之日起 30 日内）将案件移送到二审法院。

二审法院在收到一审法院移送的上诉材料及卷宗后依法予以审查，符合条件，予以立案。

（三）被告答辩

二审法院立案后，应当在 5 日内将上诉状副本、上诉人提交的新证据、应诉通知、当事人权利义务须知等材料送达被上诉人。

被上诉人在收到上诉状副本之日起 15 日内提出答辩状。答辩状的内容，必须针对上诉状提出的事实和理由，抓住关键进行答复和辩驳。（格式与内容要求见第五章相关内容）

二审收到被上诉人的答辩状后，在 5 日内将答辩状副本及被上诉人提交的新证据等材料送达给上诉人。

（四）庭前谈话／会议／询问

根据案件的复杂程度及法院实际情况，会在二审开庭前组织上诉人、被上诉人进行开庭前的询问、谈话或组织庭前会议。该程序是民事二审案件"不开庭"审理的主要方式，其目的是通过谈话方式了解争议焦点、固定相关案件事实、了解当事人诉求，对案件进行全面审查。经审查，如果案件事实基本清楚，确定可以不开庭审理；在该阶段，法官在了解案件事实、争议焦点及当事人诉求后，根据案件情况向当事人进行释明，包括对程序性事项（如：上诉人、被上诉人不适格、拒绝第三人参加诉讼、中止或终结诉讼等程序）、实体性事项（如：固定诉讼请求、提示举证不能风险承担、证据交换参加庭前会议等）进行释明。当事人根据庭前会议／谈话的情况，可能会撤诉，可能会与对方和解，也可能在法官主持下进行调解，达成调解协议。这样该案件审理终结。如果审查后认为需要开庭的，则做好下一步开庭审理工作。

（五）对上诉案件的审理

如果审查后认为需要开庭的，需要做好以下工作：

1. 通知开庭

提前三日通知当事人开庭时间、地点、承办人；公开审理的案件提前三日公告；移送审判庭开庭审理。

2. 开庭审理程序

（1）宣布开庭，核对当事人身份，宣布合议庭成员，告知当事人权利义务，询问是否申请回避。

（2）法庭调查：当事人陈述案件事实；当事人进行举证质证；上诉各方依法向法庭提交证据，并进行质证；如果有证人出庭作证的，法庭需告知证人的权利义务，然后让证人作证，并由上诉各方对证人提问；宣读未到庭的证人证言，出示书证、物证和视听资料；双方当事人就证据材料发表意见；法庭对双方认可的证据予以确认，对有争议的证据可以进行深入调查或询问。

（3）法庭辩论。各方当事人就有争议的事实和法律问题，进行辩驳和论证。

（4）法庭调解。在法庭主持下，双方当事人协议解决纠纷；如果达成调解协议，法院应当制作调解书，在双方当事人签收后生效，则该案二审程序结束。双方按照调解协议的内容履行各自义务；如果一方当事人不履行，另一方可以申请强制执行。

（5）合议庭合议并作出裁决。如果案件不能调解或调解未达成协议，合议庭进行依法裁判。合议庭根据案件审理情况作出维持原判，或者改判，或者发回重审的裁决。

（6）宣判。

（六）开庭审理注意事项

（1）审判组织。人民法院审理第二审民事案件，由审判员组成合议庭，陪审员不得参加合议庭审理案件。

（2）审理的范围。第二审人民法院应当围绕当事人的上诉请求进行审理。当事人没有提出请求的，不予审理，但一审判决违反法律禁止性规定，或者损害国家利益、社会公共利益、他人合法权益的除外。

（3）审理方式。根据《民事诉讼法》第一百六十九条第 1 款的规定，第二审人民法院审理上诉案件有两种方式：一是开庭审理，二是不开庭审理。

根据该规定，开庭审理是第二审人民法院审理案件的原则方式。

不开庭审理的基本条件包括：①不服不予受理、管辖权异议和驳回起诉裁定的；②当事人提出的上诉请求明显不能成立的；③原判决、裁定认定事实清楚，但适用法律错误的；④原判决严重违反法定程序，需要发回重审的。

不开庭审理案件，审判人员必须经过阅卷、调查和询问当事人，经合议庭讨论，认为不需要开庭审理。

第二审人民法院审理上诉案件，可以进行调解。调解达成协议，应当制作调解书。调解书送达后，原审人民法院的判决视为撤销。

（七）对上诉案件的裁判

（1）维持原判。原判决、裁定认定事实清楚，适用法律正确的，以判决、裁定方式驳回上诉，维持原判决、裁定。

（2）依法改判。①应当改判。认定事实错误或者适用法律错误的，以判决、裁定方式改判、撤销或变更。②可以改判。基本事实不清的，二审人民法院可以查清事实后改判。

（3）裁定发回重审。①可以发回。基本事实不清的，可以裁定撤销原判决，发回原审人民法院重审。②应当发回。原判决遗漏当事人或者违法缺席判决等严重违反法定程序的，裁定撤销原判决，发回原审人民法院重审。

（八）上诉案件审理后工作

1. 裁判文书的执行

二审宣判后，法院的裁判文书属于终审裁决，立即生效。当事人应当在履行期限内自觉履行裁判文书确定的义务；如果履行义务一方当事人不愿意履行义务，另一方当事人可以向一审法院申请执行；不服终审裁判的当事人可以向二审法院申诉审查庭递交书面申诉材料，申请再审，但不影响生效裁判文书的执行。

2. 卷宗的整理、归档与退卷

（1）卷宗整理与归档

案件二审结束后，要及时整理卷宗并按时上网与归档。

二审案件卷宗应独立成卷，即在二审中据以维持改判、发回重审的主要证据材料，必须装入二审卷宗，原件在一审卷宗的，应装入复印件，并由承办法官加以说明。

二审案件的卷宗根据案件实际情况和法院规定，分为正卷和副卷。关于民事二审案件正卷诉讼材料排列顺序，将在第四章进行讲述，此不赘述。

（2）退卷

退卷，即"卷宗退回"，即将属于一审的案件材料退回一审法院，它是二审案件结案后卷宗移转的一道重要工序。卷宗退回要认真仔细，防止遗漏卷宗或者案卷材料，要遵循下列步骤：

①审核卷宗数量，对卷宗数量进行清点，并与上诉移送函数量对比，看是否遗漏卷宗。

②按照规定的要求填写退卷函。退卷函一式两份，要填写好接收法院、卷宗册数、二审法律文书册数，填写完毕后，留档一份，送往下级法院一份。

③按照规定的要求将规定份数的二审文书放入卷册，一并退回下级法院。

④按照要求填写送达回证。送达回证同样写明：卷宗册数等信息。数字用大写中文字体标注。如："正卷贰册""副卷壹册""二审法律文书肆份""退卷函壹份"。注明送达人，并在回证首页写明送达人联系电话，方便在案卷移转过程中有问题能够及时沟通。

⑤按照送达回证—退卷函—二审法律文书——一审卷宗的顺序整理好卷宗。

⑥在审判系统中，填写退卷的册数以及其他要求填写的信息，确保准确无误。

第二节　民事诉讼第二审开庭审理工作示范

一、开庭准备

庭前查明当事人和其他诉讼参与人到庭情况。该项工作先由书记员进行。书记员持有关证明文书查明到庭当事人和其他诉讼参与人的姓名、身份和证件，并将有关情况报告给审判长及合议庭。对缺席和主体变更等情况，合议庭应参照第一审普通程序和有关规定，及时作出决定和处理。

二、宣布开庭

（一）宣读法庭纪律及庭审规则

书记员宣布当事人及其诉讼代理人入庭，宣布法庭纪律。其规范用语如下：

书记员：请当事人、诉讼代理人入庭。

书记员：请肃静，现在宣布法庭纪律。

（1）未经允许不得录音、录像和摄影；

（2）不准进入审判区，不准随意走动；

（3）不准鼓掌、喧哗和其他妨碍审判活动的行为；

（4）不准擅自发言、提问，如对法庭的审判活动有意见可在休庭后口头或书面向法庭提出；

（5）不准吸烟、吃槟榔、香糖和随地吐痰；

（6）在法庭审理期间，关闭移动通信工具。

（二）合议庭成员入庭

书记员请合议庭成员入庭和报告当事人及其诉讼代理人的出庭情况。规范用语如下：

书记员：全体起立，请审判长、审判员入庭。报告审判长，本案上诉人×××的法定代表人×××，委托代理人×××；被上诉人×××的法定代表人×××，委托代理人×××已到庭。原审被告×××经传票传唤无正当理由拒不到庭。开庭准备就绪，请开庭。

（三）宣布开庭

1. 审判长核实当事人情况

审判长当庭核对当事人及其诉讼代理人，询问有关事项。其规范用语如下：

审判长：请坐下。本案上诉人（原审被告）×××介绍一下你方出庭人员的姓名、身份和代理权限。被上诉人（原审原告）×××介绍一下你方出庭人员的姓名、身份和代理权限。本案原审被告×××经传票传唤无正当理由拒不到庭（出示有关依据），不影响本案审理。

上诉人：……

被上诉人：……

审判长：上诉人（被上诉人）×××对被上诉人（上诉人）×××的出庭人员有无异议？各方当事人对另一方当事人的出庭人员均表示没有异议，经本庭核对，各方出庭人员符合有关法律规定，可以参加本案诉讼。

上诉人：……

被上诉人：……

审判长：各方当事人有没有需要出庭作证的证人？（如有）请证人退出法庭，等候本庭通知出庭作证。

上诉人：……

被上诉人：……

2. 宣布开庭和有关事项

审判长：×××中级人民法院民事审判第×庭依照《中华人民共和国民事诉讼法》第一百六十八条、第一百六十九条之规定，今天公开（不公开）开庭审理上诉人×××与被上诉人×××及原审被告××××××（案由）上诉一案。本案业经×××人民法院作出一审判决，×××不服，向本院提起上诉。本院受理

后，根据《中华人民共和国民事诉讼法》第一百六十九条之规定，依法组成合议庭审理本案。现在宣布开庭。（敲法槌）

根据《中华人民共和国民事诉讼法》第一百七十四条和有关规定，当事人及其诉讼代理人在第二审程序中，除无上诉权和调解时可变更或增加诉讼请求及提起反诉外，享有和应当遵守第一审普通程序中相同的诉讼权利和义务。各方当事人均参加过一审诉讼，有关内容不再重申。上诉人、被上诉人是否清楚？

上诉人：……

被上诉人：……

审判长：本案合议庭由本院审判员×××、×××和×××组成，由×××担任审判长，书记员×××担任记录。上诉人×××及代理人和被上诉人×××及代理人是否申请合议庭成员和书记员回避？

上诉人：……

被上诉人：……

（四）开庭准备阶段需注意事项

审判长在当庭核对当事人及其诉讼代理人时，不必重复书记员已进行过的工作，只要求介绍其姓名、身份和代理权限即可，以便合议庭、对方当事人和旁听人员了解，同时节省庭审时间。其他情况如当事人一方对另一方出庭人员有异议和申请回避等，适用第一审普通程序和有关规定及时作出决定和处理。

三、法庭调查

（一）告知第二审开庭审理法庭调查程序步骤

审判长：下面进行法庭调查。根据《中华人民共和国民事诉讼法》第一百六十八条和有关规定，第二审人民法院主要针对上诉请求的有关事实和适用法律进行审查。第二审开庭审理法庭调查具体程序按下列事项进行：

（1）（为使旁听人员了解案情）由本庭概述和核对原审判决。

（2）由上诉人陈述上诉请求和理由，被上诉人进行答辩，（原审×××陈述意见）然后由本庭归纳各方当事人的分歧，确认本案争议和审理的焦点，并征询各方意见。

（3）在本庭主持下，由各方当事人按确认的争议焦点逐项进行诉辩。根据情况法庭调查和法庭辩论可一并进行。

（4）各方当事人可就本案有关事项相互发问，或由本庭进行询问；各方当事人可申请本庭收集调查有关证据。

（5）由本庭对本次法庭调查进行总结。

在上述事项进行中，合议庭可就有关证据和事实当庭予以认定。

（二）逐项进行法庭调查

（合议庭成员按分工进行庭审活动）

？：下面进行第 1 项工作，概述或核对原审判决。（如果没有旁听人员，该项工作可以省略）

？：上诉人（被上诉人）是否收到该判决？

？：下面进行第 2 项工作。首先由上诉人陈述上诉请求并简要说明理由，或宣读上诉状。

上诉人：……

？：被上诉人是否收到对方的上诉状？

？：下面由被上诉人针对上诉人的上诉请求和理由进行答辩。

被上诉人：……

？：上诉人是否收到对方的答辩状？

上诉人：……

审判长：（征求合议庭其他成员意见后）根据本案上诉与答辩的内容和观点，本庭归纳本案争议的焦点是：

1.……

2.……

……

审判长：上诉人对本庭归纳的上述争议焦点有无异议及补充？

上诉人：……

审判长：被上诉人对本庭归纳的上述争议焦点有无异议及补充？

被上诉人：……

审判长：双方当事人对本庭归纳的争议焦点均无异议，本庭予以确认，下面进行第 3 项工作。下面请双方当事人围绕本案的争议焦点列举、简要说明在一审法院指定的举证期限内已向法院提交的证据。（对在原审法院庭审中已经举证、质证，当事人没有异议的证据，不组织质证。对当事人在原审举证期限内提出，质证时上诉方提出异议，原审法院没有采纳的，二审应组织重新质证。）下面首先由上诉人向法庭列举、简要说明（仍称为上诉人举证，被上诉人同此）。

审判长：根据《中华人民共和国民事诉讼法》第六十四条及有关规定，当事人对自己提出的主张，有责任提供证据；反驳对方主张的，也应提供证据或说明理由，否则要承担可能败诉的法律后果。不得进行虚假陈述和提供伪证，否则要承担法律责任。已经在上诉和答辩状中陈述过的，不再重复或简要说明即可；各方当事人在庭审中陈述一致和确认无异议的事实，记入笔录，本庭可不再调查；当事人在原审中已提交并经质证的证据，二审可不再提交，说明情况即可。（必要时，由证人出庭作证，勘验人、鉴定人宣读勘验笔录、鉴定结论，或由本庭宣读有关证据。经本庭许可，各方当事人可向证人、勘验人和鉴定人发问或质询有关问题。当事人一方认为另一方发问不适当的，可表示反对并由本庭裁决是否有效，本庭也可主动制止）

审判长：下面首先由上诉人针对第一个争议焦点发言。（每一个出庭人员发言或表示意见时，要向本庭示意，发言后报告发言完毕）

上诉人：……

审判长：被上诉人，对上诉人提交的有关证据进行质证，发表质证意见。质证包括两方面的内容：一是证据本身的真实性；二是证据所证明的问题。质证后把证据交还给本庭。

被上诉人：……

审判长：对该证据是否确认并说明理由。（如暂不确认可表述为：合议庭在合议时将结合其他证据的情况再决定对该证据是否确认）

……

审判长：上诉人有无新的证据提交给本庭？（如有）把证据按顺序编号、签名并注明针对的问题。（合议庭看后交给被上诉人）

上诉人：……

审判长：被上诉人针对上诉人提出的新证据发表质证意见。

被上诉人：……

…… ……

审判长：下面由被上诉人向本庭进行举证。

被上诉人：……

审判长：上诉人，对被上诉人所举证据有无异议？

上诉人：……

审判长：被上诉人有无新的证据提交给本庭？

被上诉人：……

审判长：上诉人，对被上诉人提交的新证据进行质证。

上诉人：……

审判长：被上诉人对上诉人的否认发表意见。

被上诉人：……

审判长：对该证据是否确认并说明理由。

审判长：针对上述争议焦点，各方当事人已进行了两轮发言。下面进行第4项工作。上诉人（被上诉人）有无问题向对方发问？（如有）一方发问不适当的，另一方有权表示反对。

上诉人：……

被上诉人：……

审判长：下面由本庭进行询问。上诉人（被上诉人）回答……

上诉人：……

被上诉人：……

审判长：各方当事人还有无新的证据向本庭提交？是否申请本庭收集调查有关证据，或通知证人出庭作证？

上诉人：无

被上诉人：无

审判长：法庭调查结束，下面进行法庭辩论。

四、法庭辩论

法庭辩论是民事案件开庭审理非常重要的阶段，需组织好各方当事人参加法庭辩论。法庭辩论需要围绕案件争议焦点进行。

（一）法庭辩论的顺序

审判长：法庭辩论要围绕争议的焦点进行，对双方意见一致的问题不再辩论；辩论的内容主要是针对争议问题如何分清是非责任、正确适用法律发表各自的意见，已经发表过的意见不要重复；辩论的顺序为：上诉人及其代理人发表辩论意见；被上诉人及其代理人发表辩论意见；原审被告及其代理人发表辩论意见。

审判长：首先由上诉人及其代理人发言。

上诉人及代理人：……

审判长：被上诉人及其代理人发言。

被上诉人及代理人：……

审判长：经过第一轮辩论，双方当事人已经详尽地阐明了各自的观点。各方观点皆已记录在卷，如果没有新的辩论意见，将结束法庭辩论。

审判长：上诉人，有无新的辩论意见？

上诉人：……

审判长：被上诉人，有无新的辩论意见？

被上诉人：……

审判长：法庭辩论结束。依据《中华人民共和国民事诉讼法》第一百四十一条的规定，当事人有最后陈述的权利。

审判长：上诉人，请陈述最后意见。

上诉人：……

审判长：被上诉人，请陈述最后意见。

被上诉人：……

（二）法庭辩论阶段需要注意的事项

（1）由于第二审程序和第一审程序有所不同，且没有具体规定，故在第二审开庭审理法庭调查和法庭辩论前首先告知其具体操作规程，使当事人及其诉讼代理人和旁听人员"心中有数"。

（2）如果没有旁听人员，可不再概述原审判决。

（3）归纳当事人上诉与答辩的分歧和争议焦点，有利于理清庭审思路和层次，有的放矢，逐一查明事实，分清是非，防止重复和混乱，提高庭审质量和效率。归纳争议焦点要围绕上诉请求涉及的事实和理由与答辩的不同点进行，包括事实与证据的认定、理由和适用法律（包括程序法）两个方面，关联较为密切的问题可归纳为一个焦点并说明包含的具体内容。不必罗列过多，以免重复。当事人对归纳的争议焦点有异议的，可问明理由和情况，再行确认。

（4）需要特别说明的是，有时候根据具体案件情况可以将法庭调查和法庭辩论放在一起。①法庭调查和法庭辩论是开庭审理的重点。若要将二者合并一起，法庭需对该工作的具体内容和有关事项做进一步说明，以提醒当事人及其诉讼代理人和旁听人员注意和了解它的重要意义及后果，强化庭审功能和当事人举证责任。②第二审开庭审理法庭调查和法庭辩论同时进行是某些法院在审判实践中创造的经验，可供借鉴。这是因为：在法庭调查时，当事人及其诉讼代理人不可避免地就事实与证据的认定、定性和理由等发表意见和辩论，以辨明事实，而这部分内容若放在法庭辩论中再进行一遍，则显得重复和累赘。实践证明，这种情况在法庭调查和法庭辩论分开进行时（再加上一开始当事人的上诉与答辩发言）经常出现，不如两者放在一起进行，针对争议焦点逐一一并讲透和查明，旁听者也听个明白，以节省庭审时间，提高效率和质量。这并没有剥夺当事人及其诉讼代理人的辩论权。归纳的争议焦点往往同时涉及事实与证据的认定、理由和适用法律等方面，也不便于分别放在法庭调查和法庭辩论中进行。③对当事人在二审中提交的新证据，法庭应询问和查明其一审时未举证的原因，以便在改判一审判决时区分责任。④证人出庭作证应由当事人提出请求、提供证人线索和证人名单及其要证明的问题；然后由法庭通知证人出庭，告知其权利、义务和责任，让其宣誓保证证言的真实性和作伪证要承担的法律后果，以从心理、道义和法律上约束证人，预防偏差；再由法庭告知其作证的问题。证人陈述证言后，各方当事人可以向证人发问，法庭也可进行询问调查。⑤在针对争议焦点进行庭审时，视情况可由各方当事人逐一分别进行，也可以把几个争议焦点放在一起由各方当事人逐一一并进行。⑥对各方当事人陈述一致、确认无异议或一方虽有异议但不能提供证据加以反驳另一方的证据，审判长与其他合议庭成员交换意见后，可当庭认证；对其他证据的认证应在休庭评议时进行，然后在继续开庭时宣布和说明理由，以保证法庭认证的及时、公开、严肃和准确。⑦法庭可要求当事人及其诉讼代理人提供适用本案的法律依据。⑧争议焦点只涉及适用法律等认识方面问题的。

（5）第4项工作由当事人相互发问，或由合议庭进行询问是对法庭调查和法庭辩论的补充。当事人一方发问不适当、另一方表示反对时，由法庭裁决反对是否有效，法庭也可主动制止，告知其改变问话方式或问题。法庭询问和主动收集调查证据是"以诉辩为主，以纠问为辅"审判方式的具体体现之一。法庭询问的内容包括：①认为与本案争议焦点有关而各方当事人不曾涉及或未讲透、含糊的事项；②涉及原审卷宗证据及判决的有关事项；③虽然各方当事人的陈述一致，但涉嫌恶意串通，损害他人、社会公共利益和国家利益的有关事项；④法庭认为需要询问的其他有关事项。法庭询问也可以在每个争议焦点诉辩结束后进行。当事人申请法庭收集调查有关证据的，应说明理由，是否认可由法庭作出决定，并当庭说明理由。当然，法庭也可不经申请主动收集调查有关证据。

五、法庭调解

根据《民事诉讼法》的规定，案件在二审阶段也是可以调解。合议庭在法庭辩论结束后应征求上诉人与被上诉人的意见。

（一）法庭调解程序

根据《民事诉讼法》第一百七十二条和有关规定，第二审人民法院可根据当事人自愿，在事实清楚的基础上，分清是非，进行调解。合议庭对此评议之前，先询问一下各方当事人有无调解意向？规范用语如下：

审判长：依据《中华人民共和国民事诉讼法》第一百七十二条之规定，法庭辩论终结后，还可以进行调解。

审判长：上诉人，是否同意本庭调解？

上诉人：……

审判长：被上诉人，是否同意本庭调解？

被上诉人：……

审判长：因上诉人（被上诉人）不同意当庭调解，本庭不进行当庭调解。合议庭将在评议后进行判决：

审判长：下面由本庭对本案进行评议，各方当事人等候（当庭或定期）宣判。休庭××分钟。（或者：现在宣布休庭，何时宣判另行通告。当事人核对笔录无异议后签字。）

（二）法庭调解注意事项

如各方当事人愿意调解，可当庭进行，亦可宣布休庭后进行。调解达成协议的，合议庭评议后应当庭宣读。有一方当事人不愿意调解或调解达不成协议的，应及时评议和宣判。

六、合议庭评议

合议庭成员需就以下内容进行评议：

（1）争议焦点与纠纷的性质；

（2）事实和证据的分析与认定；

（3）适用的法律与纠纷的责任划分；

（4）当事人的上诉与答辩是否成立；

（5）原审程序与判决是否合法和正确及原因；

（6）二审拟处理意见等方面作出评价和结论。

合议庭得出结论后，可起草认证意见和宣判词。

七、认证和宣判

（一）宣判程序

宣判分为当庭宣判和定期宣判。定期宣判的则按重新开庭程序走一遍；当庭宣判按如下程序进行：

审判长：下面宣布继续开庭。经过法庭调查和法庭辩论及合议庭评议，本庭对本案下列证据与事实予以认定（或不予认定）。

……

审判长：本庭认为，经过开庭审理和合议庭评议，本案纠纷事实清楚，是非责任分明，可以进行判决。现在进行宣判，当事人及其诉讼代理人和旁听人员起立。

审判长：本院认为……（宣读宣判词）

审判长：判决宣读完毕。请坐下。

审判长：本判决将在十日内送达各方当事人，以正式文本为准。

审判长：现在宣布闭庭（敲法槌）。旁听人员退庭，当事人及其诉讼代理人阅读庭审笔录、签字后退庭。

（二）需注意事项

（1）认证时，应说明认定或不予认定的根据和理由。

（2）宣读判决，"本院认为"部分可概括，但判决主文要表述准确；判决正式文本应与认证的内容和宣判词一致。

（3）不能或不宜进行当庭认证和宣判的，应告知当事人另择日期再次开庭进行，或委托原审法院宣判；需再次开庭的，再开庭时审判长应对上次庭审活动作一个总结。

八、重点提示

（1）本节是关于民事案件第二审开庭审理一般程序及规范用语，其他情况及未涉及的内容，应按照《民事诉讼法》和有关规定的要求进行。

（2）对较复杂和争议较大的二审案件可召集各方当事人及其诉讼代理人举行二审庭前会议或预备庭，交换、核对证据，核算账目，勘验现场或委托鉴定等，以节省和提高庭审效率。如果已开展庭前谈话，在法庭调查和法庭辩论开始前，先对庭前谈话做一小结，并可简化上述规程。

（3）需特别指出的是，本节对第二审民商事案件开庭程序及规范用语的阐述，其实质意义在于：让学习者熟练掌握第二审开庭操作规范及相关用语，能够在今后工作中规范和强化程序，发挥程序功能，充分保障当事人及其诉讼代理人的诉讼权利以及旁听者和社会公众舆论的知情权、监督权，准确、规范和程序化地查明事实和适用法律，保证司法审判的公正性、严肃性和公开性。同时，让同学们明白司法审判的目的亦不仅仅在于解决一案纠纷，还在于通过审判向当事人及诉讼参与人、旁听者及社会公众昭示司法之正义、严肃、规范、信念、力量和保障。这是司法审判应有之境界。

第三章　关于几类特殊案件/程序工作规范

第一节　速裁程序规范

一、速裁程序概念及适用范围

速裁程序在我国《民事诉讼法》中并无明确规定及定义，但"速裁"概念顾名思义为"快审快结"之义，强调诉讼周期的缩短和审判效率的提升，在实践中，速裁程序适用于标的额较小、法律关系明确、争议不大的案件。另外，《民事诉讼法》第一百六十二条规定的小额诉讼程序，应适用前提为简单的民事案件且标的额为各省、自治区、直辖市上年度就业人员平均工资的百分之三十以下，故速裁程序适用案件原则上应包括小额诉讼程序。但不管如何，速裁程序本身不是一个独立的程序，其实质就是简易程序。在司法改革大背景之下，各地法院不断探索速裁程序在提升诉讼审判质效和人民群众诉讼满意度的积极作用，速裁程序已成为人民法院重要工作之一。

速裁程序从适用特点上可以归纳为：（1）以案件简易分流为前提。一个案件能否适用速裁程序，应当有明确的标准，只有标的额较小、法律关系明确、争议不大的案件才有适用速裁程序的意义，对于案情复杂、争议较大的案件不适宜进入速裁程序进行审理，同时，在适用速裁程序以后，发现案件情况较为复杂，则应当转入其他程序进行审理。（2）审限较短。速裁程序意在提升审判质效和提升人民群众诉讼满意度，因此，速裁程序应当在较短审限内审结案件。（3）与庭前调解密切结合，尽量将纠纷化解在庭审之前。（4）简化裁判文书制作与送达。（5）以调解和撤诉结案方式较高，注重纠纷解决实质化。（6）审理方式采取要素式审理，事先制作关键事实要素表并让双方当事人填写，法官通过要素表反映情况，及时总结争议焦点，进而缩短查明事实的时间。

二、速裁程序审理工作规范

（一）速裁案件的识别

实践中对于速裁案件的识别，可以具体结合当事人陈述、案件标的、案由等因素进行综合判断，在案件数量较少的法院，可以采取逐步仔细甄别方式进行，但对于案件数量较多的法院，则可以采取确定案由方式选择进入速裁程序的案件，即选择部分可以进入速裁程序的案由作为筛选标准，之后在此基础上，进行人工识别方式再进行第二道筛选，从而保证进入速裁程序案件绝大部分都为案件简单、争议不大的案件。一般来讲，首先应当由立案部门先通过案由方式甄别案件，之后案件到达审判庭时候，再由审判部门进行第二道人工甄别。

（二）速裁案件中的诉讼与调解的相结合

当案件确定为速裁程序案件后，在当事人自愿基础上，可以将案件提交给调解员先行调解，书记员应当将相关案件材料及时移交给调解员，并要求双方当事人在自愿调解笔录上签字。调解员对进入案件，可以将起诉书、证据等材料进行送达，同时，对于进入调解程序的案件，应当限定调解时间，一般而言不应超过一个月时间，如果后续案情需要且双方当事人同意的基础上，可以将调解周期延长一个月时间。经过调解的案件存在以下结果：一是当事人和解，从而原告撤诉；二是当事人达成调解意见，但需要人民法院出具调解文书；三是当事人不能达成调解意见，需要人民法院继续处理。因此对于第一种情况，直接将案件报结即可，第二种情况，应当将相关材料移送给承办法官，由承办法官进行合法性审查，以此决定是否出具调解法律文书，第三情况，转入审判程序，继续审理。综述，书记员在诉讼与调解过程中，应当做好相应的案件移送、材料发放和情况反馈的工作，促使两个程序衔接、运转更加协调。

（三）速裁程序的审理工作

速裁程序原则上应当开庭审理，可以采取要素式审理模式，即庭审前针对需要查明的案件事实制作要素事实关键表，交由给双方当事人填写。通过要素事实关键表填写情况，可以确定双方无异议事实和争议事实，在庭审过程中，主审法官可以对无异议事实进行确认，对于争议事实询问双方。需要注意的是，速裁程序的审限不应当超过三个月时间，主审法官应当注意案件进度情况，及时作出判决。

（四）速裁程序的后续工作

速裁程序的判决文书及相关裁定应当及时上网。

第二节　破产清算程序规范

一、破产清算程序概念

破产清算是指公司被宣告破产后，由破产管理人接管公司，对破产进行清算、评估、处理和分配所适用的程序。破产清算程序属于民事诉讼的特别程序，适用《民事诉讼法》相关规定，系针对公司资不抵债时候，由人民法院强制执行其全部财产，以公平清偿全体债权人的法律制度。

二、破产清算程序规范

（一）法院受理与管辖

破产清算案件由债务人公司住所地法院管辖。依据《企业破产法》第二条、第七条之规定，企业法人不能清偿到期债务，并且资产不足以清偿全部债务或者明显缺乏清偿能力的或者有明显丧失清偿可能的，可以向人民法院提出重整、和解或者破产清算申请，人民法院作出受理或不予受理破产申请裁定。人民法院受理破产案件所作出的裁定书，除不予受理裁定外，均应当送达当事人，此时，因为破产清算案件涉及债权人较多，需要送达文书的总量很大，且除直接送达外，还需要公告，因此对相关的送达工作要求高。

在这里，破产清算案件中涉及的各类文书汇总如下：（1）受理或不予受理破产申请的裁定；（2）驳回破产申请的裁定。法院受理破产申请后至破产宣告前，经审查债务不符合《企业破产法》第二条规定的破产情形，可以裁定驳回起诉；（3）终结破产程序的裁定；（4）申报债权的裁定；（5）对债权会议决议的裁定；（6）宣告破产的裁定；（7）债权人提出破产申请后对债务人的通知书；（8）裁定受理破产案件后对已知债权人的通知书；（9）银行开户通知书；（10）合议庭组成通知书；等等。

（二）破产清算程序中的公告事项

法院受理破产清算案件后，除在受理破产案件的法院公告栏张贴破产案件公告外，还应当在30日内在报纸上刊登相关信息。此外，终结破产程序的裁定、宣告破产的裁定均应当公告。

（三）破产清算程序中的破产管理人

破产管理人在破产清算程序中出于中心地位，在债务人进入破产程序后，全面接管债务人企业并负责相关财产的保管、清理、估价、处理和分配等相关事务性工作。人民法院受理破产申请后，应当同时指定破产管理人，而且破产管理人应当以社会中介机构、个人等专业管理人为原则，以指定清算组管理人为例外，当然，债权人会议申请更换破产管理人，应当由债权人会议作出决议并向人民法院提出书面申请。

（四）破产清算程序中的结案

破产案件审结后，应当制作结案报告，主要载明：破产申请人、被申请人情况；破产企业的资产、亏损、债权、债务情况；债权人的人数、金额以及有无担保情况；指定破产管理人情况；财产处置、分配情况等。

（五）破产清算案件中的上诉

申请人对人民法院不予受理破产申请、驳回破产申请的裁定不服的，可以自裁定送达之日起十日内向上一级人民法院提起上诉。

（六）破产清算案件中的归档

破产案件审结后，应将所有案卷材料，包括清算组移交的有关材料装订、归档。

第三节　知识产权案件审理规范

知识产权案件具体包括商标权、专利权、著作权及专利许可合同纠纷类等案件，均属于民商事案件类型，因此知识产权案件与其他民商事案件在适用程序上并无特别区别，但因为知识产权案件涉及专业技术性加强，因此在实践中，知识产权案件存在专家辅助人出庭情况较多。在本节，对知识产权案件中涉及的专家辅助人制度进行具体介绍。

专家辅助人一般具有专业知识人员，享有一定的技术资质。专家辅助人相关见于《民事诉讼法》第七十九条规定。该条规定，当事人可以申请人民法院通知有专门知识的人出庭，就鉴定人作出的鉴定意见或者专业问题提出意见。由此，看出专家辅助人出庭时间阶段限于对鉴定结果发表意见阶段，其发表意见等同于申请其出庭的当事人的意见，相应的法律后果由该当事一方承担。专家辅助人不同于证人，其相关费用均由申请出庭的当事一方承担。另外，在庭审过程中，审判组织应当对专家辅助人的相关身份信息和享有的技术资质进行询问，并将询问结果记载在庭审笔录中。

第四节　仲裁案件工作规范

一、仲裁程序概述

仲裁是指双方当事人通过约定，自愿将相关纠纷争议提交仲裁机构，并由仲裁机构中的仲裁员依据法律规定或公平原则作出具有约束力裁决从而解决双方纠纷的一种纠纷解决机制。

在民事纠纷解决机制体系中，仲裁属于社会救济的一种类型，即依靠社会力量处理民事纠纷，不仅体现当事人自愿的意志，最后的仲裁结果也体现仲裁员依据法律规定和公平原则处理争议的过程，同诉讼、和解、调解等其他纠纷解决机制相比，仲裁具有以下特点：（1）自愿性，即当事人启动仲裁程序需要以当事人达成仲裁协议或仲裁条款为前提，没有仲裁协议或仲裁条款，仲裁委员会不予受理；同时，仲裁庭组成人员、仲裁机构的选定都是由双方当事人在自愿基础上达成的。（2）限定性，即能够进入仲裁程序解决的纠纷在法律上具有限定性，只有符合法律规定相关纠纷才能进入仲裁程序。依据我国《仲裁法》规定，平等主体的公民、法人和其他组织之间发生的合同纠纷和其他财产权益纠纷，可以仲裁，但涉及婚姻、收养、监护抚养、继承纠纷及依法应当由行政机关处理的行政争议案件不得进入仲裁程序处理。（3）保密性。在实践中，仲裁程序更多使用于经济纠纷，为了保护争议双方隐私和商业秘密，保持今后继续友好合作关系考虑，因此与诉讼程序要求公开审理为原则不同，仲裁程序以不公开审理为原则。（4）强制性。我国《仲裁法》赋予仲裁裁决以司法强制执行力效力，如果一方当事人未按仲裁裁决履行确定的给付义务，相关权利人可以申请人民法院强制执行。（5）一裁终局性。仲裁程序实行"一裁终局"制度，即仲裁裁决自作出之日起就具有法律效力。

二、仲裁程序与诉讼程序的关系

仲裁程序与诉讼程序之间的关系，首先是两者均是并列的纠纷解决机制，互相独立且存在制约，具体体现为"或裁或审原则"，即当事人达成仲裁协议，一方向人民法院起诉的，人民法院不予受理，但仲裁协议无效的除外，因此，从原则上论，如果一方当事人已经提起仲裁，就不应提起诉讼；其次，两者存在相互支持的关系，诉讼程序中的回避、保全、调解等基本制度适用于仲裁程序，仲裁程序的证据和财产保全、仲裁裁决的执行依赖于人民法院的具体执行，相反，仲裁裁决中所查明的事实，也是诉讼程序中的重要证据形式之一；最后，诉讼程序对仲裁制度的监督，人民法院可以通过诉讼程序对仲裁活动和仲裁裁决是否符合法律规定进行司法监督，以决定对仲裁是否给付支持或干预的行为，具体体现为对仲裁裁决是否予以执行、确认仲裁裁决效力、对申请撤销仲裁裁决进行审查等行为。依据我国《仲裁法》相关规定，进入法院的仲裁程序案件包括申请确认仲裁协议效力和申请撤销仲裁裁决案件两类，下面将进行分述之。

三、申请确认仲裁协议效力案件

申请确认仲裁协议效力案件是指当事人向人民法院提起诉讼，请求确认约定的仲裁条款是否有效。根据法律规定，办理流程：

（一）对案件的管辖进行审查

《最高人民法院关于适用〈中华人民共和国仲裁法〉若干问题的解释》第十二条规定，可以具体分为几类情况适用：

（1）原则上由仲裁协议约定的仲裁机构所在地的中级人民法院管辖；

（2）仲裁协议约定的仲裁机构不明确的，由仲裁协议签订地或者被申请人住所地的中级人民法院管辖；

（3）确认涉外仲裁协议效力的案件，由仲裁协议约定的仲裁机构所在地、仲裁协议签订地、申请人或者被申请人住所地的中级人民法院管辖；

（4）涉及海事海商纠纷仲裁协议效力的案件，由仲裁协议约定的仲裁机构所在地、仲裁协议签订地、申请人或者被申请人住所地的海事法院管辖；上述地点没有海事法院的，由就近的海事法院管辖。

目前，北京地区的仲裁机构主要有中国国际贸易仲裁委员会及北京仲裁委员会，前者位于北京市西城区，如果当事人约定的仲裁机构为中国国际贸易仲裁委员会，那么依据上述规定，相应的确认仲裁协议效力的案件应当由北京市第二中级人民法院管辖；后者位于北京市朝阳区，相应的确认仲裁协议效力的案件应当由北京市第三中级人民法院管辖。

另外，当事人对仲裁协议效力提起确认之诉，应当坚持法院处理优先原则，即一方当事人请求仲裁委员会作出决定，另一方请求人民法院作出裁定，如果仲裁委员会先于法院接受申请并已经作出决定，法院不予受理；如果仲裁委员会接受申请后，并没有作出决定，法院则应当受理，同时通知仲裁机构中止仲裁。

（二）审判组织的构成及审理

法院审理确认仲裁协议效力确认的案件，应当组成合议庭，并询问当事人并制作询问笔录。

（三）诉讼材料的送达

在收到申请仲裁协议效力案件后，应当在五日内向被申请人送达应诉通知书、合议庭人员组成通知书、传票、申请书副本、证据材料等诉讼材料；向申请人送达合议庭组成人员通知书、传票等。

（四）裁判文书送达

人民法院对申请确认仲裁协议效力案件，应当制作民事裁定书。特别指出的是，除送达给双方当事人外，还应当送达立案审理仲裁案件的仲裁机构，以此告知仲裁机构由人民法院受理的申请仲裁效力案件已经审结。

（五）裁判文书上网

依据相关规定，该类案件出具的裁判文书应当上网公开。

四、申请撤销仲裁裁决案件

申请撤销仲裁裁决案件，是仲裁程序一方当事人认为仲裁机构所作出的仲裁裁决存在撤销情形，向人民法院请求撤销该仲裁裁决。《仲裁法》中规定下列可撤销仲裁裁决情形："（1）没有仲裁协议的；（2）裁决的事项不属于仲裁协议的范围或者仲裁委员会无权仲裁；（3）仲裁庭的组成或者仲裁的程序违反法定程序的；（4）裁决所根据的证据是伪造的；（5）对方当事人隐瞒了足以影响公正裁决的证据的；（6）仲裁员在仲裁该案时有索贿受贿、徇私舞弊，枉法裁决行为的。"

（一）对案件的管辖进行审查

依据《仲裁法》第五十八条规定，当事人可以向作出仲裁裁决的仲裁机构所在地的中级人民法院申请仲裁裁决。

（二）审判组织的构成及审理

法院审理申请撤销仲裁裁决案件的案件，应当组成合议庭，并询问当事人并制作询问笔录。另外，值得注意的是，申请撤销仲裁裁决案件审限为两个月时间（涉外仲裁司法审查案件除外），应当注意审理该案的进度和时间节点。

（三）诉讼材料的送达

在收到申请仲裁协议效力案件后，应当在三日内向被申请人送达应诉通知书、合议庭人员组成通知书、传票、申请书副本、证据材料等诉讼材料；向申请人送达合议庭组成人员通知书、传票等。

（四）文书送达

人民法院对申请撤销仲裁裁决案件，应当制作民事裁定书。特别指出的是，除送达给双方当事人外，还应当送达立案审理仲裁案件的仲裁机构，以此告知仲裁机构由人民法院受理的申请仲裁效力案件已经审结。

（五）裁判文书上网

依据相关规定，该类案件出具的裁判文书应当上网公开。

第五节　宣告失踪、宣告死亡、宣告无民事行为能力或限制行为能力案件工作规范

一、宣告类案件概述

宣告失踪案件，是指自然人下落不明到达法定期限后，相关利害关系人请求人民法院宣告该自然人失踪的案件。自然人被宣告失踪后，其民事主体资格仍然存在，不产生解除婚姻和发生继承的法律后果。

宣告死亡案件，是指自然人下落不明到达法定期限后或者具备其他条件，相关利害关系人请求人民法院宣告该自然人死亡的案件。宣告死亡的法律后果视为推定该自然人死亡，与自然死亡产生相同的法律后果，其财产关系和身份关系均依法发生变动。

宣告无行为能力案件，是指利害关系人向人民法院请求因精神疾病或其他疾病而丧失全部行为能力的自然人为无民事行为能力人的案件。与此相对应，因精神疾病或其他疾病而丧失部分行为能力的自然人的案件则为宣告限制行为能力人的案件。

宣告失踪、宣告死亡、宣告无民事行为能力、限制行为能力案件相关规定集中在《民事诉讼法》第一百八十三条至一百九十条，在程序上具体划分为宣告失踪、

宣告死亡案件和认定公民无民事行为能力、限制行为能力案件等两类案件，为了叙述方便，相关书记员规范以该两种类型案件作为具体划分。需要说明的是，宣告失踪、宣告死亡案件和认定公民无民事行为能力、限制行为能力案件在《民事诉讼法》中属于特别程序案件，由审判员一人独任审理，适用一审终审。

二、宣告失踪和死亡案件

（一）申请与受理

宣告失踪和死亡案件，需由下落不明人员的利害关系人向人民法院申请，具体而言需要满足下落条件，同时这些条件也是审理该案的重点：

（1）具备法定条件。依据《民法典》相关规定，宣告失踪需要自然人下落不明满2年；宣告死亡需要自然人下落不明满4年或者因意外事件，下落不明满2年，或因意外事故下落不明，经有关机关证明不能生存的。在实践中，要证明自然人下落不明情况，需要附有公安机关或其他机关关于该自然人下落不明的书面证明。

（2）申请人适格。申请人需与下落不明的自然人有利害关系，具体包括申请人的近亲属和与下落不明的自然人有民事权利义务关系的人，例如自然人的债权人、保险受益人等。

（3）向管辖权的人民法院提起申请。申请人需向下落不明人员的住所地的人民法院提出申请。

（二）审理程序

由审判员一人审理，一审终审。

（三）公告期间

宣告失踪或死亡案件需要发出下落不明人公告，宣告失踪期间为3个月，宣告死亡为1年。因意外事故下落不明，经有关机关证明不可能生存的，宣告死亡公告期间为3个月。相关公告期计算及届满情况需要以《民事诉讼法》规定的期间计算，公告期届满，按照独任程序开庭。

（四）判决

公告期满后，人民法院应当依据下落不明自然人是否生存或是否下落不明情况作出判决。在判决前，应当提前向申请人询问是否处理下落不明自然人的财产。

三、认定无民事行为能力、限制行为能力案件

（一）申请与受理

申请认定无民事行为能力或限制行为能力，由其近亲属或其他利害关系人向该自然人住所地基层人民法院提出。需要明确的是，被申请人需是已经成年，后因精神疾病或其他原因导致行为能力受限，因年龄成长原因的，则无须向人民法院提起申请。

（二）审理程序

由审判员一人审理，一审终审。人民法院依据申请人提供的证据来确定被申请人的精神情况，在被申请人精神健康状况允许情况下，应当让其到庭参加，同时，在必要时可以对被申请人进行医学鉴定。

（三）判决

经审理，人民法院认为被申请人并丧失民事行为能力的，则判决驳回申请，如果认为已经丧失行为能力的，则判决被申请人为无民事行为能力人或限制行为能力人。

第四章　民事案件案卷的整理与归档

第一节　民事案件案卷整理与归档概述

民事案件在诉讼过程中会形成各种诉讼文书材料，这些材料是零散的。如果不对它们进行整理则会杂乱无章，无法查阅与保存。因此在民事案件审理结束，需要对在诉讼过程形成的各种文书材料进行整理与归档。

一、案卷整理

案卷整理是案卷实体整理和案卷内容整理的统称，是诉讼档案管理的一项重要内容。案卷内容整理，主要包括对案卷内文件的内容的鉴别，对案卷内容的确定。案卷实体整理，主要是将零散的和需要进一步条理化的文件或档案，进行基本的分类、组合、排列、编目，组成有序的档案整体的工作过程。

（一）案卷整理原则

（1）整理档案必须保持文件之间有机的历史联系。

（2）整理档案应当充分利用原有的整理基础。

（3）整理后的档案必须便于保管和利用。

应对案卷整理工作高度重视，注意积累。做到对庭审形成的材料调整定卷，即在平时积累的基础上，详细检查每一文件材料，进行适当的调整，并且最后确定组合案卷。

（二）案卷整理工作

（1）卷内文件排列和编号。卷内文件排列是指将每个案卷内的文件用一定的规律和顺序进行系统化排列，保持文件之间的有机联系和条理性，使每一份文件在案卷内都有一个固定的位置。卷内文件在系统排列以后，应给卷内文件编页号，以固定它们的排列顺序，这样就便于统计和保护文件。

（2）拟写案卷标题，也称案卷题名，是对卷宗内全部文件内容的总概括。它是案卷封面上最重要的项目，也是以后编制档案工作的主要依据。

（3）编目成卷。案卷编目成卷工作，是指在组合案卷的基础上，对卷内文件进行编目、装订，以及案卷的排列、编号等一系列工作。这些工作的完成标志着整个立卷工作的基本完成。

案卷的编目，是指在卷内文件排列编号的基础上，填写卷内文件目录，备考表和案卷封皮等工作。它是进行手工检索的基本条件，也是实现档案计算机检索与储存的基础性工作。

（4）案卷装订。案卷的装订，是为了固定文件之间的排列顺序，保护文件不受损坏和散失，便于保管和利用。

案卷装订的要求：整齐、牢固，不影响阅读。案卷排列与编号，是指案卷经过编目装订以后，将一个年度、一个组织机构的案卷进行系统化排列、编号，以固定其顺序，使卷与卷之间保持一定的联系，系统地反映法院的审判活动。

二、归档

审判业务部门，将处理完毕的文件整理立卷，根据归档的要求填写案卷目录、编制各种检索工具，并按照归档制度将案卷目录、检索工具同所有案卷定期移交给人民法院档案室集中保存，就是归档。归档包括案卷收集、质量检查、目录登录和归档时间要求。

（一）案卷收集

案卷收集是指由法庭内勤组织按照集中归档的要求，将各合议庭办理完结的案卷收集集中，按年度、类别、审级分类排序的过程。收集原则主要是齐全，将各合议庭已办结并应该归档的案卷都收集起来，按照归档要求集中归档，合议庭或承办人个人不能单独归档。

（二）质量检查

质量检查是指由档案管理人员对集中起来的案卷逐本检查，对不符合规定要求的退给承办人限期重新整理，待整理合格后再收回来排到应排的位置。质量检查的内容有：材料是否齐全、文件排列是否按序、正本文件是否盖章、有无送达回证、卷内目录填写是否规范、卷宗封面填写是否齐全、有无重份材料、装订是否规范牢固、有无备考表、卷底有无粘贴封条和签名等。

（三）目录登录

目录登录是指将收集起来并检查合格后的案卷按年度、审级、类别和大小号的顺序用计算机打出目录，软盘与案卷一并交档案处。

（四）归档时间要求

归档时间要求是指上年度办结的案卷在第二年必须归档（未办结的除外）。内勤将以上各项办完后，由档案处派人检查，合格后办理归档手续，由各部门到档案处。

案卷的归档，既能保证本机关的档案完整，便于查找利用，又可为党、国家和社会积累档案财富。至此，标志着整个案卷整理归档工作的完结，文书材料从现行处理阶段转入档案管理阶段。

第二节　人民法院案卷整理与归档

人民法院的诉讼文书，是国家的重要专业文书之一，它所形成的档案，是人民法院审判活动的真实记录，反映了人民法院贯彻执行党和国家的路线、方针、政策、法律、法令的情况和人民法院的基本职能，又是人民法院进行审判活动的依据和必要条件。各级人民法院必须严格按照诉讼文书立卷的要求，做好立卷归档工作。

一、立卷

人民法院在收案以后，承办书记员应即开始收集有关本案的各种诉讼文书材料，着手立卷工作。在案件办结以后，要认真检查全案的文书材料是否收集齐全，发现法律手续不完备的，应及时补齐或补救，去掉与本案无关的材料，再行排列整理。

（一）立卷原则

1. 一案一号原则

一个案件从收案、结案到归档保管以及所有的法律文书（判决书、裁定书、调解书、批复等）和公文、函电，都使用收案时编定的案号。法律文书以及其他对外文书的文号，应与案号绝对一致，不允许一案多号。

2. 齐全完整原则

诉讼文书材料应收集齐全完整。每份诉讼文书材料都应标明形成时间、有关人员签名或盖章，庭审笔录中当事人应签名、按手印。

3. 书记员立卷原则

书记员立卷原则是我国档案工作的文书处理部门立卷原则在法院诉讼档案工作中的具体运用。立卷工作是书记员工作职责的一项内容。

4. 正副卷原则

诉讼档案本身有一定的机密性。为了便于控制使用范围，做到内外有别，保证党和国家机密安全，确立正副卷的原则是十分必要的。

（二）诉讼文书的收集

人民法院工作中形成的文书材料，分诉讼文书和行政文书两部分。诉讼文书和行政文书都是国家的重要档案，必须定期立卷归档，个人不得长期保留。根据文书处理部门立卷的原则，诉讼文书由各审判庭经办的书记员整理立卷、归档；行政文书由各单位指定专职或兼职人员负责立卷。诉讼文书由承办书记员汇集，进行立卷；行政文书由承办人在案件办理完毕以后，及时汇交本单位的文书管理人员归入文书卷宗。

1. 诉讼文书的收集

诉讼文书包括：起诉书、上诉状、审讯笔录、调查笔录、合议庭笔录、判决书、裁定书、调解书、审判委员会决定书、审理和宣判笔录、案件批复，以及围绕审理案件过程中所形成的传票、押票、提票、送达证、执行通知书等。

卷内诉讼文书材料，一般只保存一份（有领导同志的指示除外），重份的文书材料一律剔除。多余的判决书、裁定书、调解书，为备日后查考，可保留三份夹在已装订好的卷内。

2. 不需要收集的文书

具有下列情况之一的刑事或民事申诉或人民来信，可以不收集立卷：（1）不属法院业务范围归口交办的人民来信；（2）答复来信来访人到有关法院直诉的信件或记录；（3）询问一般法律手续问题的来信来访；（4）没有参考价值的信封；（5）内容、地址不清的申诉信件；（6）确系精神病人的来信；（7）刑事或民案件申诉中内容相同的材料。

（三）立卷方法

诉讼文书材料的立卷分为平时立卷和正式立卷。平时立卷又称平时收集管理。

书记员随时把案件审理过程中产生的每一份诉讼文书材料收集起来，归入卷宗，为正式立卷做好准备。

一个案件的最后一项程序完成时，可进入正式立卷工作。正式立卷工作可按五个步骤进行，又称"诉讼文书整理五步法"。分别是整理材料、去粗取精，系统排列、固定顺序，填写卷内目录，填写案卷封面、备考表，案卷装订。

1. 整理材料、去粗取精

首先对一个案件全部诉讼材料进行整理，一般情况装入卷宗的材料只保存一份（有领导批示的除外），重复文件一律剔除。本院法律文书保留2~3份以备利用。将整理好的文书材料按正副卷规定要求分开。

2. 系统排列、固定顺序

诉讼文书材料经系统排列后，要固定顺序，逐页编号。卷宗封面、卷内目录、卷底、备考表不编页码。页号一律采用阿拉伯数字编写，双面印刷为2页，编号写在有文字页面的右上角，背面的左上角；一卷内页号不得重复和遗漏。

要认真登记好卷内目录。

卷宗封面所列的各个项目，都要用毛笔或钢笔逐项填写齐全，书写要工整。其中结案日期填写正式宣判日期。

3. 填写卷内目录

一份诉讼文书材料编一个顺序号，判决书、裁定书的原本和正本编一个顺序号。卷内目录应按卷内诉讼文书材料排列顺序逐件填写，各项内容填写要齐全准确无遗漏。一份材料有数页时，要填写起页顺序号、案卷最后一份材料是两页以上时应将该起页和尾页顺序号一并填写在目录上。字迹要工整、清晰。

4. 填写案卷封面、备考表

案卷封面所列各项，除归档日期和档号由档案部门填写外，其他各项均由立卷人填写。

填写封面、必须用毛笔或钢笔正楷逐一填写，字迹要清晰醒目。年代、案卷号、收结案日期均采用阿拉伯数字填写；一审、二审结果必须写清，不得使用"详见判决书"的字样；填写审级采用大写数字。有需要说明的问题可在卷宗备考表中注明，并在封底栏内注明立卷人、检查人姓名及立卷日期、检查日期。

5. 案卷装订

装订前，应对卷宗内全部诉讼文书材料做一次全面检查，材料不完整的要补齐；剔除一切金属物，对破损和褪色、复写的材料要进行修补和复制，不便附卷的证物应拍照粘贴入卷，并在下面（旁侧）标明证物名称、数量、特征、来源；纸面过小的或装订口过窄的材料，要加贴补纸。纸面过大的材料要修剪、折叠整齐，加边加衬、折叠均以十六开办公纸为标准；对于字迹难辩的材料要附上抄件；外文及少数民族文字材料要有汉语译文附后；信封应打开平放加纸衬，邮票不得启掉；人民法院审理过程形成的诉讼文书材料不允许与公安机关的预审卷、检察机关的起诉卷混订或合订。

卷宗装订要求结实、整齐、美观，采用三孔一线装订法，长度 160 mm，结头打在背部。装订完毕，应在卷底装订线上贴密封志，并用立卷书记员名章加盖骑缝章。一个案件的诉讼文书材料，每卷以 200 张左右为宜，过多时应按形成的顺序分册订卷。

二、卷内文书排列顺序

诉讼文书材料的排列顺序，总的要求是，按照诉讼程序的客观进程形成文书的时间自然顺序进行排列。

（一）民事一审诉讼文书材料的排列顺序

1. 正卷的排列顺序如下：

（1）卷宗封面

（2）卷内目录

（3）立案表

（4）结案表

（5）起诉状 / 反诉状

（6）增加 / 放弃 / 变更诉讼请求申请书

（7）诉讼费用收据

（8）送达起诉状、证据等文件的相关材料

（9）答辩状

（10）各方当事人的送达地址确认书

（11）各方当事人的身份证明材料及授权委托材料

（12）证据

（13）保全相关材料（保全申请书、担保材料、保全裁定书、移送执行相关材料、保全执行回执、裁定书送达的相关材料）

（14）管辖权异议材料（管辖权异议申请书、谈话笔录、民事裁定书、裁定书

送达的相关材料）

（15）谈话笔录／公告送达起诉状的公告

（16）庭前会议笔录／开庭笔录／调解笔录／准予撤诉的谈话笔录

（17）代理词

（18）一审裁判文书原本及正本（判决书、裁定书、调解书），普通程序的仅放正本，原本放入副卷

（19）宣判笔录、送达裁判文书的相关送达材料、公告送达裁判文书的公告

（20）上诉状（案件上诉才会有）

（23）上级法院退卷函（案件上诉才会有）

（24）上级法院判决书、裁定书正本（案件上诉才会有）

（25）证物处理手续材料

（26）执行手续材料

（27）备考表

（28）卷底

2．副卷的材料顺序

（1）转入普通程序审理的审批表

（2）合议笔录

（3）内部法官会议或相关汇报材料

（4）上级法院的发回函

（5）一审法官裁判文书原本

（6）备考表

（二）民事二审案件正卷诉讼材料排列顺序

1.正卷材料排列顺序

（1）卷宗封面

（2）卷宗目录

（3）上诉案件移送函

（4）原审法院判决书、裁定书

（5）上诉状

（6）诉讼费收据，减、免、缓交诉讼费手续

（7）答辩状

（8）法人营业执照副本影印件、公民身份证影印件

（9）法定代表人身份证明、授权委托书

（10）告知当事人合议庭组成人员通知书

（11）指定举证期限通知书

（12）当事人提交的新证据及二审据以维持、改判、发回重审的证据材料

（13）证据收据

（14）人民法院调查收集的证据

（15）询问笔录、调查笔录

（16）开庭传票存根及开庭公告底稿

（17）庭审笔录

（18）代理词及辩护材料

（19）判决书、裁定书、调解书正本

（20）宣判笔录

（21）判决书、裁定书、调解书的送达回证

（22）退卷函存根

（23）备考表

（24）卷底

上述材料排列顺序是二审卷宗的一般顺序，有些法院会根据自己的实际情况有所增减或调整。

2. 副卷诉讼材料的排列顺序

（1）卷宗封面

（2）卷宗目录

（3）案情报告

（4）有关本案内部请求及批复

（5）合议庭评议笔录

（6）审判委员会讨论记录

（7）判决书、裁定书、调解书原本

（8）其他不宜对外公开的材料

（9）卷底

三、案卷的保管

各级人民法院负责集中统一管理本院的全部档案（包括录音带、录像带、影片

等音像材料），确保档案的完整、安全，严守档案机密，积极提供利用，为审判工作和国家现代化建设服务。

要在案件结案以后的一个季度内归档。案卷要根据《关于人民法院诉讼档案保管期限的规定》提出保管期限意见，向档案室移交，并办好交接手续。凡立卷不符合规定要求的，由有关书记员负责重新整理。

档案处／科／室要积极主动组织好诉讼档案的归档工作。随时了解案件的归档情况，对已办结的案件，要督促立卷承办人员及时立卷归档。接收档案时，必须逐卷查点清楚，按照《人民法院诉讼文书立卷归档办法》提出的要求，检查案卷质量，符合要求的，进行接收。

对已接收的案卷，要根据刑事、民事、经济类别，按年度、审级、案号分别在档案目录簿册上登记。登记要准确，字体要工整。接收后的案卷，要在卷皮的左上角加盖"归档"章，以区别于未归档的案卷。

归档的录音带、录像带、影片等音像档案，应在每盘上注明当事人的姓名、案由、案号，承办单位、录制人、录制时间、录制内容，并按形成顺序，逐盘登记造册归档。

归档的证物，凡是能够附卷保存的，应装订入卷或装入证物袋，在证物袋上写明名称、数量、特征、来源。不便附卷保存的，应当另行包装，注明所属案件的年度、审级、案号、当事人姓名、案由以及证物的名称、数量、特征等，随同本案卷宗归档。易腐、易爆、易燃、有毒的证物，因不适于保存，可拍照附卷，经领导批准销毁或处理。

归档后的案卷，分别根据刑事、民事、经济类别，按年度、审级、案号的顺序排列，放进卷柜保管。随卷归档不能附卷的证物，可在拍成照片附卷后另行保管，但应标明证物的名称、数量、规格、特征、案号，并在卷内备考表记明其保管处所，以备查调。随卷归档的录音带、录像带、影片等音像档案，应单独存放，非经院长批准不得调用。

第三节　律师办理民事案件案卷整理与归档

律师业务档案，是律师进行业务活动的真实记录，反映律师维护国家法律正确实施，维护委托人合法权益的情况，体现律师的基本职能和社会作用。

一、律师民事业务案卷的立卷

（一）相关材料的收集

律师接受委托并开始承办民事案件时，即应同时注意收集保存有关材料，着手立卷的准备工作。

律师承办业务中使用的各种证明材料、往来公文、谈话笔录、调查记录等，都必须用钢笔或毛笔书写、签发，要求字体整齐、清晰。律师立卷归档过程中，内容相同的文字材料一般只存一份，但有领导同志批示的材料除外。

对已提交给人民法院、仲裁机构或有关部门的证据材料，承办律师应将复印件入卷归档。对不能附卷归档的实物证据，承办律师可将其照片及证物的名称、数量、规格、特征、保管处所、质量检查证明等记载或留存附卷后，分别保管。

律师应在法律事务办理完毕后，即全面整理、检查办理该项法律事务的全部文书材料，要补齐遗漏的材料，去掉不必立卷归档的材料。

（二）相关材料的剔除

在立卷归档时，应当剔除的材料有：（1）委托律师办理法律事务前有关询问如何办理委托手续的信件、电文、电话记录、谈话记录以及复函等；（2）没有参考价值的信封；（3）其他律师事务所（法律顾问处）委托代查的有关证明材料的草稿；（4）未经签发的文电草稿，历次修改草稿（定稿除外）。

（三）立卷办法

律师业务档案按年度和一案一卷、一卷一号的原则立卷。

立卷工作由承办律师或助理律师负责。律师业务档案分诉讼、非诉讼和涉外三类。诉讼类包括刑事（包括刑事辩护和刑事代理）、民事、经济、行政诉讼代理等；非诉讼类包括法律顾问、仲裁代理、咨询代书、其他非诉讼业务四种；涉外类卷宗根据具体情况按前二类确定。

二、民事诉讼代理案卷的材料顺序

律师业务档案应按照案卷封面、卷内目录、案卷材料、备考表、卷底的顺序排列。案卷内档案材料应按照诉讼程序的客观进程或时间顺序排列。民事诉讼代理案卷的具体排列顺序为：

（1）律师事务所（法律顾问处）批办单

（2）收费凭证

（3）委托书（委托代理协议、授权委托书）

（4）起诉书、上诉书或答辩书

（5）阅卷笔录

（6）会见当事人谈话笔录

（7）调查材料（证人证言、书证）

（8）诉讼保全申请书、证据保全申请书、先行给付申请书和法院裁定书

（9）承办律师代理意见

（10）集体讨论记录

（11）代理词

（12）出庭通知书

（13）庭审笔录

（14）判决书、裁定书、调解书、上诉书

（15）办案小结

三、编目和装订

律师民事业务档案应按照案卷封面、卷内目录、案卷材料、备考表、卷底的顺序排列。一律使用阿拉伯数字逐页编号，两面有字的，两面都要编页号。页号位置正面在右上角，背面在左上角（无字页面不编号）。

立卷人用钢笔或毛笔逐页填写案卷封面，或者打印案卷封面；填写卷内目录，内容要整齐，字迹要工整。有关卷内文书材料的说明材料，应逐项填写在备考表内。

文书材料装订前要进一步整理。对破损的材料要修补或复制，复制件放在原件后面。对字迹难以辨认的材料应当附上抄件。主要外文材料要翻译成中文附后。卷面为16开，窄于或小于卷面的材料，要用纸张加衬底；大于卷面的材料，要按卷面大小折叠整齐。需附卷的信封要打开平放，邮票不要揭掉。文书材料上的金属物要全部剔除干净。

案卷装订一律使用棉线绳，三孔钉牢。在线绳活结处须贴上律师事务所封签，并在骑缝线上加盖立卷人的姓名章，或者使用专门制作的档案资料夹装订。

四、归档与保管

文书材料应在结案或事务办结后3个月内整理立卷。装订成册后由承办人根据司法部、国家档案局制定的《律师业务档案管理办法》的有关规定提出保管期限，

经律师事务所主任审阅盖章后，移交档案管理人员，并办理移交手续。随卷归档的录音带、录像带等声像档案，应在每盘磁带上注明当事人的姓名、内容、档案编号、录制人、录制时间等，逐盘登记造册归档。对不能附卷归档的实物证据，承办律师可将其照片及证物的名称、数量、规格、特征、保管处所、质量检查证明等记载或留存附卷后，分别保管。

第五章　民事诉讼庭审工作示范及训练案例

第一节　民事诉讼庭审工作示范

为了让同学们对民事诉讼案件庭审程序有一个比较直观的了解，本节安排一个较为完整的民事诉讼庭审案例给大家做示范。

【纠纷概况】田真诉兴隆银行股份有限公司清河分行借记卡纠纷案

田真拥有一张兴隆银行股份有限公司清河分行签发的银行卡，2021 年 4 月 30 日晚 8 时，田真发现自己的银行卡被盗刷，于是在银行挂失，到派出所报案，经调查无果，钱款无法追回的情况下，田真将兴隆银行诉至法院，要求银行赔本付息。

【本案参与人员】原告田真，诉讼代理人胡亚，被告：兴隆银行股份有限公司，诉讼代理人陈代；法庭人员：审判长、两位审判员、书记员

下面就本案庭审情况介绍如下：

一、庭前准备

书记员：请当事人和诉讼代理人按照指定位置就座。下面审查当事人和诉讼代理人的到庭情况。请原告方说明到庭情况，提交身份材料。

原（田）：原告田真本人到庭，我爱人作为我的诉讼代理人到庭，现向法庭提交我们的身份证、结婚证和我的授权委托书。

被（陈）：被告委托我作为诉讼代理人到庭，现向法庭提交银行的营业执照、金融业务许可证、法定代表人身份证明书、授权委托书和我的律师证。

书记员：本案无证人、鉴定人等人在旁听席就座。下面宣布法庭纪律。

（1）到庭的所有人员一律听从审判长统一指挥、遵守法庭秩序。

（2）不准喧哗、不准鼓掌、不准吸烟、不准随意走动、不准呼口号、不准开启移动电话和无线寻呼机，不准实施其他妨碍审判活动的行动，旁听人员不准进入审

判区。

（3）未经许可不准录音、录像和摄影。

（4）诉讼参加人在辩论、提问和回答问题时，应经法庭允许。

（5）未成年人未经批准，精神病人、醉酒的人及其他不宜旁听的人员不得旁听。

（6）旁听人员不得记录、发言或者提问，有意见可在闭庭后提出。

全体起立，下面有请审判长、合议庭其他审判人员入庭。

（三位法官入庭），审判长：请坐下。

书记员：报告审判长，原告田真及委托诉讼代理人胡亚，被告兴隆银行股份有限公司委托诉讼代理人陈代均已到庭，可以开庭。

二、法庭调查前准备

审判长：（敲击法槌）现在开庭。北京市××区人民法院现依法适用普通程序公开开庭审理原告田真诉被告兴隆银行股份有限公司借记卡纠纷一案。现在核实当事人身份。请原告向法庭说明你及委托诉讼代理人的身份信息。

原（田）：田真，男，1988年10月25日出生，汉族，北京市红黄蓝幼儿园××分园厨师，住北京市丰台区丁香路100号。我旁边这位是我的委托诉讼代理人。

原（胡）：胡亚，我是田真的老婆，没有固定工作，住北京市丰台区丁香路100号。

审判长：请被告向法庭说明你及委托诉讼代理人的身份信息。

被（陈）：被告：兴隆银行股份有限公司，住所地北京市丰台区西四环南路520号。负责人：张林，行长。

我受被告委托出庭应诉，我叫陈代，全民律师事务所律师。

审判长：双方当事人对对方出庭人员的出庭资格是否有异议？

原（田）：无异议。

被（陈）：无异议。

审判长：经法庭核实，双方当事人及诉讼代理人符合法律规定，可以参加本案诉讼。下面宣布法庭组成人员。本案由审判长徐杨担任审判长，合议庭审判长张胜、李胜组成合议庭适用普通程序进行公开审理，书记员郭胜担任法庭记录。双方当事人是否对法庭组成人员申请回避？

原（田）：不申请。

被（陈）：不申请。

审判长：现在告知双方当事人有关诉讼权利和义务。原告起诉后有放弃、变更或增加诉讼请求的权利；被告有权承认或反驳原告的诉讼请求，有权提起反诉；双方当事人有自行和解的权利，对自己的诉讼主张和理由有权提供证据予以证明和有权进行辩论，请求调解，有权要求申请调查、鉴定和勘验。当事人对自己的诉讼主张应负举证责任；必须遵守诉讼秩序，开庭时必须遵守法庭纪律，双方当事人的身份信息发生变化请及时告知法庭。对严重妨害民事诉讼的人，可根据情节轻重，予以罚款、拘留，构成犯罪的，依法追究刑事责任。双方当事人对以上权利义务内容是否听清？

原告：听清了。

被告：听清了。

审判长：在庭审过程中，原告未经法庭许可中途退庭，按撤诉处理；被告未经法庭许可中途退庭的，可缺席判决。双方是否明白？

原告：明白了。

被告：明白了。

三、法庭调查阶段

审判长：下面进行法庭调查。首先由双方当事人陈述诉辩意见。请原告陈述起诉的事实理由和诉讼请求。

原告（田）：2021年5月1日上午9时，胡亚携带我的银行卡一张到被告的清河分行取现。到该分行时发现，银行卡余额仅剩20.4元。而4月30日晚8时，我在附近超市购买牙膏等生活用品，刷卡消费25元，当时银行短信提示余额尚存14万余元。我怀疑银行卡被盗刷，立刻与胡亚取得联系，我于5月1日上午9时22分通过电话将该卡挂失，于上午10时33分至清河分行将该卡实际挂失，在与银行交涉未果后，于上午11时50分至大兴区清河街道派出所报警。经派出所与被告共同调查发现，涉案银行卡于5月1日凌晨2时38分至56分在广东汕头连续38次取现共计14.19万元。我认为清河分行未尽到对于储户存款的安全保障义务，遂诉至法院，请求：（1）被告支付原告被盗刷的款项共计14.19万元；（2）被告赔偿原告利息损失（以14.19万元为基数，自2021年5月1日起至实际给付之日止，按中国人民银行同期存款利率计算）；（3）被告赔偿原告精神损害赔偿1万元；（4）诉讼费用由被告承担。

审判长：请问原告，你方主张精神损害赔偿的根据是什么？

原（田）：这事银行一直拖着不解决，我们老百姓很生气，因此要有这个诉讼主张。

审判长：根据法律规定，如果仅以生气为由，是不符合精神损害赔偿的法定要件的，你方是否坚持？

原（胡）：不了不了，审判长，我们撤回，不诉这个了。

审判长：原告当庭撤回第三项诉讼请求，符合法律规定，本庭予以准许。下面请被告发表答辩意见。

被：我方不同意原告的诉讼请求。第一，我行储蓄和交易系统安全可靠，原告银行卡发生交易时属于密码交易，我方接到交易提示，审核密码正确后予以支付，该交易中我方不存在任何过错，不应承担损害赔偿责任；第二，原告已经向公安机关报案，涉案交易无法确定是否是伪卡盗取，该案件应采取先刑后民的处理原则，等待公安机关的调查结果再行处理；第三，本质上本案属于侵权责任，侵权方就刷卡方，受害方是原告，与我方无关，且原告有一定的过错，即便如原告诉称的卡被盗刷，根据法律规定，谁侵权谁赔偿，赔偿主体应该是犯罪行为人，并非我方；原告在使用银行卡过程中，存在过错，自身应承担一定的责任。

审判长：当庭陈述结束。下面进行举证质证。按照我国《民事诉讼法》的规定，当事人对自己提出的主张有责任提供证据加以证明。证据应当在法庭上出示，并由当事人互相质证。举证应当逐一就证据名称、证明内容及证明目的的说明，质证应当围绕证据的真实性、关联性、合法性说明，请原告举证，被告质证。

原（田）：第一份证据，交易明细单、发票：4月30日下午8点，我在超市购买牙膏等生活用品，刷卡消费25元，当时银行短信提示余额尚存14万余元。证明在盗刷前，涉案银行卡上尚存真实余额。

第二份证据，ATM机取款时照片：5月1日上午9点，胡亚携带我的银行卡一张到清河分行ATM机上取现，该照片显示，用涉案银行卡取款时，余额仅剩20.4元。证明胡亚取款时发现涉案银行卡被盗刷。

第三份证据，挂失申请：我们于5月1日上午9时22分通过电话将该卡挂失，于上午10时33分至清河分行将该卡实际挂失。证明我方在发现盗刷后立即与银行沟通处理。

第四份证据，报案材料：我们在上午11时50分至大兴区清河街道派出所报警，公安局派出所民警给我们做了笔录。证明我方与银行沟通无果后，立刻提交法律机关处理。

第五份证据，涉案银行卡：证明该银行卡就是本案被盗刷的银行卡。

审判长：原告，还有其他证据吗？

原（田）：没有。

审判长：原告，你方这些证据都有原件吗？

原（田）：都有。

审判长：原告，把你方的证据原件向法庭出示

原（田）：好的。

（书记员收原件，先给审判长，审判长核实完后，给被告，让被告看着原件发表质证意见）

审判员：下面被告根据原告的证据发表质证意见。

被：对第一份证据真实性认可，证明目的不予认可，该份证据只能证明 4 月 30 日下午 8 点涉案银行卡存在交易行为，不能证明原告所称的盗刷事实。

对第一份证据真实性不认可，证明目的不认可。照片显示的内容不能认定是出自涉案银行卡的信息，也不能证明银行卡被盗刷。对证据三真实性认可，对其证明目的认可。原告确实在挂失时向我银行主张涉案银行卡被盗刷，并成功办理了挂失业务。

对证据四真实性认可，证明目的认可。原告在挂失后，到公安进行了报案。

对证据五真实性认可，证明目的认可。

审判员：被告质证意见是否发表完毕

被：发表完毕。

审判员：下面由被告举证，原告质证。

被：第一份证据，开户申请单：该申请单背面小字部分条款明确规定，本卡采用密码交易的形式，银行审核密码后即有义务接受交易，证明原告在办卡时对此知晓并同意该条款，我行不存在过错。

第二份证据，公安笔录：证明我方配合公安机关就本案进行调查，我行在整个交易，及事后配合原告维权中均没有过错，不应当承担赔偿责任。

第三份证据，交易明细单：根据我方核查的交易记录显示，涉案银行卡在 5 月 1 日凌晨 01 时 49 分至 02 时 30 分之间存在连续性操作，涉案银行卡账户中的钱是持卡人使用在广东茂名的 ATM 机支取现金及转账划走的，与我方无关。

审判长：被告还有其他证据吗？

被（陈）：没有。

审判长：被告的证据都有原件吗？

被（陈）：都有。

审判长：被告，把你方的证据原件向法庭出示

被（陈）：好的。

（书记员收原件，先给审判长，审判长核实完后，给原告让原告看着原件发表质证意见）

审判长：下面由原告发表质证意见。

原（胡）：对第一份证据真实性认可，证明目的不予认可。涉案银行卡是我方申请开户的，开户申请单是被告提供的格式文本，密码交易的约定是格式条款，且字迹较小，在办卡时被告没有提示我方，不应对我方产生法律效力；另外，我的银行卡密码没有泄漏，钱款存在银行，银行就应该保证钱款安全，现在丢失了，我方不应该承担责任。

对第二份证据真实性认可，证明目的不认可。配合警方调查是被告的义务，不能就此否定应当向我方承担的责任。

对第三份证据真实性认可，对其证明目的认可。该证据进一步证明了涉案的银行卡是在深夜通过异地 ATM 机转账划走的，不可能是我方所实施，也不是被告所称的密码交易，被告的资金保管系统有漏洞，才会出现该问题。

审判长：证据原件退回双方当事人，双方当事人请收悉。

原（胡）：收到证据原件，完整无误。

被（陈）：收到证据原件，完整无误。

审判长：举证质证结束，下面进行法庭询问。原告，开卡时你方是否办理过短信提醒等短信提示类的业务？

原（田）：没有办理。

审判长：4 月 30 日晚 8 点至 5 月 1 日子夜 1 时 49 分，涉案银行卡是否一直在你身上，你是否有泄露密码给他人？

原（田）：一直在我老婆身上，我没有泄露密码给别人。

原（胡）：是的。

审判长：被告，原告的涉案银行卡除了通过"卡 + 密码"的形式进行转账和取现之外，还可以通过什么方式进行？

被（陈）：在 ATM 机上是这样的操作。

审判长：你方与广东茂名那边的银行联系过么？有何结果？

被（陈）：联系过，那边的银行也在配合警方调查，目前没有结果。

审判长：合议庭其他成员是否有问题向双方当事人询问？

其他合议庭审判员：没有。

审判长：双方当事人应本案事实部分是否还有其他补充？

原（田）：没有。

被（陈）：没有。

审判长：法庭调查结束。

四、法庭辩论阶段

审判长：下面总结无争议事实和争议焦点。本案的无争议事实为：原告的涉案银行卡中钱款 14.19 万元发生了转账和取现，原告的涉案银行卡在 4 月 30 日下午 8 点至 5 月 1 日子夜 1 时 49 分之间一直由原告保管。本案的争议焦点为：被告是否对原告的钱款尽到了保管义务，是否应对原告的损失承担责任？双方当事人对以上内容是否有异议？

原（田）：没有。

被（陈）：没有。

审判长：法庭辩论应围绕本案双方争议的焦点进行，从事实认定、证据采用、责任承担、法律依据等方面进行论述。下面请原告结合争议焦点发表辩论意见

原（胡）：涉案银行卡在深夜跨省的 ATM 机上被转账或取现 9 次，而在这前一天晚上八点及当日上午九点，我方还拿着该银行卡消费取现，证明该卡在案发期间都在我们手中。犯罪分子应该是通过伪卡进行的交易，银行的系统无法对伪卡进行识别，证明银行未尽到对我们资金的安全保障义务，应当承担我方的资金损失。

审判长：下面请被告发表辩论意见。

被（陈）：根据《商业银行法》的规定，我行在原告交易时已经尽到注意及保护义务。我行一直都有交易提醒和通知业务，原告以每月需 2 元的理由未开通此项业务，造成自己重大损失，不应由我方承担。本案侵权方不是我方，原告方也未尽到密码保管义务，如果存在伪卡交易，原告应自行承担过错风险。另外本案定性应以公安机关调查结果和及后续刑事案件判决为依据，遵循先刑事后民事的诉讼原则作出公正认定。

审判长：双方是否还有补充的辩论意见

原：我补充一点：我方主张被告赔偿的根据是被告未尽到资金的安全保障义务，与"先刑事后民事"的诉讼原则无关。

被：没有。

审判长：法庭辩论结束。

五、最后陈述阶段

审判长：下面由双方当事人进行最后陈述。

原（田）：坚持我方的诉讼请求。

被（陈）：坚持我方的答辩意见。

六、法庭调解阶段

审判长：下面进行法庭调解，双方是否可以本着宽容互谅的原则进行调解？

原（田）：我方同意调解，调解方案是被告返还我方本金，利息部分可以让步。

被（陈）：我方不同意调解。

审判长：鉴于被告代理人不具有调解权限，本庭不再组织调解。下面本庭要对本案事实认定和法律适用进行合议，休庭，请当事人退出法庭等待宣判。

当事人离开法庭。审判长开始对本庭进行合议。

七、法庭宣判阶段

书记员：请当事人入庭就座。

审判长：现在继续开庭。原告田真诉被告兴隆银行股份有限公司借记卡纠纷一案因调解不成，合议庭即行评议。涉案交易发生的时间为凌晨左右，并非一般储户通常进行取款、转账业务的时间；涉案交易发生的地点为广东，并非持卡人田真的住所地北京；田真在发现银行卡余额有误时，及时、反复拨打银行客服电话并携带银行卡前往公安部门报案，田真提交的证据形成了较为完整的证据链，法院认定本案涉案交易属于伪卡交易。本案中田真主张的法律关系为储蓄合同法律关系，合同相对人为田真与兴隆银行股份有限公司，银行卡是田真在ATM机等终端向银行做出付款请求的唯一合法有效介质，伪卡交易的发生说明银行制发的借记卡以及交易系统存在技术缺陷，证明银行未能充分尽到安全保障义务，属于违约行为，因此本案中使用伪造的借记卡做出的付款请求及银行的付款行为对田真不产生法律效力，兴隆银行股份有限公司应对田真的损失承担赔偿责任。综上所述,根据《中华人民共和国民法典》第一百一十九条、第五百七十七条之规定,判决如下:

兴隆银行股份有限公司清河分行于本判决生效之日起十日内赔偿张某某 14.19 万元并支付利息(以 14.19 万元为基数,自 2021 年 5 月 1 日起至实际给付之日止,按中国人民银行同期存款利率计算)。

诉讼费 3138 元,由兴隆银行股份有限公司清河分行承担(于本判决生效之日起七日内交纳)。

若未按本判决指定的期间履行给付金钱义务,应当依照《中华人民共和国民事诉讼法》第二百五十三条之规定,加倍支付迟延履行期间的债务利息。

如不服本判决,可在接到判决书之日起十五日内向本院递交上诉状及副本,并按对方当事人的人数提出副本,上诉于北京市××中级人民法院。判决书在五日内送达。

现在宣布闭庭。

第二节　民事诉讼模拟庭审训练案例

一、买卖合同纠纷训练案例

(一)诉讼参加人

1. 当事人

原告:李某某,女,1958 年 10 月 9 日出生,汉族,北天津汽修厂退休职工,住址天津市河东区逐鹿街 11 号。

被告:某某商业连锁有限公司,住所北京市通州区太原街 87 号。

法定代表人:林某,行长。

委托诉讼代理人:魏某,北京市盈丰律师事务所律师。

2. 审判组织

审判长张速、审判员刘立、人民审判员汪华、书记员秦立。

(二)案情概要

2021 年 9 月 16 日,李某在被告公司所经营的超市购买 15 袋"杭白菊花",该商品的外包装上标注保质期为"5℃以下保质期 18 个月,开袋后常温保质期 3 个月"。李某购买后认为保质期标注不明确，开袋前常温保质期多久无法根据标注内容确定。该保质期标注不符合我国有关食品安全法的相关规定，消费者无从判断是否在保质期内食用，因此有害于消费者的人身安全，现诉至法院，请求：（1）返还李某购物款200元；（2）赔偿李某款项2000元；（3）诉讼费由被告承担。

（三）证据材料

1. 原告证据

（1）商品结算单、发票，证明李某在被告经营的超市购买15袋"杭白菊花"。

（2）"杭白菊花"实物15袋，证明该商品的外包装上标注的保质期确为"5℃以下保质期18个月，开袋后常温保质期3个月"，该标注不清晰、不明确。

2. 被告证据

（1）进货单，证明被告的进货渠道正当，标注内容为生产者所为，与被告无关。

（2）销售记录，证明原告购买商品的时间与生产日期相差仅半个月，无论从什么标准看，该商品在购买时未超过保质期。

（四）各方观点

1. 原告观点

原告认为，被告销售的商品不仅在本身质量上应当符合安全标准，而且在外包装的标注上应当明确合法，符合国家的管理要求。本案中，被告销售的商品在保质期标准上不明确，应当按照食品安全法承担惩罚性赔偿责任。

2. 被告观点

被告认为，销售者无义务对商品的外包装进行完整、合法的实质性审查，且商品的外包装不规范明确，并不影响消费者的食用安全，不应适用食品安全法有关惩罚性赔偿的相关规定。

（五）开庭要点提示

1. 本案争议焦点

涉案商品外包装上的保质期标注"5℃以下保质期18个月，开袋后常温保质期3个月"是否符合法律规定。

2. 法官调查要点

法官应当围绕争议焦点核查事实，具体内容为：

（1）原告主张以上标注不符合法律规定具体内容是什么？

（2）被告能否对开袋后非常温下的保质期、开袋前常温下的保质期等内容，通过以上标注作出合理解释？

（3）被告作为销售者，是否有对食品外包装的合法性予以实质审查义务？

【思考与练习】

1. 原被告在庭前和庭中需要做哪些工作？

2. 法庭在庭前的辅助工作要点是什么？

3. 法官对本案事实如何认定？法官该如何判决？

4. 组织各方当事人召开模拟法庭进行审判训练。

二、银行卡纠纷训练案例

（一）诉讼参加人

1. 当事人

原告：张某某，男，1994年8月1日出生，汉族，职业不详，住址北京市大兴区王林街38号。

委托诉讼代理人：郑某，张某某之妻，住址同上。

被告：某某银行股份有限公司清河分行，住址北京市大兴区清河街56号。

法定代表人：朱某，行长。

委托诉讼代理人：陈某，北京市公正明律师事务所律师。

2. 审判组织

审判长徐明杨，审判员：张兆、刘明，书记员胡春明。

（二）案情概要

2021年5月1日上午9时，郑某携带张某某银行卡一张（某某银行股份有限公司清河分行签发），到清河分行取现。到该分行时发现，银行卡余额仅剩20.4元。而4月30日晚8时，张某某到附近超市购买牙膏等生活用品，刷卡消费25元，当时银行短信提示余额尚存14万余元。郑某怀疑银行卡被盗刷，立刻与张某某取得联系，张某某于5月1日上午9时22分通过电话将该卡挂失，于上午10时33分至清河分行将该卡实际挂失，在与银行交涉未果后，于上午11时50分至大兴区清河街道派出所报警。经派出所与被告银行共同调查发现，涉案银行卡于5月1日凌晨2时38分至56分在广东汕头连续38次取现共计14.19万元。张某某认为清河分行未尽到对于储户存款的安全保障义务，遂诉至法院，请求：（1）被告支付原告被盗刷的款项共计14.19万元；（2）被告赔偿原告利息损失（以14.19万元为基数，自2021年5月1日起至实际给付之日止，按中国人民银行同期存款利率计算）；（3）诉讼费用由被告承担。

（三）证据材料

1. 原告证据

（1）开户申请单、银行卡，证明银行卡的持卡人及使用人为张某某。

（2）超市交易明细单，证明张某某于4月30日晚8时在超市持卡消费，银行卡由张某某保管，并未交于他人。

（3）银行账户流水单，证明张某某的银行卡在5月1日凌晨2时38分至56分在广东被取现14.19万元。

（4）挂失申请单，证明张某某已及时将该卡办理挂失。

（5）报案记录及公安机关谈话笔录，证明张某某将银行卡盗刷情况报案。

2. 被告证据

（1）开户申请单，证明双方在储蓄合同签订时明确约定，只要储户是凭密码交易，银行审核密码后即有义务接受交易，原告在办卡时对此知晓并同意该条款，清河银行对张某某的损失存在过错，无须承担责任。

（2）公安机关调查笔录，证明张某某的银行卡是在广东被盗刷，是犯罪嫌疑人用伪造的银行卡进行了刷卡交易，与银行无关。

（四）各方观点

1. 原告观点

储户与银行成立储蓄存款合同关系，银行对储户的存款负有安全保障义务。犯罪嫌疑人能够通过伪卡交易将储户的存款窃取，说明银行的整个交易系统存在技术缺陷，未履行安全保障义务，应由银行承担赔偿责任。综上所述，清河分行应当对张某某的损失承担赔偿责任。

2. 被告观点

（1）银行在整个交易中均是凭密码交易，符合储户取款的交易习惯和行业规则，不是银行的过错导致了储户的损失。

（2）伪卡交易、盗刷致损属于犯罪嫌疑人利用技术手续窃取他人财产，属于刑事犯罪行为，应当由公安机关侦破案件后，再行处理，即遵循"先刑后民"的司法处理规则。

综上所述，本案应当中止审理，待刑事侦查完毕，对犯罪嫌疑人定罪量刑后再行处理；直接驳回起诉，将本案交由移送至公安机关处理。

（五）开庭要点提示

1. 本案争议焦点

（1）本案所涉交易是原告将银行卡交由他人所为，还是犯罪嫌疑人伪卡交易套取现金？

（2）本案中所涉及的法律关系是什么？是否需要等待刑事侦查的最终结果？

2. 法官调查要点

法官应当围绕争议焦点核查事实，具体内容为：

（1）围绕争议焦点一，法官应查明以下要点：

①涉案交易的时间是否与常理相符？

②涉案交易的地点是否与当事人所在地同一，或在合理时间内可以在两地往返操作？

③涉案当事人对于权利主张是否及时？是否采取措施及时止损？

（2）围绕争议焦点二，法官应查明以下要点：

①原告主张权利所依据的法律关系是什么？是与被告银行的储蓄合同法律关系，还是与犯罪嫌疑人的侵权法律关系？

②银行是否尽到了对储户存款的安全保障义务？

【思考与练习】

1. 原被告在庭前和庭中需要做哪些工作？

2. 法庭在庭前的辅助工作要点是什么？

3. 法官对本案事实如何认定？法官该如何判决？

4. 组织各方当事人召开模拟法庭进行审判训练

三、离婚纠纷训练案例

（一）诉讼参加人

1. 当事人

原告：袁某，女，1988年7月13日出生，汉族，无业，住址北京市顺义区城明路158号。

被告：赵某，男，1977年5月29日出生，汉族，北京明诚兆食品经营有限公司经理，住址北京市门头沟区长兴路88号。

2. 审判组织

合议庭组成员：审判长杨淑珍；审判员朱明新；陪审员张大林；书记员辛

真真。

（二）案情概要

2013 年 12 月 31 日，原告袁某与被告赵某登记结婚，2017 年 7 月 7 日，二人生育一子赵某某。婚后，双方因抚养子女、照顾老人、日常支出等问题频繁争吵，矛盾不断，双方感情不和多年。婚生子赵某某一直随母亲共同生活。

双方于 2018 年 7 月 28 日购买 1005 号房屋，房屋总价款 660 万元，其中首付款 600 万元，银行贷款 60 万元。2018 年 9 月 20 日，原被告与招商银行签订贷款合同，贷款人为原被告，截至离婚诉讼时，贷款本息剩余 58 万元。首付款 600 万元来源于赵某名下的 1089 号和 1047 号房屋的变价款。1089 号房屋于 2008 年全款购买，2018 年 9 月 15 日卖出得款 285 万元；1047 号房屋 2010 年购买，购买时首付 70 万元，贷款 50 万元，该贷款于 2018 年 5 月 10 日还清，2018 年 5 月 18 日售出，得款 315 万元。原告袁某在 2018 年 9 月 14 日向其父袁某某借款 25 万元，用于支付购买 1005 号房屋的税费。另调查，袁某无业，无固定收入，赵某月平均收入 3 万元，双方对此均认可。

原告袁某向法院起诉请求：（1）离婚；（2）赵某某由袁某抚养，赵某按每月 10000 元的标准一次性支付抚养费 200 万元；（3）1005 号房屋归被告所有，剩余贷款由被告偿还，被告给付原告补偿款 300 万元；（4）被告与原告共同偿还借款 25 万元；（5）诉讼费用由被告承担。

（三）证据材料

1.原告证据

（1）结婚证，证明原被告双方存在婚姻关系。

（2）赵某某出生证明、户口本，证明赵某某系原被告的婚生子女，且与袁某户籍在一处。

（3）出警记录、居民委员会调解记录，证明原被告婚后经常吵架、打架，曾由派出所民警和居民委员会调解，夫妻感情确已破裂。

（4）季某某、温某证言，证明赵某某一直随原告共同生活。

（5）1005 号房屋买卖合同、房产证、贷款合同、银行还款记录，证明 1005 号房屋于原被告婚姻关系存续期间购买，登记在夫妻二人名下，属于夫妻共同财产，贷款现已偿还至 58 万元。

（6）袁某某证言、转账记录、交费凭证，证明原被告为交纳 1005 号房屋税费，向袁某某借款 25 万元。

2. 被告证据

（1）被告工资证明、原告社会保障证明，证明被告工资收入月均3万元，收入稳定，有较强的经济能力抚养子女。原告无工作，社保已于2016年停止缴纳。

（2）1089号房屋购房合同、房产证、购房发票、出售合同，招商银行转账记录，证明1089号房屋属于赵某婚前个人财产，在婚后出售所得285万元。

（3）1047号房屋购房合同、贷款合同、房产证、购房发票、农业银行流水账单、出售合同，证明1089号房屋亦属于赵某的婚前个人财产，在婚后出售所得315万元。

证据（2）、证据（3）共同证明1005号房屋的首付款完全是被告婚前财产的转化，属于被告的个人财产。

（4）房屋价值评估报告，证明1005号房屋现有价值为721万元，赵某预交了评估费2.5万元。

（四）各方观点

1. 原告观点

（1）原告主张夫妻感情破裂，应当判决离婚；

（2）原告主张赵某某与自己共同生活多年，应由原告享有赵某某的抚养权；

（3）原告主张夫妻共同财产为1005号房屋，应当将该房屋归由被告所有，然后由被告给付原告房屋价款的一半作为折价款，除此之外，夫妻间无共同财产；

（4）原告主张夫妻共同债务为向袁某某的借款25万元，应由夫妻共同承担。

2. 被告观点

（1）被告认为夫妻感情破裂，同意离婚；

（2）被告认为原告没有经济能力，应将赵某某由被告抚养；

（3）被告主张无夫妻共同财产，1005号房屋应为被告个人财产；

（4）被告认可双方对袁某某借款25万元，同意共同承担。

（五）开庭要点提示

1. 本案争议焦点

（1）赵某某的抚养权应当由谁承担？

（2）1005号房屋应为夫妻共同财产，还是个人财产，应当如何分割？

2. 法官调查要点

法官首先确定以下无争议事实：一是原被告双方均认可夫妻感情确已破裂，可以离婚；二是原被告双方均认可夫妻共同债务为 25 万元，应共同承担。

法官应当围绕争议焦点核查事实，具体内容为：

（1）围绕争议焦点一，法官应查明以下要点：

①赵某某自出生以来由谁抚养？

②袁某是否有不适宜抚养赵某某的情形？

③赵某是否有一次性支付抚养费的能力？

④核心要点是以最有利于赵某某身心健康发展为标准，到底袁某某与赵某谁承担抚养义务更合适？

（2）围绕争议焦点二，法官应查明以下要点：

① 1005 号房屋是否属于夫妻共同财产？

② 1005 号房屋是否应在夫妻二人之间平均分割？原告是否对 1005 号房屋的购买有价值贡献？

【思考与练习】

1. 原被告在庭前和庭中需要做哪些工作？

2. 法庭在庭前的辅助工作要点是什么？

3. 法官对本案事实如何认定？法官该如何判决？

4. 组织各方当事人召开模拟法庭进行训练。

四、动物侵权纠纷训练案例

（一）诉讼参加人

1. 当事人

原告：刘某某，男，1948 年 7 月 5 日出生，汉族，北京杏林食品加工厂退休职工，住址北京市朝阳区八十里乡 255 号。

委托诉讼代理人：刘某，刘某某之子，住址同上。

被告：宋某某，男，1952 年 8 月 5 日出生，汉族，北京石材建工厂退休职工，住址北京市朝阳区八十里乡 264 号。

2. 审判组织

独任法官张林；书记员田峥。

（二）案情概要

2021 年 7 月 15 日下午 6 时，刘某某与妻子张某在明光福小区提着鸟笼子遛鸟，走到宋某某家门前时，突然遭到一条黄色土狗的袭击，刘某某被狗撞击后倒地，张某赶紧打电话给儿子刘某，并打110电话报警。民警赶到时，看到黄色土狗卧在宋某某家门口，于是敲门进屋询问情况，宋某某称"该狗是自家养的，同意将该狗送交派出所处理，并同意将被撞倒的老头带到医院看病"。刘某某经光华医院诊断认定骨盆骨折，支出医疗费、护理费等各项费用共计6.6万元。在案件审理过程中，刘某某申请司法鉴定，鉴定机构出具鉴定报告，刘某某伤残十级，刘某某垫付鉴定费用和检查费用3000元。刘某某与宋某某交涉，宋某某拒不赔付，刘某某遂诉至法院，请求：（1）赔偿刘某某医疗费、住院伙食补助费、营养费、护理费、交通费、残疾赔偿金、残疾辅助器具费共计6.6万元；（2）赔偿刘某某精神损失费1万元；（3）赔偿刘某某误工费8000元；（4）赔偿鉴定费及检查费3000元；（5）诉讼费用由被告承担。

（三）证据材料

1. 原告证据

（1）报警记录，证明刘某某在摔伤时拨打110电话报警。

（2）民警执法录像，证明黄色土狗为宋某某饲养，当时未拴狗链，宋某某认可黄色土狗将刘某某撞倒在地。

（3）诊疗单及相关票据，证明刘某某在摔伤后送医院就诊，诊断为骨盆骨折，且相关医疗费用由刘某支付。

（4）伤残鉴定报告，证明刘某某伤残十级，存在误工情形，需要护理、营养等，鉴定费用和检查费用共计3000元。

（5）户口簿及工资证明、工资卡流水账单，证明刘某某拥有北京城镇户口，受伤前在金城物业公司当保安，每月工资4000元。

2. 被告证据

（1）刘某某受伤时照片，证明刘某某摔倒在地时手提鸟笼，将鸟笼保管完整无损，因此刘某某是因护鸟而未采取正确的处置措施，方才摔倒。

（2）公安机关调查笔录，笔录中显示"刘某某称疼得不厉害，应该没事"，证明刘某某当时摔得不严重，伤残赔偿金、伤残器具补助费不应承担。

（3）刘某某身份证复印件，证明刘某某已年过六十，基本没有劳动能力，属于退休人员，不应有误工费。

（四）各方观点

1. 原告观点

宋某某的行为构成动物侵权，应当承担无过错责任。刘某某因动物侵权所造成的一切损失，均应宋某某承担。

2. 被告观点

（1）刘某某的反应能力有违常人，采取的自救措施不当，"先管鸟后救人"，因此对于自身的损害有过错，应当减轻宋某某的赔偿责任。

（2）刘某某诉讼请求中的误工费、伤残赔偿金、伤残器具补助费、精神损害赔偿金均没有法律依据，不应由宋某某赔偿。

（五）开庭要点提示

1. 本案争议焦点

（1）受害人刘某某对于自身的损失是否存在过错？

（2）受害人刘某某主张的各项赔偿是否有法律依据和事实依据？

2. 法官调查要点

法官应当确认无争议事实：

根据《中华人民共和国民法典》规定，饲养动物致人损害的，应由动物的饲养人或管理人承担侵权责任。本案中，出警记录、当事人陈述均证明刘某某的人身损害是由宋某某饲养的狗撞击造成的，应当由宋某某承担侵权责任。

宋某某同意承担刘某某医疗费、住院伙食补助费、营养费、护理费、交通费、鉴定费及检查费。

法官应当围绕争议焦点核查事实，具体内容为：

（1）围绕争议焦点一，法官应查明以下要点：

①刘某某是否采取的自救措施明显不当？

②刘某某是否在该土狗侵犯自身权益时存在过错？

（2）围绕争议焦点二，法官应查明以下要点：

①刘某某是否仍有劳动能力，有正当劳动收入？

②刘某某是否构成伤残？

③刘某某是否存在精神损害？

【思考与练习】

1. 原被告在庭前和庭中需要做哪些工作？

2. 法庭在庭前的辅助工作要点是什么？

3. 法官如何对本案事实如何认定？法官该如何判决？

4. 组织各方当事人召开模拟法庭进行训练。

第六章　民事诉讼基本法律文书

本章根据《民事诉讼法》的规定，民事诉讼所涉及的法律文书多达650余种，涉及管辖、当事人、证据、一审程序、二审程序、特别程序、审判监督程序等民事诉讼程序的方方面面，文书样式来源于2016年7月5日颁布，2016年8月1日开始施行的《人民法院民事裁判文书制作规范》《民事诉讼文书样式》。本章重点介绍常用的民事诉讼法律文书。

第一节　民事诉讼当事人常用法律文书

当事人常用的法律文书是指在民事诉讼中由当事人向人民法院提供，以及当事人之间相互提供的法律文书，主要包括民事起诉状、民事答辩状、民事上诉状、再审申请书及各类申请书等。

一、民事起诉状

民事起诉状是指依据《民事诉讼法》第一百二十条、第一百二十一条的规定，当事人请求人民法院启动审判程序，审判自己提出的特定诉讼请求的法律文书。民事起诉状是启动一审审判程序的开始。民事起诉状内容包括：当事人基本信息、诉讼请求、事实理由和落款。起诉状样例如下：

民事起诉状

原告：×××，男/女，××××年××月××日出生，×族，……（写明工作单位和职务或职业），住……。联系方式……。

法定代理人/指定代理人：×××，……。

委托诉讼代理人：×××，……。

被告：×××，……。

（如果当事人为法人或其他组织，需写明其名称、住所地、法定代表人或主要负责人姓名和职务及联系方式）

诉讼请求：

1.……

2.……

3.……

事实和理由：

……

……

证据和证据来源，证人姓名和住所：

……

此致

××××人民法院

附：本起诉状副本×份

起诉人：×××（签名）

××××年××月××日

（如果起诉人为法人或其他组织的，需法定代表人或主要负责人签字，并在日期上加盖单位印章）

二、民事答辩状

民事答辩状是指依据《民事诉讼法》第一百二十五条的规定，被告针对原告的诉讼请求及事实理由提出自己答辩意见的法律文书。答辩状内容包括：当事人基本信息、答辩意见和落款。答辩状样例如下：

民事答辩状

答辩人：×××，男/女，××××年××月××日出生，×族，……（写明工作单位和职务、职业），住……，联系方式……。

法定代理人/指定代理人：×××，……。

委托诉讼代理人：×××，……。

（如果答辩人为法人或其他组织，需写明其名称、住所地、法定代表人或主要负责人姓名和职务及联系方式）

对××××人民法院（××××）……民初……号……（写明当事人和案由）一案的起诉，答辩如下：

……（写明答辩意见）。

证据来源和证人名单：

……

此致

××××人民法院

附：本答辩状副本×份。

答辩人：×××（签名）

××××年××月××日

（如果答辩人为法人或其他组织的，需法定代表人或主要负责人签字，并在日期上加盖单位印章）

三、民事上诉状

民事上诉状是指依据《民事诉讼法》第一百六十四条、一百六十五条、一百六十六条、二百六十九的规定，当事人不服一审裁判文书，请求二审法院再次审理已裁判案件的法律文书。上诉状内容包括：当事人基本信息、上诉请求、上诉理由和落款。以被告提出上诉的上诉状为例如下：

民事上诉状

上诉人（原审诉讼地位）：×××，男/女，××××年××月××日出生，×族，……（写明工作单位和职务或职业），住……，联系方式……。

法定代理人/指定代理人：×××，……。

诉讼委托代理人：×××，……。

被上诉人（原审诉讼地位）：×××，……。

……

（以上写明当事人和其他诉讼参加人的姓名或名称等基本信息）

×××因与×××……（写明案由）一案，不服××××人民法院××××

年××月××日作出的（××××）……号民事判决/裁定，现提起上诉。

上诉请求：

……

上诉理由：

……

……

此致

××××人民法院

附：本上诉状副本×份

上诉人：×××（签名或盖章）

××××年××月××日

四、再审申请书

民事再审申请书，也有人称民事申诉状，是指当事人不服生效的民事裁判文书，请求有审判监督权的人民法院对案件进行再次审理的法律文书。再审申请书内容包括：当事人基本信息、再申请求、再审的事实和理由以及落款。申诉书样例如下：

再审申请书

再审申请人（一、二审诉讼地位）：×××，男/女，××××年××月××日出生，×族，……（写明工作单位和职务或者职业），住……。联系方式：……。

法定代理人/指定代理人：×××，……。

委托诉讼代理人：×××，……。

被申请人（一、二审诉讼地位）：×××，……。

……

原审原告/被告/第三人（一审诉讼地位）：×××，……。

……

（以上写明当事人和其他诉讼参加人的姓名或者名称等基本信息）

再审申请人×××因与×××……（写明案由）一案，不服××××人民法院（写明原审人民法院的名称）××××年××月××日作出的（××××）……

号民事判决／民事裁定／民事调解书，现提出再审申请。

再审请求：

……

事实和理由：

……（写明申请再审的法定情形及事实和理由）。

此致

××××人民法院

附：本民事再审申请书副本×份

再审申请人（签名或者盖章）

××××年××月××日

【说明】

（1）本样式根据《民事诉讼法》第一百九十九条、第二百零一条、第二百零三条以及《最高人民法院关于适用〈中华人民共和国民事诉讼法〉的解释》第三百七十七条、第三百七十八条制定，供当事人对已经生效的民事判决、裁定或者调解书向人民法院申请再审用。

（2）当事人是法人或者其他组织的，写明名称住所。另起一行写明法定代表人、主要负责人及其姓名、职务、联系方式。

（3）当事人对已经发生法律效力的判决、裁定，认为有错误的，可以向上一级人民法院申请再审；当事人一方人数众多或者当事人双方为公民的案件，也可以向原审人民法院申请再审。当事人申请再审的，不停止判决、裁定的执行。

（4）当事人对已经发生法律效力的调解书，提出证据证明调解违反自愿原则或者调解协议的内容违反法律的，可以申请再审。

（5）再审申请书应当记明下列事项：（一）再审申请人与被申请人和原审其他当事人的姓名或者名称等基本信息；（二）原审人民法院的名称，原审裁判文书案号；（三）具体的再审请求；（四）申请再审的法定情形及具体事实、理由。再审申请书应当明确申请再审的人民法院，并由再审申请人签名、捺印或者盖章。

（6）当事人申请再审，应当提交下列材料：（一）再审申请书，并按照被申请人和原审其他当事人的人数提交副本；（二）再审申请人是自然人的，应当提交身份证明；再审申请人是法人或者其他组织的，应当提交营业执照、组织机构代码证书、法定代表人或者主要负责人身份证明书。委托他人代为申请的，应当提交授权委托书和代理人身份证明；（三）原审判决书、裁定书、调解书；（四）反映案件基本事实的主要证据及其他材料。

（7）有新证据的，应当在事实和理由之后写明证据和证据来源，证人姓名和住所。

五、民事申请书

（一）回避申请书

回避是指民事诉讼中，审判人员或其他可能影响案件公正审理的有关人员，在遇到法律规定的回避情形时，不得参与案件审理，已经参与的要退出案件诉讼程序的制度。回避申请书是依据《民事诉讼法》第四十四条、第四十五条的规定，供当事人向人民法院提出回避申请时使用的法律文书。回避申请书样例如下：

回避申请书

申请人×××……，（一审原告或被告、二审上诉人或被上诉人）：……（写明当事人名称、在诉讼中的身份和住所地）。

委托代理人×××……，（写明代理人的姓名、身份、职业等）

申请人在与×××（写明另一方当事人在诉讼中的身份和姓名）×××纠纷一案中，依据《中华人民共和国民事诉讼法》第四十四条之规定，向××××人民法院申请×××人员（写明被申请回避人员在诉讼中的身份）×××（写明申请回避人员的姓名）回避。

理由是：……（写明申请回避的理由）。

请予准许。

申请人：×××（签名或捺印）

××××年××月××日

（二）无独立请求权的第三人申请参加诉讼申请书

无独立请求权的第三人是指依照《民事诉讼法》第五十六条第二款的规定，对原被告双方的诉讼标的，虽没有独立请求权，但案件处理结果与之有法律上利害关系的第三人。该第三人可以通过向人民法院提出申请参加诉讼，提出申请的法律文书样例如下：

申 请 书

申请人：×××

请求事项：请求××××人民法院法院追加本人（或本单位）为无独立请求权第三人。

事实与理由：

因本人（或本单位）与贵院受理的原告×××与被告××× ……（写明案由）一案的审理结果有法律上的利害关系，为便于进一步查清事实，请贵院追加本人（或本单位）为第三人参加诉讼。

此致
××××人民法院

申请人：（签名或盖章）

××××年××月××日

（三）申请法院调查取证申请书

根据《民事诉讼法》第六十四条的规定，当事人及诉讼代理人因客观原因不能自行收集的证据，可向人民法院提出申请，由人民法院予以调取。适用的法律文书样例如下：

调查收集证据申请书

申请人×××，……（写明姓名或名称等基本情况）。

法定代表人（或负责人）×××，……（写明姓名和职务）。

法定代理人（或指定代理人）×××，……（写明姓名等基本情况）。

委托代理人×××，……（写明姓名等基本情况）。

本人（本单位）与×××（写明对方当事人的姓名或名称）、×××（写明其他当事人的姓名或名称）……（案由）纠纷一案，××××人民法院于××××年××月××日以（××××）××民初××号立案审理。本人（本单位）及诉讼代理人因……（写明申请法院调查收集证据的理由），不能自行收集……（写明证据名称）等证据，现依据《中华人民共和国民事诉讼法》第六十四条第二款、最高人民法院《关于适用〈中华人民共和国民事诉讼法〉的解释》第九十四条之规定，请求贵院依法调查收集。请予准许。

此致
××××人民法院

附：申请法院调查收集的证据清单

1. 证据一：……（写明证据名称、证据保存地点、证明目的等事项）；
2. ……

申请人：（签名或盖章）

××××年××月××日

（四）延长举证期限申请书

举证期限，是指在民事诉讼中，法律规定或法院指定的当事人能够有效举证的时限。《民事诉讼法》第六十五条第二款规定："人民法院根据当事人的主张和案件审理情况，确定当事人应当提供的证据及其期限。当事人在该期限内提供证据确有困难的，可以向人民法院申请延长期限，人民法院根据当事人的申请适当延长。当事人逾期提供证据的，人民法院应当责令其说明理由；拒不说明理由或者理由不成立的，人民法院根据不同情形可以不予采纳该证据，或者采纳该证据但予以训诫、罚款。"根据该规定，当事人在取得证据有困难的情况下，可以向人民法院提交延长举证期限申请书，样例如下：

延长举证期限申请书

申请人×××，……（写明姓名或名称等基本情况）。

法定代表人（或负责人）：×××，……（写明姓名和职务）。

法定代理人（或指定代理人）：×××，……（写明姓名等基本情况）。

委托代理人×××，……（写明姓名等基本情况）。

本人（本单位）与×××（写明对方当事人的姓名或名称）、×××（写明其他当事人的姓名或名称）……（案由）纠纷一案，××××人民法院于××××年××月××日以（××××）××民初××号立案审理。原定举证期限自××××年××月××日至××××年××月××日。因……（写明申请延长举证期限的理由），现依据最高人民法院《关于适用〈中华人民共和国民事诉讼法〉的解释》第一百条第一款之规定，请求贵院依法将举证期限延长至××××年××月××日。

请予准许。

此致

××××人民法院

申请人：（签名或盖章）

××××年××月××日

（五）诉讼财产保全申请书

诉讼财产保全是指人民法院在案件审理过程中，根据当事人或利害关系人的申请，或由人民法院依职权对当事人的财产所采取的限制其处分或转移的强制性措施。《民事诉讼法》第一百条对此进行了规定，当事人在诉讼中，若发现对方当事人可能从事转移财产等使生效判决不能执行或难以执行的情形，则可以通过向人民法院申请财产保全，来防止对方财产发生转移。诉讼财产保全申请书样例如下：

诉讼财产保全申请书

申请人×××，……（写明姓名或名称等基本情况）。

被申请人×××，……（写明姓名或名称等基本情况）。

请求事项：

查封/扣押/冻结被申请人×××的……（写明保全财产的名称、性质、数量、数额、所在地等），期限为……年月日（写明保全期限）。

事实和理由：

申请人×××与被申请人×××……号……一案，为防止案件难以执行或者造成当事人合法权益受到损害。

申请人提供……作为担保。

此致

××××人民法院

申请保全人（签字）：×××

××××年××月××日

第二节　民事诉讼程序类常用法律文书

民事诉讼是一种司法程序，程序类法律文书是人民法院针对民事诉讼中的程序性事项作出的法律文书，主要包括民事裁定书、民事决定书、民事通知书等。

一、民事裁定书

民事裁定是指人民法院对民事诉讼中的程序问题和部分实体问题所作出的权威性判定。大部分民事裁定解决的是诉讼中的程序性问题，裁定方式以书面形式为主，以口头形式为辅。民事裁定大致可以分为管辖类民事裁定、保全类民事裁定、证据类民事裁定、程序转换类民事裁定等。

（一）管辖类民事裁定书

民事诉讼中的管辖是指各级人民法院之间以及同级人民法院之间受理第一审民事案件的分工和权限。管辖类民事裁定书是指专门处理人民法院之间关于管辖问题的法律文书，包括对管辖权提出异议用的裁定书、对管辖权提出异议上诉用的裁定书、对受理的民事案件移送有管辖权的人民法院和的裁定书、因发生管辖权争议由共同上级法院指定管辖用的裁定书、上级法院指定下级人民法院管辖用的裁定书等。以当事人对管辖权提出异议用的裁定书为样例。

××××人民法院
民事裁定书

（××××）……民初……号

原告：×××，……。

法定代理人／指定代理人／法定代表人／主要负责人：×××，……。

委托诉讼代理人：×××，……。

被告：×××，……。

法定代理人／指定代理人／法定代表人／主要负责人：×××，……。

委托诉讼代理人：×××，……。

第三人：×××，……。

法定代理人／指定代理人／法定代表人／主要负责人：×××，……。

委托诉讼代理人：×××，……。

（以上写明当事人和其他诉讼参加人的姓名或者名称等基本信息）

原告×××与被告×××、第三人×××……（写明案由）一案，本院于××××年××月××日立案。

×××诉称，……（概述原告的诉讼请求、事实和理由）。

×××在提交答辩状期间，对管辖权提出异议认为，……（概述异议内容和理由）。

本院经审查认为，……（写明异议成立或不成立的事实和理由）。

依照《中华人民共和国民事诉讼法》第×条、第一百二十七条第一款规定，裁定如下：

（异议成立的，写明：）×××对管辖权提出的异议成立，本案移送××××人民法院处理。

（异议不成立的，写明：）

驳回×××对本案管辖权提出的异议。

案件受理费……元，由被告……负担（写明当事人姓名或者名称、负担金额）。

如不服本裁定，可以在裁定书送达之日起十日内，向本院递交上诉状，并按对方当事人或者代表人的人数提出副本，上诉于××××人民法院。

审　判　长　×××

审　判　员　×××

审　判　员　×××

××××年××月××日

（院　　印）

本件与原本核对无异

书　记　员　×××

（二）保全类民事裁定书

保全是人民法院对当事人财产、行为、证据等采取的限制措施，包括财产保全、行为保全和证据保全。保全类民事裁定书是指专门处理保全事项的法律文书，主要包括诉前财产保全用裁定书、行为保全用裁定书、财产保全变更标的物用裁定书、解除财产保全用裁定书等。以诉讼财产保全用裁定书为样例。

××××人民法院

民事裁定书

（××××）……民×……号

申请人：×××，……。

被申请人：×××，……。

担保人：×××，……。

（以上写明申请人、被申请人及其代理人的姓名或者名称等基本信息，如有担保人的应一并写明其基本信息）

……（写明当事人及案由）一案，申请人×××于××××年××月××日向本院申请保全证据，请求……（写明保全措施），并以本人/担保人×××

的……（写明担保财产名称、数量或者数额、所在地点等）提供担保。

本院经审查认为，……（写明裁定的理由）申请人×××的申请符合法律规定。

依照《中华人民共和国民事诉讼法》第×条，第×条，第一百五十四条第一款第四项规定，裁定如下：

……（写明证据保全措施）。

本裁定立即执行。

如不服本裁定，可以自收到裁定书之日起五日内向本院申请复议一次。复议期间不停止裁定的执行。

　　　　　　　　　　　　　　　审　判　长×××

　　　　　　　　　　　　　　　审　判　员×××

　　　　　　　　　　　　　　　审　判　员×××

　　　　　　　　　　　　　　　××××年××月××日

　　　　　　　　　　　　　　　（院　印）

本件与原本核对无异

　　　　　　　　　　　　　　　书　记　员×××

1. 证据类民事裁定书

证据是指在民事诉讼中能够证明案件真实情况的各种材料，是民事诉讼中法院认定案件事实作出裁判的根据。证据类民事裁定书是指专门处理诉讼中证据事项的法律文书，主要包括证据保全用裁定书、当事人申请书证提出命令用裁定书、鉴定人返还费用用裁定书等。以证据保全用裁定书为样例。

×××人民法院
民事裁定书

　　　　　　　　　　　（××××）××××民初××号

申请人：×××，……（姓名或名称、住所地等基本情况）。

被申请人：×××，……（姓名或名称、住所地等基本情况）。

担保人：×××，……（姓名或名称、住所地等基本情况）。

×××（写明当事人姓名或者名称以及案由）一案，×××（申请人姓名或者名称）于××××年××月××日向本院提出证据保全申请，请求……（当事人申请对何证据采取何种保全方法，当事人提供担保的，也应当写明），并以申请人×××/担保人×××的……（写明财产性质、名称、数量、所在地点等）提供担保。

本院经审查认为，在证据可能灭失或以后难以取得的情况下，当事人可以在诉讼过程中向人民法院申请保全证据。申请人×××的申请符合法律规定。

依照《中华人民共和国民事诉讼法》第八十一条第一款、第三款，第一百条第一款，第一百五十四条第一款第四项之规定，裁定如下：

……（写明证据保全措施）。

如不服本裁定，可以自收到之日起五日内可以向本院申请复议一次。复议期间不停止裁定的执行。

> 审　判　长　×××
> 审　判　员　×××
> 审　判　员　×××
> ××××年××月××日
> （院　印）

本件与原本核对无异

> 书　记　员　×××

2. 程序转换类民事裁定书

民事诉讼中常见的诉讼程序包括普通程序、简易程序和小额诉讼程序，小额诉讼程序是简易程序中的一种，因此，当小额诉讼程序转换为简易程序时，仅需要告知当事人即可。只有当简易程序（小额诉讼程序）转换为普通程序时，需要以裁定的方式进行。以法院依职权将简易程序转换为普通程序的裁定书为样例。

××××人民法院
民事裁定书

（××××）××××民初××号

原告×××，……（写明姓名或名称等基本情况）。

被告×××，……（写明姓名或名称等基本情况）。

×××（写明当事人姓名或者名称以及案由）一案，本院于××××年××月××日立案后，依法适用简易程序审理。

本院经审查认为，……（写明不宜适用简易程序的情形），本案不宜适用简易程序。

依照《中华人民共和国民事诉讼法》第一百六十三条的规定，裁定如下：

本案转为普通程序。

审　判　长　×××

审　判　员　×××

审　判　员　×××

××××年××月××日

（院　印）

本件与原本核对无异

书　记　员　×××

（三）民事决定书

民事决定是指人民法院对诉讼中的某些特殊问题作出的权威性判定。民事决定专门用于处理与民事诉讼发展相关的带有一定紧迫性的问题。民事决定书主要包括回避决定、对妨害民事诉讼采取强制措施的决定等。以下为两类决定书的样例。

××××人民法院
回避决定书

（××××）××××民初××号

申请人×××，……（写明当事人名称等基本信息）。

本院在审理××与××（写明双方当事人在诉讼中的身份和姓名）×××纠纷一案中，申请人××于××××年××月××日，向本院申请××（写明被申请回避人员在诉讼中的身份）×××（写明被申请回避人员的姓名）回避。理由是：……（写明申请回避的理由）

本院院长（或本案审判长、本院审判委员会）认为：……（写明准许或驳回回避申请的理由）。

依照《中华人民共和国民事诉讼法》第四十七条的规定，决定如下：

准许/驳回×××提出的回避申请。

如不服本决定，可以在接到本决定向本院申请复议一次。

××××年××月××日

（院　印）

××××人民法院

罚款决定书

（××××）××××司惩××号

被罚款人×××，……（写明姓名或名称等基本情况）。

本院在审理（或执行）……（写明当事人姓名或名称及案由）一案中，查明……（写明被罚款人实施妨害民事诉讼行为的事实和应当予以罚款的理由）。

依照《中华人民共和国民事诉讼法》第××条、第一百一十五条第一款、第一百一十六条第一款、第三款的规定，决定如下：

对×××罚款××元，限于××××年××月××日前交纳。

如不服本决定，可在收到决定书之日起三日内，口头或书面向××××人民法院（写明上一级人民法院名称）申请复议一次。复议期间，不停止本决定的执行。

××××年××月××日

（院　印）

（四）民事通知书

民事通知书是指人民法院对重要的程序性事项以书面形式向当事人发出通知、告知的法律文书，主要包括通知当事人参加诉讼、通知证人出庭作证、通知当事人已受理案件、通知当事人应诉等。请参见以下通知书样例。

××××人民法院
出庭通知书

（××××）××××民初××号

×××：

×××与×××（当事人的姓名或者名称及案由）一案，本院依职权通知你出庭作证。你应于××××年××月××日××时××分携带有效身份证明到××（证人作证的地点）出庭。现将有关事项通知如下：

一、凡是知道案件情况的单位和个人，都有义务出庭作证。

二、证人应当客观陈述亲身感知的事实，不得使用猜测、推断或者评论性的语言。证人不得宣读事先准备的书面证言。

三、证人应当如实作证，并如实回答审判人员和当事人的询问，作伪证的，应承担相应的法律责任。

四、证人不得旁听法庭审理，不得与当事人和其他证人交换意见。

五、证人的合法权利受法律保护。

特此通知。

××××年××月××日

（院　印）

×××× 人民法院

应诉通知书

（××××）××××民初××号

×××：

×××与×××（当事人的姓名或者名称及案由）一案，本院于××××年××月××日立案。本案案号为（××××）××××民初××号。现将应诉的有关事项通知如下：

一、在诉讼过程中，当事人必须依法行使诉讼权利，有权行使《中华人民共和国民事诉讼法》第四十九条、第五十条、第五十一条等规定的诉讼权利，同时也必须遵守诉讼秩序，履行诉讼义务。

二、在收到起诉状/答辩状/申请书副本后十五/三十日内提出答辩状，并按照对方当事人的人数提出副本。

三、自然人应当提交身份证，法人或非法人组织应当提交营业执照等证明法人身份的文件、法定代表人或主要负责人身份证明书。

四、当事人、法定代理人可以委托一至二人作为诉讼代理人。委托他人代为诉讼，必须向人民法院提交由委托人签名或者盖章的授权委托书。授权委托书须记明委托事项和权限。

五、根据《最高人民法院关于人民法院在互联网公布裁判文书的规定》，本院作出的生效裁判文书将在中国裁判文书网上公布。如果你（单位）认为案件涉及个人隐私或商业秘密，申请对裁判文书中的有关内容进行技术处理或者申请不予公布的，至迟应在裁判文书送达之日起三日内以书面形式提出并说明具体理由。经本院审查认为理由正当的，可以在公布裁判文书时隐去相关内容或不予公布。

六、本案的审判组织成员为审判长×××、审判员/人民陪审员×××、书记员×××。

×××× 年 ×× 月 ×× 日

（院　印）

第三节　民事诉讼裁判类常用法律文书

民事诉讼裁判类法律文书是指人民法院针对民事争议作出最终结论的法律文书，主要包括民事裁定书和民事判决书。

一、民事裁定书

民事诉讼的当事人可能会出现各类情形，导致最终退出诉讼，从而直接结束整个诉讼过程，该类情形主要有未交诉讼费用退出诉讼、当事人主体不适格退出诉讼和当事人自愿退出诉讼三种情形，人民法院应当通过裁定的方式确认此类结果。请参见以下裁定书样例。

（一）未交诉讼费用退出诉讼

××××人民法院

民事裁定书

（××××）××××民初××号

原告×××，……

被告×××，……

原告×××与被告×××××纠纷一案，本院于××××年××月××日立案。原告×××在本院依法送达交纳诉讼费用通知后，未在七日内预交案件受理费。

依照《中华人民共和国民事诉讼法》第一百一十八条、第一百五十四条第一款第十一项、《最高人民法院关于适用〈中华人民共和国民事诉讼法〉的解释》第二百一十三条的规定，裁定如下：

本案按×××撤回起诉处理。

审　判　长　　×××

审　判　员　　×××

审　判　员　　×××

××××年××月××日

（院　印）

本件与原本核对无异

书　记　员　　×××

（二）当事人主体不适格退出诉讼

××××人民法院
民事裁定书

（××××）××××民初××号

起诉人……（写明姓名或名称等基本情况）。

××××年××月××日，本院收到×××的起诉状，起诉人×××向本院提出诉讼请求：……事实和理由：……

本院经审查认为，……（写明对起诉不予受理的理由）。

依照《中华人民共和国民事诉讼法》第一百一十九条、第一百二十三条的规定，裁定如下：

对×××的起诉，本院不予受理。

如不服本裁定，可在裁定书送达之日起十日内，向本院递交上诉状，上诉于××××人民法院。

审　判　员　×××

××××年××月××日

（院　印）

本件与原本核对无异

书　记　员　×××

（三）当事人自愿退出诉讼

××××人民法院
民　事　裁　定　书

（××××）××××民初××号

原告×××，……（写明姓名或名称等基本情况）。

被告×××，……（写明姓名或名称等基本情况）。

……（写明当事人的姓名或名称和案由）一案，本院于××××年××月××日立案。原告×××于××××年××月××日向本院提出撤诉申请。

本院认为，……（写明准许撤诉的理由）。

依照《中华人民共和国民事诉讼法》第一百四十五条第一款的规定，裁定如下：

准许原告×××撤诉。

案件受理费××元，减半收取××元，由原告×××负担。

审　判　长　　×××

审　判　员　　×××

审　判　员　　×××

××××年××月××日

（院　印）

本件与原本核对无异

书　记　员　　×××

二、民事判决书

民事判决是指人民法院在民事案件和非讼案件审理程序终结时对案件的实体问题作出的权威性判定。判决书包括一审判决书、二审判决书和再审判决书。各类判决书样例如下。

（一）一审民事判决书

××××人民法院

民事判决书

（××××）××××民初××号

原告：×××，……（写明姓名或名称、住所等基本信息）。

被告×××，……（写明姓名或名称、住所等基本信息）。

第三人×××，……（写明姓名或名称、住所等基本信息）。

原告×××与被告×××、第三人×××……（写明案由）一案，本院于××××年××月××日立案后，依法适用普通程序，公开/因……（写明不公开开庭的理由）开庭进行了审理。原告×××、被告×××、第三人×××到庭参加诉讼。本案现已审理终结。

×××向本院提出诉讼请求：1、……2、……。事实和理由：……。

×××辩称，……（概述被告答辩意见）。

×××诉/述称，……（概述第三人陈述意见）。

当事人围绕诉讼请求依法提交了证据，本院组织当事人进行了证据交换和质证。对当事人无异议的证据，本院予以确认并在卷佐证。对有争议的证据和事实，本院认定如下：1、……2、……（写明法院是否采信该证据，事实认定的意见和理由）。

本院认为，……（写明争议焦点，根据认定的事实和相关法律，对当事人的诉讼请求作出分析评价，说明理由）。

综上所述，依据《中华人民共和国……法》第××条之规定，判决如下：

第一种判决：驳回原告……诉讼请求。

第二种判决：一、……；二、……的诉讼请求；三、驳回……的其他诉讼请求。

第三种判决：一、……；二、……的诉讼请求。

如果未按本判决指定的期间履行给付金钱义务，应当按照《中华人民共和国民事诉讼法》第二百五十三条之规定，加倍支付迟延履行期间的债务利息。（没有给付金钱义务的，不写）。

案件受理费＿＿＿元，由＿＿＿负担。

如不服本判决，可在判决书送达之日起十五日内，向本院递交上诉状，并按对方当事人的人数提出副本，上诉于××××人民法院。

审　判　长　×××
审　判　员　×××
审　判　员　×××
××××年××月××日
（院　印）

本件与原本核对无异

书　记　员　×××

（二）二审民事判决书

××××人民法院
民事判决书

（××××）××民××终字第××号

上诉人（原审诉讼地位）×××，……（写明姓名或名称等基本情况）。

被上诉人（原审诉讼地位）×××，……（写明姓名或名称等基本情况）。

原审原告／被告／第三人×××，……（写明姓名或名称等基本情况）。

上诉人×××与被上诉人×××及×××（写明原审其他当事人的姓名或名称）……因（案由）纠纷一案，不服××××人民法院（××××）××民初××号民事判决，向本院提起上诉。本院于××××年××月××日立案后，依法合议庭，开庭／因……（写明不公开开庭的理由）开庭进行了审理。上诉人、被上诉人、原审原告/被告/第三人×××到庭参加诉讼。本案现已审理终结。

上诉人×××上诉请求：……。事实和理由……。

被上诉人×××辩称：……。

原审原告/被告/第三人×××述称：……。

×××向一审法院起诉请求：……。

一审法院认定事实：……。一审法院认为……。判决……。

本院二审期间，当事人围绕上诉请求依法提交了证据。本院组织当事人进行了证据交换和质证。对当事人二审争议的事实，本院认定如下：……。

本院认为：……。

综上所述，×××的上诉请求不能成立，应予驳回；一审判决认定事实清楚、适用法律正确，应予维持。本院依照《中华人民共和国民事诉讼法》第一百七十条第一款第一项的规定，判决如下：

驳回上诉，维持原判。

一审案件受理费由×××负担，二审案件受理费由×××负担。

本判决为终审判决。

审　判　长×××

审　判　员×××

审　判　员×××

××××年××月××日

（院　印）

本件与原本核对无异

书　记　员×××

（三）再审判决书

××××人民法院
民事判决书

（××××）×××民再××号

再审申请人（原审的诉讼地位）×××，……。

被申请人（原审的诉讼地位）×××，……。

原审第三人×××，……。

再审申请人×××因与被申请人×××（简称×××）……（案由）一案，不服本院×××民再××号民事判决（裁定或调解书），向本院申请再审。本院于××××年××月××日作出（××××）××民××号民事裁定再审本案。本院依法另行组成合议庭，公开（或不公开）开庭审理了本案。再审申请人×××、被申请人×××到庭参加诉讼。本案现已审理终结。

×××申请再审称，……（写明再审请求、事实和理由）。

×××辩称，……（概述被申请人答辩意见）。

×××述称，……（概述被申请人答辩意见）。

×××向本院起诉请求：……本院原审认定事实：……本院原审认为：……本院原审判决：……。

围绕当事人的再审请求，本院对有争议的证据和事实认定如下：

……（写明再审采信证据、认定事实的意见和理由，对原审认定相关的事实进行评判）。

本院再审认为，……（重点针对当事人在再审中的诉辩主张、争议焦点阐述裁判理由）。依照《中华人民共和国民事诉讼法》第二百零七条第一款、……（写明再审判决的法律依据）之规定，判决如下：

……（写明裁判主文）。

……（写明诉讼费用的负担）。

如不服本判决，可在判决书送达之日起十五日内，向本院递交上诉状，并按对方当事人的人数提出副本，上诉于××××人民法院，并预交上诉案件受理费。

审　判　长×××

审　判　员×××

审　判　员×××

××××年××月××日

（院　印）

本件与原本核对无异

书　记　员×××

第二编　刑事诉讼庭审实务训练

第七章　第一审公诉案件工作规范

第一节　第一审公诉案件庭前准备工作规范

一、刑事诉讼庭前准备训练概述

（一）刑事诉讼庭前准备的目的

刑事诉讼庭前准备工作是指为保证刑事案件符合法律规定的开庭审理条件所做的必要的准备工作。它是刑事案件正式开庭审理前必不可少的一步，决定着审判方式、程序、进度等，对推动刑事诉讼活动的顺利进行，保障集中审判、迅速审判和公正审判价值的实现，保障被告人权利的实现以及提高诉讼效率来说具有极其重要的意义。因此构建科学的、合理的、实践性强的刑事庭前准备工作指引是非常有必须要的。

（二）刑事诉讼庭前准备的主体

随着人民法院人员分类管理改革及司法体制改革的持续推进，针对法院各类人员有不同的角色定位及职责分工，从进行庭前准备工作的目的来说，其是为了更好的辅助法官做开庭审理，因此庭前准备工作较集中于审判辅助人员，审判辅助人员包括法官助理、书记员。各法院法官助理和书记员分工不尽相同，本书不做具体区分。基于上述原因，本书主要针对法官助理、书记员庭前准备工作进行梳理介绍。刑事案件庭审能够顺利开展，离不开其他庭审参与人共同努力。

（三）刑事诉讼庭前准备的内容

根据最高人民法院相关规定，结合人民法院长期以来在实践中形成的习惯做法和经验，法院庭前准备工作大致包括以下内容：案件的收入和立卷；赃证物及案款交接；提押、换押手续办理；送达起诉书副本；换保；聘请翻译；提讯被告人；聘请法律援助律师；协助阅卷；附带民事调解；安排开庭等。

　　检察院庭前准备工作大致包括：进一步熟悉案情，掌握证据情况；深入研究与本案有关的法律政策问题；充实审判中可能涉及的专业知识；拟定讯问被告人、询问证人、鉴定人和宣读、出示、播放证据的计划并制定质证方案；拟定公诉意见，准备辩论提纲。

二、法院庭前准备工作

（一）案件的收入和立卷

　　案件收入和立卷是指书记员接收并清点案件的法律手续及诉讼材料，并将案卷按照要求登记、订立卷宗。

　　1.清点材料

　　（1）公诉案件：立案流程管理信息表；起诉书正本二份、副本若干、证据目录、证据目录证人名单；提押票、换押票；预审卷宗；刑事附带民事起诉书等。

　　（2）自诉案件：立案流程管理信息表；自诉状二份、副本若干份；自诉人身份证明材料；证据清单及证据材料；刑事附带民事起诉书等。

　　2.审查登记立卷

　　清点完毕后，及时审查是否属于本院管辖，若是则立刻立卷。并将案件收案日期、案号、被告人信息、案由、卷宗数目、采取强制措施和时间，适用程序等信息在收案登记本上进行登记，并伴随案件审理进展情况实时更新。

　　3.重点提示

　　（1）清点案件材料时要重点审查起诉书份数；被告人羁押情况；查封、扣押、冻结被告人违法所得或者其他涉案财物的情况。

　　（2）公诉机关应当向人民法院提供一式八份起诉书副本，每增加一名被告人，增加起诉书副本五份。在实际工作中，起诉书副本份数可能需要根据具体情况增减，因此需要灵活掌握。

　　（3）起诉书后会注明被告人采取何种强制措施。对于被羁押的被告人，应当及时填写换押票、提押票，审查换押票页联数及内容填写是否完整，"移送机关印"处所盖公章是否准确；对于被采取取保候审或者监视居住等强制措施的被告人，应当重新为其办理相应的强制措施手续（具体办理方法详见下文）。

　　（4）涉及财产类犯罪案件中，应当查看是否有查封、扣押、冻结财产、物的情况，重点审查账户冻结金额及到期时间，并及时告知承办法官。

　　（5）认真核对实体卷宗数目，应当与起诉书上注明的卷宗数进行比对。

（6）涉及刑事附带民事诉讼的，核实刑事附带民事诉状是否已提交及送达被告人。

（二）赃证物及案款交接

1. 赃证物交接

书记员提前联系公诉人明确需要移送的物品种类及数量；与本院赃证物室工作人员沟通，确定移送时间及地点；由公诉机关赃证物室人员与本院赃证物室工作人员交接，核对物品清单内容及查点赃证物。

重点提示：特别注意对贵重物品、重要证物、银行卡等核查；联署单据一式四份。书记员留存二份，一份入卷，一份待后期移交执行庭。

2. 案款交接

由赃证物室管理人员和公诉人一同持支票到财务部门作入账处理，由财务人员开具相关收据；书记员按照法官要求开具缴款单，待当事人缴款完毕后，由财务开具收据。

重点提示：财务部门开具的收据一式三联。其中，案款收据联（绿联）交由公诉人或实际缴款人，附卷联（黄联）入正卷，案款提单联（白联）待执行阶段移交执行庭。

（三）提押、换押、变更羁押期限手续办理❶

1. 提押

具体步骤：（1）制作提讯提解证；（2）提讯被告人时，提讯人员在指定空格内填写提解的年月日时分，签名或盖章，交看守所监管人员；（3）提押完毕应及时将提押人员送交看守所，由监管人员在提讯提解证上写明还押时间并签名或盖章，再取回提讯提解证。

2. 换押

具体步骤：（1）核对移送机关移送的换押证联数，被告人联、看守所回执联、看守所附卷联以及接受机关附卷联；（2）在换押证上注明接收时间，填写本诉讼阶段的法定办案起止期限，加盖公章后及时送达看守所；（3）看守所凭换押证办理换押手续。

3. 重点提示

（1）制作提讯提解证后需送达看守所，待看守所确认并加盖提讯专用章后方可

---

❶ 依据《最高人民法院、最高人民检察院、公安部关于羁押犯罪嫌疑人、被告人实行换押和羁押期限变更通知制度的通知》的规定。

使用；

（2）延长羁押期限的，应及时在提讯提解证上注明羁押期限变更原因及变更后羁押期限起止情况，附变更羁押期限通知书和证明期限变更原因的有关文件，在原法定羁押期限届满前送达看守所确认，看守所在变更羁押期限处盖章，该证方可继续使用；

（3）因精神病鉴定停止计算羁押期限，以及恢复计算羁押期限的，应当在该情形出现或者消失后三日内，将变更羁押期限通知书送达看守所；

（4）完整的换押手续还包括移送机关存根联，一般由检察机关留存，看守所回执联由看守所盖章后返给接收机关附卷备存，看守所附卷联由法院盖章供看守所附卷备存，接受机关附卷联由移送机关盖章供接受机关附卷备存。

（四）送达起诉书副本 ❶

向被告人送达起诉相关材料，包括起诉书副本、权利义务告知书等相关文书，送达回证、送达起诉书副本笔录、廉政监督卡等；还需要向辩护人、被害人、被害人的诉讼代理人送达起诉材料；向限制行为能力人送达材料，需同时向法定代理人送达起诉材料。

重点提示：（1）送达起诉材料，需签送达回证，写明其收到起诉材料的内容数量、日期，并捺印确认；（2）律师担任辩护人的，送达时注意审查律师资格以及是否存在《刑事诉讼法》规定的不得担任辩护人的情况；（3）一名辩护人不能同时为两名以上的同案被告人进行辩护，若同案人员分案处理的，要注意避免同时辩护的情形；（4）向辩护律师送达起诉书副本时，律师需要提交的手续包括律师事务所出具的所函、委托书、委托人的身份证明材料以及律师证复印件。注意查看律师证原件，查看证件是否在有效期内。被告人本人委托的，需被告人在自己的签名处捺印进行确认；（5）委托人民团体或者被告人所在单位推荐的人、被告人的监护人及亲友等，需要提交的材料包括授权委托书、委托人和受托人的身份证明及相关推荐文件等。

（五）变更强制措施

1. 换保 ❷

具体步骤：（1）填写取保候审手续共两联（审批联一份，决定书三份），审批

---

❶ 依据《刑事诉讼法》第三十三条、第四十六条、第一百八十七条，《最高人民法院关于适用〈中华人民共和国刑事诉讼法〉的解释》第五十四条、第一百八十二条的规定。

❷ 依据：《刑事诉讼法》第六十六条、第六十七条、第六十八条、第六十九条、第七十条、第七十一条、第七十二条、第七十九条，《最高人民法院关于适用〈中华人民共和国刑事诉讼法〉的解释》第一百一十六条、第一百一十七条、第一百一十八条、第一百一十九条、第一百二十条、第一百二十一条、第一百二十三条、第一百二十七条，《最高人民法院、最高人民检察院、公安部、国家安全部关于取保候审若干问题的规定》。

联由主管院长签字，并在取保候审决定书上加盖院章；（2）保证人保证书一份，注明具体住址及联系方式、签字、捺印；被保证人填写取保候审决定书，签字、捺印；（3）提供保证金保证的，应当将保证金存入公安机关指定的银行账户；（4）被告人填写居住地核实函；（5）审批联入副卷；保证人保证书、取保候审决定书入正卷；（6）取保候审决定书交被取保候审人留存一份，同取保候审执行通知书各一份送至被取保候审人取保执行公安机关。

重点提示❶：（1）取保候审由公安机关执行，最长期限不超过十二个月；（2）已经采取取保候审措施的被告人，经合议庭审查决定继续采取取保候审措施的，应当重新为被告人办理取保候审手续；（3）应审查保证人是否符合法定条件；（4）应告知被告人按照要求携带相关证件、材料配合司法部门核实居住地；（5）取保手续和送达起诉书可同时进行。

2. 监视居住❷

具体步骤：（1）办理监视居住手续（审批联、决定书）；（2）向被告人宣布、送达监视居住决定书，向被监视居住被告人住处或指定居所公安机关送达监视居住决定书；（3）二十四小时内通知家属（除无法通知的）。

重点提示：（1）监视居住最长期限不超过六个月；（2）应在被告人住处执行，无固定住处的，可以在指定的居所执行。判处管制的，监视居住一日折抵刑期一日；判处拘役、有期徒刑的，监视居住二日折抵刑期一日。

3. 逮捕❸

具体步骤：（1）填写逮捕决定书（三联：逮捕决定书审批联、逮捕决定书及回执二份）；对被逮捕人家属通知书（三联：通知书及存根、回执）一份，审批联由承办法官、院长签字；将逮捕决定书复印件送达检察机关；持审批联、逮捕决定书一份、起诉书一份、介绍信一份至对口公安局法制处开具逮捕证；联系公安机关或法院法警执行逮捕。

重点提示：（1）对犯罪嫌疑人实施逮捕后，开具扣押物品清单，到看守所办理

---

❶ 根据《北京市社区矫正实施细则》第六条规定，对已适用社区矫正的人员进行首次接收时，如本细则第六十条所列居住地的情形其具有二种以上的，由其选定的居住地区县司法局、司法所分别负责办理报到登记手续和接收管理；如本细则第六十条所列居住地的情形其均不具有，一时难以确定居住地的，由其户籍地区县司法局先行负责办理报到登记手续，户籍地司法所先行负责接收管理。

❷ 依据《刑事诉讼法》第七十二条、第七十三条、第七十四条、第七十五条、第七十九条，《最高人民法院关于适用〈中华人民共和国刑事诉讼法〉的解释》第一百二十五条、第一百二十六条、第一百二十七条。

❸ 依据《刑事诉讼法》第八十条、第八十一条、第九十三条、第九十四条，《最高人民法院关于适用〈中华人民共和国刑事诉讼法〉的解释》第一百二十八条、第一百二十九条、第一百三十条、第一百三十一条、第一百三十二条。

入所通知书。需携带的文书：逮捕证（两联），逮捕决定书一份、起诉书二份、逮捕证第一联复印件。手续办理完毕后，将逮捕证第一联带回入卷。（2）收押前，需要在看守所医务室对人犯进行体检。看守所拒收的，应告知承办法官协调或办理其他强制措施；（3）逮捕二十四小时内，向被逮捕人家属送达通知书，并将被逮捕人的被扣押物品清单交家属签收。（4）逮捕女性的，要有女警察或女法警在场。

（六）聘请翻译 ❶

具体步骤：（1）确认诉讼参与人的民族及使用的语言；（2）询问是否需要翻译；（3）若需要，则需将诉讼文书翻译成少数民族语言文字译本。若拒绝或不需要的，应当由其本人出具书面声明。

重点提示：（1）翻译一般为法院认可的具有资格的人员。（2）每一诉讼流程均应有翻译在场。

（七）提讯被告人

具体步骤如下：（1）开庭前，讯问被告人对指控内容的意见，适用程序，是否愿意退赃退赔，是否申请排除非法证据，家属联系方式，是否已委托辩护人，是否同意聘请法律援助律师等；（2）制作讯问笔录，注明时间、地点、讯问人以及被讯问人、记录人的情况，讯问笔录需讯问参与人签字捺印。

重点提示：（1）提讯前，在押被告人需下发提押票，不在押被告人需提前告知时间、地点。（2）对限制行为能力人，在讯问时应当通知其法定代理人到场。

（八）聘请法律援助律师 ❷

具体步骤如下：（1）案件受理后三日内告知可以委托辩护人、诉讼代理人，被告人在押的可以通知监护人、近亲属代为委托；（2）对被告人是盲、聋、哑、使用普通程序审理而没有委托辩护人的，应当通知法律援助机构指派律师。

重点提示：（1）辩护人、诉讼代理人是律师的需提交授权委托书、律师事务所证明、律师执业证书，是公民身份的需提交授权委托书、身份证明、无犯罪记录证明；（2）法律援助通知函及起诉书副本应当于开庭十五日前送达法律援助机构；（3）法律援助律师还需提交法律援助中心的指派函件。

---

❶　依据《刑事诉讼法》第九条、第一百二十一条。

❷　依据《刑事诉讼法》第十一条、第十四条、第三十三条、第三十四条、第四十五条，《最高人民法院关于适用〈中华人民共和国刑事诉讼法〉的解释》第三十九条、第四十条、第四十一条、第四十二条、第四十三条、第四十四条、第四十五条、第四十六条、第二百五十四条、第二百五十五条，《最高人民法院、司法部关于开展刑事案件律师辩护全覆盖试点工作的办法》第二条的规定。

（九）协助阅卷 ❶

具体步骤：（1）预约阅卷时间、地点；（2）核查卷宗数目，尤其补充提交的散页材料以及附于卷宗中的光盘，防止在阅卷过程中丢失；（3）审查阅卷人身份及提交的手续；（4）阅卷方式包括查阅、摘抄、记录、复印、拍照及复制电子卷宗。

重点提示：（1）可以查阅的卷宗不包括法院副卷；（2）阅卷可在有摄像设备或有法院人员陪同的地点。

（十）附带民事调解 ❷

具体步骤：

对于已经达成调解协议的案件：

（1）先阅卷审查被害人损失情况、有无获得经济赔偿或者补偿、有无谅解材料；（2）有谅解材料，要联系被害人确认谅解材料是否是其真实意愿，是否是本人签字，是否实际收到赔偿款，并制作电话联系笔录。

对于被害人尚未获得或足额获得赔偿，或者前期获得赔偿后又发生新的经济损失的案件：

（1）要告知被害人有权在刑事诉讼过程中提起附带民事诉讼，并询问其是否提起，制作电话笔录。

（2）要确认提起附带民事诉讼的被害人身份信息、因犯罪行为遭受经济损失的基本情况、是否已经书写附带民事诉状、是否有调解的意愿、调解的方案、是否委托诉讼代理人，是否申请进行伤残等级鉴定等。

（3）双方同意调解解决的，可引导当事人围绕赔偿项目、赔偿数额、履行方式、给付时间、谅解与否等事项达成合意。

（4）经调解达成协议的，应当制作调解书，并送达给双方当事人。调解书经双方当事人签收后，即具有法律效力。调解达成协议并即时履行完毕的可以不制作调解书，但应当制作笔录或调解协议书。

（5）通过法院给付赔偿款的，办理发还手续时需按照各院相关规定。

重点提示：①附带民事诉讼不支持精神损害赔偿金的诉讼请求，除交通肇事案件外，伤残赔偿金、死亡赔偿金不再是附带民事诉讼的赔偿范围；②调解书、调解

---

❶ 依据《刑事诉讼法》第四十条，《最高人民法院关于适用〈中华人民共和国刑事诉讼法〉的解释》第四十七条、第五十七条、第五十八条、第五十九条的规定。

❷ 依据《刑事诉讼法》第一百零一条、第一百零三条，《最高人民法院关于适用〈中华人民共和国刑事诉讼法〉的解释》第一百三十八条、第一百四十一条、第一百四十二条、第一百四十三条、第一百四十四条、第一百四十五条、第一百四十六条、第一百四十七条、第一百四十八条、第一百四十九条、第一百五十条、第一百五十三条、第一百五十四条、第一百五十五条的规定。

笔录、调解协议书、谅解书、发还案款凭证及收条均应入卷保存；③附带民事调解必须明确是否符合刑事附带民事诉讼范围；④调解必须坚持合法自愿原则。

（十一）安排开庭 ❶

具体步骤：（1）开庭三日前将出庭通知（开庭的时间、地点）送达人民检察院；（2）将提票交由法警；（3）公开审理的案件，发布公告信息；（4）通知当事人、法定代理人、辩护人、诉讼代理人；（5）开庭三日前送达的传票和通知书；（6）在网上预约陪审并提交纸质版预约单；（7）制作庭审笔录头。

三、公诉机关及公诉人庭前准备工作

提起公诉的案件，除适用简易程序决定不派员出庭的以外，人民检察院应当派员以国家公诉人的身份出席第一审法庭，支持公诉。为了保证公诉的公正，公诉机关开庭前应该做好以下准备：

（一）确定公诉人

（1）公诉人应当由检察长、检察员或者经检察长批准代行检察员职务的助理检察员一人至数人担任。司法实践中，公诉人一般由检察长或者公诉处处长指定。如果检察长亲自担任公诉人，一般由检察委员会决定。

（2）应当为出庭支持公诉的公诉人配备书记员担任记录。

（二）公诉人在第一审人民法院决定开庭审判后，应当做好如下准备工作

（1）进一步熟悉案情。研究起诉书指控的犯罪事实、证据与法律、司法解释、刑事政策中可能涉及的罪与非罪、此罪与彼罪、从重与从轻等定罪量刑的问题。

（2）做好法律和相关专业知识准备。深入研究与本案有关的法律政策问题，并充实法庭审理活动中可能涉及的专业知识和综合知识。

（3）制作审查报告。报告包括：拟定法庭上讯问被告人、询问被害人、证人、鉴定人、有专门知识的人、监察人员、侦查人员或者其他人员的提纲。围绕起诉书指控的犯罪事实、情节和证据制定的详细、具体的举证、质证方案。拟定在法庭上宣读、出示、播放的证据。

（4）拟定公诉意见。围绕起诉书指控的犯罪事实，运用各证据之间的逻辑关系证明起诉书指控被告人的犯罪事实清楚，证据确实充分。根据被告人的犯罪事实，论证应适用的法律并提出定罪以及从重、从轻、减轻或者免除处罚等量刑意见。必

---

❶　依据《刑事诉讼法》第一百八十七条，《最高人民法院关于适用〈中华人民共和国刑事诉讼法〉的解释》第一百八十二条的规定。

要时，结合法庭审理情况，在揭露被告人犯罪行为的社会危害性的基础上，进行必要的法制宣传和教育工作。

（5）根据监察、侦查、审查起诉阶段被告人供述和辩解，被害人、证人、鉴定人的陈述和意见，辩护人提出的异议，重点针对影响定罪量刑证据的合法性、客观性、关联性提出的异议，拟定质证、辩论提纲。

（6）需要对依法出庭参与诉讼活动的人员保护的，拟定向人民法院提出建议或者配合人民法院做好相关保护工作的方案。

（7）拟定公诉人出庭的临庭处置预案。

（8）进一步审核证据目录、拟出庭的证人名单制作是否规范、是否有遗漏、是否随起诉书一并移送人民法院。拟出庭的证人名单一般按照证人出庭的先后顺序排列，并注明证人的身份、通讯地址、联系方式等相关事项。证据目录一般按照案发经过、犯罪嫌疑人和被告人讯问笔录、证人证言、鉴定结论、书证、物证（照片）、视听资料的顺序编制，统一页码，并在每一份证据右上角注明页次。对每一种类证据一般按照取得的时间先后顺序排列。下面是证据（卷宗）目录表：

证据（卷宗）目录

（第1页）

序号	证据（文件）名称	页次	备注
1	犯罪嫌疑人×××杀人案侦破经过	1	
2	犯罪嫌疑人×××归案经过	2	
3	20××年2月18日讯问犯罪嫌疑人×××笔录	3-6	
4	20××年2月25日讯问犯罪嫌疑人×××笔录	7-10	
5			
6			
7	20××年2月19日调查×××笔录	21-25	
8	20××年2月21日调查×××笔录	26-30	
9			
10			
11	××公安局刑事科学技术鉴定书	40-43	
12			
13	犯罪嫌疑人×××户籍证明	48	
14	犯罪嫌疑人×××身份证复印件	49	
15	现场尸体照片	51-55	5张

本卷宗连面带底共＿＿页；附证物＿＿袋

四、辩护人在开庭前的准备

司法实践中，辩护人一般情况下都是由执业律师充当，因而下面主要讲辩护律师在开庭前的准备。为了维护被告人的合法权益，保障辩护活动的有效和合法性，开庭前辩护律师应当做好以下准备工作：

（一）审查委托辩护手续是否齐备

律师应当由其所在律师事务所统一接受委托，并办理委托手续。委托手续包括：

（1）委托辩护协议。委托辩护协议一式二份，由委托人和律师事务所签订。一份交给委托人，一份由律师事务所保存。

（2）辩护委托书。辩护委托书应当一式三份，由委托人签名。一份交给委托人，一份送交人民法院，一份留律师事务所。

（3）律师事务所函。律师事务所函是律师事务所送交法院用以证明委托辩护关系存在的重要诉讼文书。该函应当和委托辩护书一起送交法院。

（4）特别值得注意的是，司法实践中，绝大多数被告人都被羁押。因此，第一次委托辩护一般是被告人的近亲属代被告人委托的。这种情况下，律师在办理委托手续时，应该带上空白委托辩护书一式三份，在会见被告人时，说明其近亲属已经委托本律师担当其辩护人，如果被告人同意，应该在委托辩护书上签字；如果不同意应该在会见笔录中注明，而且应当立即终止会见，并将情况告诉被告人的近亲属，依法解除已经签订的委托辩护协议。

（5）对于人民法院指定辩护的，经指定后该律师即具有辩护资格，不需要上述手续。

（二）了解案情，调查取证

查阅案卷有关材料和证据，这是全面了解案情的主要形式。查阅时应该注意以下几点：

（1）查阅案件材料的基本方法是到法院阅卷室查阅，不能将案卷材料带出法院，更不能乘阅卷之机而将案卷材料中不利于辩护的相关材料销毁。

（2）司法实践中，由于辩护律师和法官的工作都比较忙，所以为了能够有更多的时间阅读案卷，辩护律师一般是将案卷材料复印带回律师事务所阅读。一般情况是将案件所有材料进行复印带回律所仔细阅读。

（3）辩护律师阅卷时，应该做好阅卷笔录。阅卷笔录主要应记录有利于被告人的事实、情节、证据以及法律适用方面的问题，对一般问题做摘记即可。

会见被告人。会见被告人时应当注意以下问题：

1）会见被告人时，应当开具律师事务所的会见函，带上委托辩护书，以及委托辩护书的复印件；律师事务所的会见函和委托辩护书复印件应当交给看守所。

2）司法实践中，许多看守所还要求有法院批准会见的手续。这个要求是错误的，因为根据我国《刑事诉讼法》的规定，律师无论是会见犯罪嫌疑人还是被告人，都不需要公安司法机关的批准；即使在侦查阶段也只是要求公安机关安排律师会见，法律并没有赋予公安司法机关批准会见的权力。辩护律师遇到看守所这种无理要求时应当据理力争，必要时应当向有关部门举报。

3）会见被告人之前应该详细查阅案卷材料，分析本案的疑点、可能争议的焦点。会见时，着重向被告人了解：①查阅案卷材料时所发现的疑点问题；②庭审过程中可能出现的有争议的焦点问题；③被告人的年龄、刑事责任能力、认罪态度、自首、立功等与定罪量刑有关的重要问题；④询问被告人能否提出证明自己无罪、罪轻或者免除刑事责任的证据，或者是有无检举他人犯罪事实的证据线索；⑤被告人对起诉书指控的罪名和犯罪事实的意见；⑥是否有与定罪量刑有关的其他问题。

4）会见被告人时，应该由两名律师进行。并应该向被告人解释和说明：①起诉书所指控的罪名的犯罪构成；②起诉书所指控的犯罪，在定罪的证据方面的要求；③被告人的权利，尤其是被告人在开庭审理中的权利。

5）对被告人进行思想教育和法制宣传，促使被告人检举揭发同案犯，或者同一监室里其他犯罪嫌疑人和被告人的公安司法机关还没有掌握的其他犯罪行为。这对被告人从轻、减轻或者免除处罚具有重要意义。

6）对已经初步形成的辩护观点，应向被告人进行说明，征求被告人的意见。如果被告人对律师辩护观点有不同意见，双方可以进行研究。

7）整个会见过程应当制作会见笔录。笔录应当记明下列事项：①会见的时间、地点；②会见人姓名、工作单位；③被告人姓名；④会见的主要内容；⑤会见人和被告人签字。

进行必要的调查取证。辩护律师为了取得有利于被告人的证据，可以依法向有关单位和个人进行必要的调查取证。但是，律师通过阅卷、审查起诉书和会见，认为案件已经查清，一般不必再进行调查取证。如果发现案件基本事实不清、基本证据不足，辩护律师应该进行必要的调查取证。在刑事诉讼中，出现下列情况时，辩护律师应该进行调查取证：案件基本证据之间有矛盾；鉴定缺乏科学依据，证人证言前后矛盾等涉及证据效力情况；涉及被告人犯罪的动机、正当防卫、紧急避险、中止、自首、立功的认定，实际危害后果的认定，以及赃物价值的计算等不清楚的情况。辩护律师调查取证时，应该遵守以下规则：

（1）调查时，必须向被调查人或者单位出具律师事务所开具的调查取证的相关函件。

（2）辩护律师没有强制调查取证权。因而，调查时，必须征得被调查人或者是单位的同意。但是，一些公益性的行政事业服务等，行政事业单位有义务协助律师调查，比如：工商登记档案，机动车相关信息档案，已经生效的法律文书档案，房屋产权信息档案，等等。

（3）向被害人或者其近亲属、被害人提供的证人调查取证时，不仅要经过被害人或者其近亲属、被害人提供的证人同意，而且应当经过人民法院许可。人民法院认为确有必要时，应当准许，并签发准许调查书给辩护律师。

（4）调查时，一般应当由两名律师一起进行。

（5）对证人等的调查应当制作调查笔录，笔录的制作要求和上述会见被告人笔录的制作要求相同。

必要时，申请人民法院向有关单位和个人收集、调查证据。当直接调查取证有困难时，辩护律师可以申请人民法院调查取证，其具体程序是：

（1）应当以书面形式向人民法院提出申请，申请应当由辩护律师签名，并加盖律师事务所印章。申请书应当说明申请的理由，并列出需要调查问题的提纲。

（2）人民法院根据辩护律师的申请收集、调查证据时，提出申请的辩护律师可以在场。

（3）提出申请的辩护律师，应当及时到人民法院复制人民法院根据其申请收集、调查的证据。

（三）拟定发问被告人、询问被害人、证人、鉴定人和宣读、出示、播放证据的计划并制定质证方案

（四）初步确定辩护意见和撰写辩护词，并准备辩论提纲

辩护律师应该围绕以下六个方面确立辩护意见：①本案指控的犯罪事实不存在，或者不清楚；②案件性质、指控的罪名不准确；③对被告人的量刑情节；④诉讼程序中，侦查、检察、审判人员存在违法行为，如刑讯逼供、诱供、骗供等；⑤本案的证据运用规则，如违法收集的被告人供述、证人证言、被害人陈述不能作为定案的根据以及仅有被告人口供不能定案等；⑥本案的刑事政策，如"坦白

从宽"、"对未成年人教育、感化和挽救的方针"等。

确立辩护意见后，应用辩护词的方式将辩护意见系统化和书面化。因此，辩护律师在开庭前应该撰写好初步的辩护词。

（1）撰写辩护词的基本要求是：①坚持以事实为根据，以法律为准绳，决不歪曲事实和曲解法律；②根据起诉书指控的具体事实和犯罪性质，有针对性地进行反驳和辩解；③根据现有证据，提出本案初步的量刑意见；④根据已经掌握的证据，阐述本案证据的证明力和证据运用规则；⑤做到论点明确、论据可靠、论证充分。

（2）辩护词虽然没有固定的格式，但是辩护词一般包括三个部分：①序言，主要说明辩护权的来源，所做的与辩护有关的工作，辩护的基本观点；②事实和理由，这部分是重点，要论点突出，论据充分，层次分明，符合逻辑，要坚持以事实为根据、以法律为准绳；③结论部分，辩护律师应该对自己的辩护观点进行归纳总结，并对定罪和量刑提出具体意见。

五、代理人在开庭前的准备

（一）律师担任公诉案件被害人代理人开庭前的准备工作

审查委托代理手续是否齐备。律师应当由其所在律师事务所统一接受委托，并办理委托代理手续。委托手续包括：

（1）委托代理协议。委托代理协议一式二份，由委托人和律师事务所签订。一份交给委托人，一份由律师事务所保存。

（2）授权委托书。授权委托书应当一式三份，由委托人签名。一份交给委托人，一份送交人民法院，一份留律师事务所。在授权委托书中，应当详细注明代理律师的代理权限，对涉及案件实体权利处分的必须有被害人的特别授权。

（3）律师事务所函。律师事务所函是律师事务所送交法院用以证明委托代理关系存在的重要诉讼文书。该函应当和授权委托书一起送交法院。

查阅案卷，进行必要的调查取证。律师担任公诉案件被害人的诉讼代理人的主要目的是，协助公诉机关控诉犯罪，保护被害人的合法权益。因此，代理律师在开庭前应该查阅案卷材料，并进行必要的调查取证。

（1）查阅案卷时，特别要注意查阅六个方面的内容：①检察机关的起诉书；②检察机关对被告人犯罪事实和情节的认定；③有无遗漏罪行；④检察机关对犯罪性质的认定和适用法律是否准确；⑤作为控诉的证据是否确实、充分；⑥本案是否可以和需要提起附带民事诉讼。

（2）阅卷后，代理律师应根据自己的法律知识和所掌握的事实对案件作出初步评价。如果认为本案在认定事实上确有错误或者在证据上有重大遗漏，代理律师应当向有关单位或者个人进行调查取证。如果代理律师调查取证有困难或者有关单位和个人不同意的，也可以申请人民法院收集、调取有关证据。

拟定发问被告人、询问被害人、证人、鉴定人和宣读、出示、播放证据的计划并制定质证方案。

做好其他工作，初步确立代理意见，撰写好初步的代理词。

（1）代理律师应向人民法院了解本案是否公开审理，对于涉及被害人隐私或者被害人商业秘密的案件，应当建议人民法院不公开审理。

（2）将诉讼权利和义务尤其是庭审中的权利和义务告知被害人，如果被害人不明白，代理律师应该向其解释。

（3）代理词是代理意见的系统化，其内容至少应该包括三个方面：①说明代理权的来源，接受委托后所做的工作；②配合公诉人揭露、控诉被告人的犯罪行为，特别是揭露被告人的犯罪行为给被害人及其近亲属所造成的严重危害；③用事实和证据，反驳被告人的无理狡辩和辩护人不正确的辩护意见；④提出对被告人适用法律的意见，表述委托人的其他诉讼请求。

（二）律师担任附带民事诉讼当事人代理人开庭前的准备

律师担任刑事附带民事诉讼的代理人可以分为两大类：一是为附带民事诉讼的原告人担任诉讼代理人；二是为附带民事诉讼的被告人担任诉讼代理人。

1. 律师担任附带民事诉讼原告人代理人开庭前的准备

（1）审查委托代理手续是否齐备。该委托手续和律师担任公诉被害人的诉讼代理人的委托手续基本相同。不同的是，授权范围有区别。附带民事诉讼原告人的授权委托书必须记明委托事项和权限。代理律师代为承认、放弃、变更诉讼请求，进行和解，提起上诉或者反诉，必须有委托人的特别授权。如果附带民事诉讼原告人的委托授权书仅写"全权代理"而无具体授权，则代理律师无权代为承认、放弃、变更诉讼请求，进行和解，提起上诉或者反诉。

（2）查阅案卷，进行必要的调查取证。律师担任附带民事诉讼原告人的诉讼代理人查阅案卷、进行必要调查取证的方式、方法、程序和律师担任公诉案件被害人诉讼代理人进行该项活动的方式、方法、程序基本相同。二者进行该项活动的重点不同。律师担任附带民事诉讼原告人代理人进行该项活动时，应该重点围绕六个方面进行：①应当对附带民事诉讼原告人因犯罪行为而遭受的物质损失承担民事赔偿责任的自然人、法人和单位，尤其是没有被提起公诉的被告人及相关责任人是否应当承担赔偿责任；②附带民事诉讼原告人因犯罪行为而遭受的物质损失的大小；③证明附带民事诉讼请求成立的相关证据；④附带民事诉讼被告人的赔偿能力和财产状况；⑤刑事被告人的社会关系；⑥刑事被告人是否在履行职务过程中实施的犯罪。这里特别指出的是，后两项对正确确定附带民事诉讼被告人的范围非常重要，因而应该认真对待。但是，司法实践中，代理律师往往忽视了后两项工作。

（3）审查刑事附带民事起诉状。代理律师应该着重审查下列内容：①诉讼当事人是否适格，尤其是有无遗漏应该承担民事赔偿责任的附带民事诉讼的被告人；②诉讼请求是否合理、合法，有无遗漏，是否需要增加、变更；③起诉状列举的事实和理由是否能够支持诉讼请求，是否需要进一步调查取证；④证据有无遗漏。

（4）为保证将来生效的附带民事判决书能够顺利执行，在必要的时候，代理律师应当建议或者帮助附带民事诉讼原告人向人民法院申请对附带民事诉讼被告人的财产采取财产保全措施。

（5）告知附带民事诉讼原告人，在诉讼过程中尤其是在开庭审理过程中，其依法享有的诉讼权利和承担的诉讼义务。

（6）拟定发问被告人、询问被害人、证人、鉴定人和宣读、出示、播放证据的计划并制定质证方案。

（7）初步确立代理意见，撰写好初步的代理词。代理词的内容至少应该包括三个方面：①说明代理权的来源，接受委托后所做的工作；②用事实和证据，证明诉讼请求成立；③提出对附带民事诉讼适用法律的意见，表述委托人的其他诉讼请求。

2. 律师担任附带民事诉讼被告人代理人开庭前的准备

律师担任附带民事诉讼被告人诉讼代理人开庭前的准备工作，在审查委托代理手续，查阅案卷和调查取证的方式、方法、程序，告知附带民事诉讼被告人的权利和义务，制定发问、询问、质证方案等方面，与律师担任附带民事诉讼原告人诉讼代理人在开庭前的准备工作基本相同。此外，附带民事诉讼被告人的代理律师还应做好下列工作：

（1）律师担任附带民事诉讼被告人代理人查阅案卷、进行必要调查取证时，应该重点围绕六个方面进行：①附带民事诉讼被告人是否应该对犯罪行为承担民事赔偿责任；②附带民事诉讼原告人因犯罪行为而遭受的物质损失的大小；③证明附带民事诉讼请求全部或者部分不成立的相关证据；④附带民事诉讼原告人的诉讼请求是否包括精神损失；⑤附带民事诉讼原告人的诉讼请求是否是刑事被告人非法占有、处置被害人的财产而使被害人遭受的物质损失，比如盗窃、诈骗、抢劫的赃款、赃物等；⑥刑事被告人是否是在履行职务过程中实施的犯罪。

（2）帮助附带民事诉讼被告人撰写好附带民事诉讼答辩状。答辩状应该主要围绕五个方面撰写：①附带民事诉讼被告人不应承担民事赔偿责任；②附带民事诉讼原告人的诉讼请求全部或者部分不成立；③诉讼请求缺乏相应的证据支持；④诉讼请求所依据的理由不成立；⑤提出对附带民事诉讼适用法律的意见。

（三）律师担任自诉人诉讼代理人开庭前的准备工作

自诉案件的律师代理分为两种：一是律师接受自诉人的委托，担任自诉人的代理人；二是律师接受反诉人的委托，担任反诉人的代理人。根据《刑事诉讼法》第一百七十三条反诉适用自诉的规定，以下仅叙述律师担任自诉人诉讼代理人开庭前的准备工作，该准备工作也适用于律师担任反诉人代理人的情形。

（1）审查委托代理手续是否齐备。该委托手续和律师担任附带民事诉讼原告人的诉讼代理人的委托手续基本相同。不同之处是，授权范围略有不同。

（2）审查委托代理合同和委托事项是否合法。审查时，应注意以下事项：①委托人是否是自诉案件的被害人，或者法定代理人，或者近亲属；②请求代理的事项是否属于《刑事诉讼法》规定的自诉案件的范围；③案件的基本事实是否清楚，基本证据是否齐备，证据是否已经全部提交给受理案件的人民法院。

（3）进一步和自诉人协商，征求自诉人对本案的意见，尤其是向自诉人了解其是否愿意和解、调解。如果自诉人愿意和解、调解，则应和自诉人制定和解、调解的方案。

（4）进行必要的调查取证，或者调查取证有困难时申请人民法院收集、调取相关证据。

（5）帮助自诉人做好出庭前的准备工作。代理律师应当向自诉人解释有关自诉案件开庭的法律规定，告知自诉人的诉讼权利和义务，尤其应当告知自诉人无正当理由应准时出庭和不得中途退庭。

（6）拟定发问被告人、询问被害人、证人、鉴定人和宣读、出示、播放证据的计划并制定质证方案。

（7）代理律师应向人民法院了解本案是否公开审理，对于涉及自诉人隐私的案件，应当建议人民法院不公开审理。

（8）初步确立代理意见，撰写好初步的代理词。自诉案件代理词的主要内容包括：①说明代理权的来源，接受委托后所做的工作；②指控的犯罪的性质；③论证被告人承担刑事责任的依据；④提出对被告人适用法律和处罚的意见。

第二节　第一审公诉案件开庭审理工作规范
（以普通程序为例）

公诉案件的第一审普通庭审程序，大体可以分为庭审预备程序、宣布开庭、法庭调查、法庭辩论、被告人最后陈述、评议和宣判六个环节。

一、庭审预备程序 ❶

（一）庭审预备程序的具体工作步骤

（1）检查设施。书记员应首先检查法庭内设施是否齐全，电子设备是否运行正常，直播案件能否顺利直播。

（2）确定各方诉讼参与人、旁听人员是否到庭，核实身份。

（3）书记员宣布法庭纪律。

（4）诉讼人员入庭，按下列程序开展：①请公诉人、辩护人入庭；②全体起立；③请审判长、审判员、人民陪审员入庭；④书记员开始报告"报告审判长，被告人已提到候审，诉讼参与人均已到庭参加诉讼，法庭准备工作就绪，请开庭"。

5. 审判长宣布请法庭提被告人×××，书记员将提票交由法警，由法警将被告人带入法庭。

（二）重点提示

（1）提前二十分钟到法庭，做开庭预备工作。

（2）参加庭审时应规范着装，开庭时应佩戴大徽章。

（3）需要注意的诉讼参与人的身体和情绪状况。

（4）旁听人员凭旁听证进入法庭，确认旁听人员非本案证人后方可旁听，有精神疾病的人、饮酒者、未成年人，未经法院准许不得旁听案件。

（5）诉讼参与人均到庭落座后，方可进入正式庭审程序。

---

❶ 依据《最高人民法院关于适用〈中华人民共和国刑事诉讼法〉的解释》第一百八十九条，《最高人民法院关于严格执行公开审判制度的若干规定》、《最高人民法院关于人民法院庭审录音录像的若干规定》、《人民法院法庭规则》。

（6）庭审需同步录音录像，宣布开庭时开始录制，庭审活动结束后，关闭录制系统。

二、宣布开庭 ❶

具体步骤：

（1）宣布开庭，核实被告人的法定基本情况。

例：审判长敲法槌：××市××区人民法院刑事审判庭现在开庭，首先核对被告人身份信息，采取强制措施的时间、理由、是否受到过行政处分及刑事处罚及时间、是否收到起诉书副本、刑事附带民事诉状及收到时间；被害人附带民事诉讼原告人、附带民事诉讼被告人的身份信息。

（2）审判长宣布案件的来源、起诉的案由、附带民事诉讼原告人和被告人的姓名（名称）及是否公开审理。对于不公开审理的案件，应当当庭宣布不公开审理的理由。

（3）宣布审判员、书记员、公诉人名、单各方诉讼参与人出庭情况。

（4）告知被告人、其他参与人等享有的诉讼权利；询问是否回避及申请回避的理由，若申请回避是否准许及当事人是否复议。

例：

审：根据《中华人民共和国刑事诉讼法》第二十九条、第三十条、第三十二条的规定，被告人及辩护人在法庭审理中依法享有申请回避权，也就是认为法庭组成人员、公诉人、书记员、鉴定人、翻译人员与本案有利害关系，不能公正审理的，可以申请回避。

审：被告人、辩护人是否申请回避？

：……

审：根据《中华人民共和国刑事诉讼法》第一百九十七条的规定，被告人及辩护人有权申请通知新的证人到庭，调取新的物证，要求申请重新鉴定或者勘验。

审：根据《中华人民共和国刑事诉讼法》第一百九十条、一百九十八条的规定，被告人除享有上述权利外，还有自行辩护的权利和最后陈述的权利。

审：被告人、辩护人，听清了吗？

：……

---

❶　依据《刑事诉讼法》第一百九十条，《最高人民法院关于适用〈中华人民共和国刑事诉讼法〉的解释》第一百九十条、第一百九十一条、第一百九十二条、第一百九十三条、第一百九十四条。

三、法庭调查程序 ❶

（一）具体步骤

（1）公诉人宣读起诉书。

（2）审判长询问被告人公诉人宣读的起诉书与其受到的是否一致？对公诉机关指控事实及罪名的意见，是否认罪？若对指控的事实有异议，有何种异议？

（3）释明案件适用的程序、法律依据及法律后果，询问被告人、辩护人是否同意适用的程序。

（4）公诉人对被告人进行讯问。

（5）辩护人对被告人进行询问。

（6）合议庭对被告人进行询问。

（7）若被害人到庭，审判长将询问被害人对被告人上述供述的意见，被害人、诉讼代理人可向被告人发问；可由被害人陈述案件经过；经审判长许可，各方可对被害人进行询问、发问。

（8）控辩双方举证质证。首先由公诉人举证，依次由被害人及诉讼代理人、被告人、辩护人质证；接下来被害人及诉讼代理人、被告人、辩护人依次举证，其他各方质证；最后法庭出示证据，控辩双方质证。

（9）若有证人出庭，要核实证人身份，与各方当事人之间的关系，告知其如实作证的义务及作伪证、隐匿证言的法律后果，签署如实作证保证书；证人提供证词后，提供证人一方先向证人发问，其他各方再依次对证人发问；各方对证人证言进行质证。

（10）举证质证结束后，询问被告人、辩护人是有否能够证明被告人无罪或者罪轻证据向法庭出示，询问被害人、被告人、辩护人、诉讼代理人是否申请通知新的证人到庭、调取新的物证、申请重新鉴定或者勘验。

例：

？现在开始法庭调查，首先由公诉人宣读起诉书。

公：宣读 xx 号起诉书

？被告人，公诉人刚才宣读的起诉书与你收到的起诉书副本内容一致吗？

：

---

❶ 依据《刑事诉讼法》第一百九十一条，《最高人民法院关于适用〈中华人民共和国刑事诉讼法〉的解释》第一百九十五条、第一百九十六条、第一百九十七条、第一百九十八条、第一百九十九条、第二百条、第二百零一条、第二百零二条、第二百零三条、第二百零四条。

？被告人，你对起诉书指控有无异议

：

？被告人，下面你就起诉书指控你的犯罪事实进行陈述

：

？公诉人对被告人进行讯问

公：

：

？辩护人对被告人进行询问

辩：

：

？下面由控辩双方举证质证，首先由公诉人向法庭出示证据

公：证据 1，证据 2……

？被害人、诉讼代理人、被告人、辩护人对上述证据有异议吗

害：

代：

：

辩：

？被告人、辩护人是否有证据向法庭出示能够证明被告人无罪或者罪轻

：

辩：

？被害人、被告人、辩护人、诉讼代理人是否通知新的证人到庭，调取新的物证，申请重新鉴定或者勘验

害：

代：

：

辩：

（二）重点提示

（1）适用简易程序、速裁程序审理案件需要询问被告人、辩护人是否同意，若不同意将改为普通程序。

（2）证人不能旁听庭审，要在提供证言前才能进入法庭，提供完证言后退庭，庭审后要在笔录上签字。

（3）若有法定代理人出庭，与被告人相关的各个环节均需征求其意见。

（4）实际庭审中，举证质证过程中有可能穿插进行法庭询问。

四、法庭辩论 ❶

（一）具体步骤

法庭辩论的时间是在法庭调查结束之后。合议庭认为本案事实已经调查清楚，应当由审判长宣布法庭调查结束，开始就全案事实、证据、适用法律等问题进行法庭辩论。

法庭辩论应当在审判长的主持下，按照下列顺序进行：

（1）公诉人发表公诉意见。公诉人应该围绕以下六个方面发表公诉词：①总结法庭调查的事实、证据和适用法律；②集中阐明人民检察院对追究被告人刑事责任的意见；③阐明指控被告人犯罪的根据和理由；④指出犯罪的危害后果；⑤说明犯罪的根源；⑥提出有建设性的预防措施和意见。

（2）被害人及其诉讼代理人发言。

（3）被告人自行辩护。被告人对自己是否有罪、是否罪轻、是否有法定及酌定从轻情节发表自行辩护的意见。

（4）辩护人发表辩护意见。辩护人主要围绕案件事实、证据、性质、情节、社会危害程度、量刑情节发表意见。辩护人发表辩护词的目的是：反驳指控，保护被告人的合法权益。因此，辩护人应该围绕以下四点发表辩护词：①总结法庭调查中，对被告人有利的事实、证据和理由；②指出起诉书和公诉词的不足之处，即论证起诉书和公诉词中缺乏事实和理由的指控、观点；③在总结本案事实和证据的基础上，说明被告人无罪、罪轻、从轻、减轻、免除处罚的根据和理由；④请求法庭采纳己方辩护意见。

（5）发表新的意见。首轮辩论意见发表结束后，控辩双方可针对争议焦点发表不同于首轮辩论意见的新的辩论意见。

（二）重点提示

（1）公诉人在辩护环节有时会进行法庭教育。因为公诉人发表公诉词的目的是：揭露犯罪，支持公诉，宣传法律，教育群众。

（2）书记员要详细记录被告人陈述的其检举揭发等立功情况。

---

❶ 依据《刑事诉讼法》第一百九十八条，《最高人民法院关于适用〈中华人民共和国刑事诉讼法〉的解释》第二百二十九条、第二百三十条、第二百三十一条、第二百三十二条、第二百三十三条、第二百三十四条。

（3）控辩双方应该以事实为根据，以法律为准绳，围绕双方争论的焦点进行论证和反驳。审判长应当善于抓住双方辩论的焦点，把辩论引向深入。审判长对于控辩双方与案件无关、重复或者互相指责的发言应当及时制止。

（4）新事实的处理。在法庭辩论过程中，如果合议庭发现新的事实，认为有必要进行调查时，审判长可以宣布暂停辩论，恢复法庭调查，待该事实查清后继续法庭辩论。

（5）附带民事诉讼部分的辩论应当在刑事诉讼部分的辩论结束后进行。先由附带民事诉讼原告人及其诉讼代理人发言，然后由被告人及其诉讼代理人答辩。附带民事诉讼辩论的顺序也是"先攻击后防御"。

五、被告人最后陈述

最后陈述是宣判前庭审程序中进行的最后一个程序，也是被告人的一项重要权利。被告人应当围绕其是否有犯罪事实、是否构成起诉书所指控的犯罪、本案证据是否确实充分、证据效力以及具有从轻、减轻、免除处罚情节等与定罪量刑有关方面进行最后陈述。

如果被告人在最后陈述中提出了新的事实、证据，合议庭认为可能影响正确裁判的，应当恢复法庭调查；如果被告人提出新的辩解理由，合议庭认为确有必要的，可以恢复法庭辩论。

六、评议和宣判

（一）合议庭评议

审判长在被告人最后陈述后，应当宣布休庭，合议庭进行评议。合议庭评议由审判长主持，并应该秘密进行。合议庭应当根据已经查明的事实、证据和有关法律规定，并在充分考虑控辩双方意见的基础上，进行评议，确定被告人是否有罪，应否追究刑事责任；构成何罪，应否处以刑罚；判处何种刑罚；有无从重、从轻、减轻或者免除处罚的情节；附带民事诉讼如何解决；赃款赃物如何处理等，并依法作出判决。

合议庭进行评议的时候，每名成员有平等的发言权和表决权，而且审判长应该最后发表评议意见。如果意见分歧，应当按照多数人的意见作出决定，但是少数人的意见应当写入笔录。合议庭的评议活动应该制作评议笔录，合议庭成员应当在评议笔录上签名。

（二）裁决和宣判

1. 裁决

合议庭在评议之后，应当及时作出裁决。合议庭成员应当在裁判的法律文书上署名。

2. 宣判

宣判分为当庭宣判和定期宣判。当庭宣告判决的，应当宣布判决结果，并在 5 日内将判决书送达当事人、法定代理人、诉讼代理人、提起公诉的人民检察院、辩护人和被告人的近亲属。定期宣告判决的，合议庭应当在宣判前，先期公告宣判的时间和地点，传唤当事人并通知公诉人、法定代理人、诉讼代理人和辩护人；判决宣告后应当立即将判决书送达当事人、法定代理人、诉讼代理人、提起公诉的人民检察院、辩护人和被告人的近亲属。

案件无论是否公开审理，宣告判决一律公开进行。宣告判决时，法庭内全体人员应当起立。宣判时，公诉人、辩护人、被害人、自诉人或者附带民事诉讼的原告人未到庭的，不影响宣判的进行。

宣判后，要询问被告人是否上诉，记录相关情况后宣布闭庭。

合议庭在休庭时对案件评议，形成一致意见后继续开庭宣判。宣判后，要询问被告人是否上诉，记录相关情况后宣布闭庭。

（三）重点提示

（1）合议庭评议要形成合议笔录，书记员要充分记录每个合议庭成员的意见，归档时合议笔录入副卷。

（2）宣判后，审判长一般会解释判决依据，进行判后答疑，有时会进行法庭教育。

（3）如果被告人不上诉、检察院不抗诉，上诉期满，判决生效，判决书还应当送达被告人的所在单位或者原户籍所在地的公安派出所。被告人是单位的，应当送达被告人注册登记的工商行政管理机关。

第三节　第一审公诉案件庭审后工作规范

依照《刑法》《刑事诉讼法》相关规定及司法审判实践，人民法院开庭审理后应根据案件不同情形分别作出判决、裁定，如，案件事实清楚，证据确实、充分的，依据法律认定指控被告人的罪名成立的，应当作出有罪判决；案件事实清楚，证据确实、充分，依据法律认定被告人无罪的，应当判决宣告被告人无罪。❶承办法官会根据案件情况、证据、评议结果等情况撰写裁判文书，书记员的主要工作就是校对裁判文书、辅助宣判、上（抗）诉案件移转上级法院、案件生效后的移交执行等工作。

一、裁判文书的校对工作

刑事案件裁判文书是指刑事判决书和刑事裁定书，记载了人民法院对案件的审理过程和审理结果，是诉讼结果的载体，也是一个诉讼程序终结的标志，是人民群众了解刑事案件、评判审理程序和结果的凭证。裁判文书的质量直接关系到案件审判的质量，更关乎法院司法形象和公信力。裁判文书的校对工作是一项极为重要的辅助性工作，是一个优秀审判辅助人员工作能力的重要体现。

文书校对并不是简单的校对文字、标点符号的对错，还包括对裁判文书格式、内容的校核，如错别字、符号、时间、事实陈述、证据表述、引用法条、裁判说理、裁判结果等。具体如下：

（一）裁判文书首部校对

（1）核对审判法院、文书形式和案号。如××省××市××县人民法院刑事判决书、××省××市××县人民法院刑事裁定书，刑事判决书是根据查明的事实和法律依据对被告人做出定罪量刑的文书，是对案件实体问题做出的结果；而刑事裁定书是对程序问题和部分实体问题做出的书面决定。关于案号，目前全国已统一案号标准，每一个刑事案件都有对应的唯一案号。

（2）校对诉讼参与人的基本情况。即公诉机关、被告人身份信息、前科情况、涉嫌罪名、羁押时间、强制措施时间、是否委托辩护人等，均应与卷宗材料一一校对，在预审卷宗中找到"出处"，辩护人信息要核对律师提交的委托手续，确保信息的准确性和完整性，如是刑事附带民事诉讼案件，应注明诉讼主体身份、与本案关系等。确保裁判文书所有内容均有理有据。

（3）审判过程阐述校对。即案件受理时间、适用程序、是否公开审理、出庭人员等信息。该部分内容要与庭审笔录核对。

（二）裁判文书正文部分校对

正文部分内容较多，包括公诉机关指控的事实、被告人及辩护人意见、法院

---

❶　依据《刑事诉讼法》第二百条。

审理查明的事实、证据、裁判理由及判决主文。

（1）公诉机关指控的事实校对。公诉机关指控的事实就是起诉书指控的内容，主要是与起诉书正本校对内容是否一致。注意起诉书编号、指控事实及罪名，提起公诉日期应以人民法院立案时间为准。

（2）被告人、辩护人的意见校对。被告人意见主要是指被告人对指控的犯罪事实及罪名是否有异议以及辩解内容，辩护人意见主要是总结概括辩护词。

（3）法院查明事实校对。经审理查明的事实部分是经法庭审理查明的、有证据支撑的内容，该部分内容不一定与起诉书指控的内容一致，另须注明是否起获赃款、赃物、是否赔偿受害人损失、被告人到案的时间、经过等情况。

（4）认定案件事实校对。认定案件事实，必须以证据为根据。证据必须是公诉人当庭出示的、经过质证的证据，判决书中列明的证据均应在预审卷宗和庭审笔录中有所体现，故校对证据时应与预审卷宗、庭审笔录一一核对。我国刑法明确规定，证据必须经过查证属实，才能作为定案的根据，❶即没有经过质证的证据不能作为判决书证据使用，如果判决书中出现庭审笔录中没有的证据，应予以标注删除。

（5）裁判理由校对。裁判理由也就是"本院认为"部分，主要包括被告人所犯罪行的构成、对被告人和辩护人意见的回应。审理查明的事实如果与起诉书指控内容不一样，应校对是否对变更的部分予以说明。此处重点校对错别字、适用法条、量刑情节，如是否自首、立功、未遂、如实供述等。书记员应熟记常用法条，校对裁判文书时应与认真翻看法条原文，不能仅靠经验。

（6）判决主文校对。判决主文是写明全部判决结果，包括被告人罪名、刑期、是否责令赔偿、扣押物品处理等。主文部分是一个判决书最核心的内容，直接关系被告人的实体权利。校对判决主文，应仔细核对罪名、刑期起止日期、是否先行羁押、是否数罪并罚以及附加刑、是否对赃证物做了处理、罚金是否缴纳、是否追缴或退赔、在案扣押、冻结财物的处理等，附带民事部分赔偿款应与经审理查明的赔偿款数额一致，对于未支持的请求应予以驳回。

（三）裁判文书尾部校对

尾部主要是指告知上诉权利、上诉期限、上诉法院、上诉状正副本份数，落款处是合议庭组成人员或独任审理的审判员姓名，以及书记员、判决时间。应注意判决书落款时间是指宣判时间。

---

❶ 《刑事诉讼法》第五十条。

（四）裁判文书校对方法

书记员校对裁判文书必须以最严格的、最规范的标准来校对，是一项烦琐且有挑战性的工作。校对裁判文书可以先使用审判系统中的"文书校对"系统，智能化文书校对往往能发现人工校对中容易忽视的地方。一字一句地看、读是最古老、最有效的校对方法，一字一句地校对文字、标点、数字、符号、格式、空行、段落等，甚至可以读出来，对发现问题的地方或者不清楚、不明白的地方，予以标记，询问承办法官。

二、辅助宣告判决相关工作

（一）宣判准备

根据我国《刑事诉讼法》的规定，宣告判决，一律公开进行，并由审理该案的同一合议庭成员宣判。定期宣判的案件应提前制作宣判公告，宣告判决的被告人姓名、案由以及宣判的时间、地点。与开庭程序一样，应提前通知公诉人、辩护人、诉讼代理人、附带民事诉讼原告人，在押的被告人应办理提押被告人的手续。

（二）宣判笔录

宣判笔录与开庭笔录内容基本一致，应写明宣判时间、地点、各被告人罪名与刑期、上诉权利与期限等，还应写明被告人态度，即是否上诉。宣判笔录应由被告人签名捺印、法官及书记员签名。宣告判决时，除书记员以外，法庭内全体人员应当起立。

（三）送达判决书

根据《刑事诉讼法》第二百零二条的规定，当庭宣告判决的，应当在五日以内将判决书送达当事人和提起公诉的人民检察院。定期宣告判决的，应当在宣告后立即将判决书送达当事人和提起公诉的人民检察院。判决书应当同时送达辩护人、诉讼代理人。送达份数可根据相关规定和各部门实际需要确定，但均应附送达回证，要求被送达人签字、日期。在给被告人发完判决之后，书记员应及时打电话通知家属或律师领取判决书。判决生效后将判决书送达（可邮寄）被告人户籍所在地的公安派出所，邮单须留卷备查。

对宣告缓刑的案件，书记员应熟练缓刑考验期计算方法，缓刑考验的起始时间是判决确定之日，即判决生效之日起算。

（四）其他注意事项

判决书应当由审判人员和书记员署名，并且写明上诉的期限和上诉的法院；

对于涉外案件、社会高度关注、媒体炒作等因素的案件，书记员应当配合承办法官制定预案，严格依照法定的程序公开宣判；对于被告人、辩护人人数众多的案件，应认真核对是否均已送达判决书，避免在宣判时遗漏部分当事人，造成工作被动；宣判后应及时填写案件报结系统，书记员上传庭审笔录，将各项信息填报准确，避免影响各项司法统计。

三、移送上诉、抗诉案件工作规范

（一）上诉、抗诉的提出主体

《刑事诉讼法》第二百二十七条明确规定，对被告人的上诉权，不得以任何借口加以剥夺。被告人、自诉人和他们的法定代理人有权提出上诉，被告人的辩护人和近亲属经被告人同意可以提出上诉，附带民事诉讼原告人和其法定代理人可就民事部分提出上诉。❶

人民检察院认为人民法院第一审的判决、裁定确有错误的，应当向上一级人民法院提出抗诉。被害人及其法定代理人不服人民法院第一审的判决的，自收到判决书后五日以内，有权请求人民检察院提出抗诉，人民检察院自收到请求后五日以内，应当作出是否抗诉的决定并且答复请求人。❷

（二）上诉状提交与处理

如果被告人于宣判时表示上诉，但在上诉期内未提交上诉状，则应在上诉期届满前再次询问被告人是否要上诉，如果其仍表示上诉，即使不再提交上诉状，也应按上诉案件处理。被告人的辩护人、近亲属提交上诉状的，应核对是否经过被告人同意，是否有被告人签名及捺印。被告人提出上诉或检察院抗诉的，应将上诉状副本送交检察院、将抗诉书副本送达被告人。需要注意的是，上诉状在期满前已经交邮的，不算过期。

（三）上诉期的计算

《刑事诉讼法》明确规定了上诉期和抗诉期，即不服判决的上诉和抗诉的期限为十日，不服裁定的上诉和抗诉的期限为五日，从接到判决书、裁定书的第二日起算。❸在上诉、抗诉期满前撤回上诉、抗诉的，第一审判决、裁定在上诉、抗诉期满之日起生效。即当事人在上诉期满前撤回上诉的，第一审法院无须将案件转移第二审法院。若上诉期最后一天，即第十日是节假日的，依照我国《刑事诉讼法》关

❶ 《刑事诉讼法》第二百二十七条。
❷ 《刑事诉讼法》第二百三十一条。
❸ 《刑事诉讼法》第二百三十条。

于期限的规定，应以节假日后的第一日为期满日期。

（四）移交上诉卷

上诉期届满后应及时整理卷宗、向上一级法院转交上诉卷宗。首先，整理卷宗，将案卷材料依照归档顺序整理、编页码、装订，装订主要是为了防止卷宗材料的丢失。其次，办理换押手续，共同犯罪的案件只有部分被告人上诉的，应当将全案移交上诉，在押同案被告人均应办理换押手续。最后，填写上（抗）诉案件函（稿），清点审判卷宗（正卷、副本）、预审卷宗，书记员应当在三日以内将上诉状连同案卷、证据移送上一级人民法院，同时将上诉状副本送交同级人民检察院和对方当事人。❶

（五）其他注意事项

对于上诉案件，如果有冻结案款，书记员应在移送时做好衔接工作，对案款冻结的相关情况予以书面提醒，防止在移送过程中冻结款到期被划走等情况；一审宣判后至移送上诉前，应当对判处短期自由刑的被告人及时变更强制措施；在移送上诉时，如有一审判处的被告人刑期即将届满的情况，应对此类情况予以书面提醒或电话联系上级法院相关审判庭。

四、判决生效后移交执行工作

在一审刑事案件中，执行程序是裁判文书生效以后，将裁判文书中可执行的内容转入执行阶段，一般来说是对判决书主文部分内容的执行。裁判文书生效后，依据可执行的内容，书记员的工作主要有三大部分，一是判处管制、适用缓刑的罪犯，送交社区矫正机构，二是判处拘役、有期徒刑的罪犯送交看守所、监狱等机构服刑，三是财产性判项的执行。

（一）关于送交社区矫正

根据刑事诉讼法的规定，对被判处管制、宣告缓刑、假释或者暂予监外执行的罪犯，依法实行社区矫正，由社区矫正机构负责执行。❷根据《社区矫正实施办法》，人民法院应在判决、裁定生效起三个工作日内，送达判决书、裁定书、决定书、执行通知书、假释证明书副本等法律文书，同时抄送其居住地县级人民检察院和公安机关，并将司法行政机关的回执附卷。书记员应书面向罪犯强调报到的时间期限以及逾期报到的后果，对于判处禁止令的罪犯，同时告知罪犯违反禁止令的法

---

❶ 《刑事诉讼法》第二百三十一条。
❷ 《刑事诉讼法》第二百六十九条。

律后果。

（二）关于送交看守所、监狱等机构的执行工作

根据刑事诉讼法及相关司法解释的规定及法院审判时间，被判处死刑缓期执行、无期徒刑、有期徒刑的罪犯，书记员应当在判决、裁定生效后十日以内，将判决书、裁定书、起诉书副本、自诉状复印件、执行通知书、结案登记表送达公安机关、监狱或者其他执行机关，由公安机关依法将该罪犯送交监狱执行刑罚。在被交付执行刑罚前，剩余刑期在三个月以下的，由看守所代为执行。对被判处拘役的罪犯，由公安机关执行。❶书记员可书面记录每个案件生效时间，以便及时转交执行。

对于已经生效的案件，特别是针对刑期比较短的罪犯，书记员应及时向公安机关、监狱或者其他执行机关发执行手续，执行通知书回执经盖章后，应当附卷备查。对于判决书尚未生效，所判刑期即将届满的，应提前提醒承办法官及执行机关办理释放手续。

（三）关于财产刑判项及赃证物的处理

"破解执行难"是当前法院工作重中之重，在刑事案件中主要体现为对罪犯财产刑判项的执行，如罚金、赃款发还、责令追缴等。为防止罪犯或其利害关系人恶意逃避执行，将裁判结果"落地"，及时有效的执行涉案财产维护司法权威和尊严，书记员应在裁判文书生效后及时转交执行部门。

判决生效后应将案件判决书、裁定书、立案审批移送表、刑事案件移交执行书、案款收据移送执行部门立案执行，如有查封、冻结账户，应书面提醒执行部门冻结日期。对于赔偿附带民事诉讼案件，由附带民事诉讼原告人书写强制执行申请书，连同判决书、裁定书、刑事案件移交执行书等材料移交执行部门。

随案移送至法院的赃物，依据判决内容执行，对于没收存档的赃物、没收销毁的赃物，不同法院处理部门并不完全相同，书记员应熟悉本单位赃证物管理部门、执行部门，及时将生效文书确定的赃证物处理方式转交执行。移交执行程序涉及多个部门，材料烦琐，书记员应分类处理、及时移交，并做好执行移交登记，将邮寄单回单、签收回证、执行回证等材料入卷备查。

---

❶ 《刑事诉讼法》第二百六十四条。

第八章　第二审公诉案件工作规范

第一节　第二审公诉案件庭前准备工作规范

一、收案

卷宗、案卷材料及法律手续的接收称为收案❶。收案时，书记员要认真清点，并与报送上（抗）诉案件移送函所记载的内容、数量一一核对。

（一）工作流程

1. 清点材料

由于目前没有电子卷宗，按照以往工作习惯，一审法院通过本院案件管理办公室将上诉案件移送至二审法院立案庭。接收案件的部门会有专人去立案庭收案，在核对所有卷宗、材料与报送上（抗）诉案件移送函所记载的内容、数量无误后，将案件送回本部门内勤。在确认二审案件承办法官后，书记员会去内勤将案件卷宗、材料带回其所属合议庭。

书记员去本庭内勤收案时，应清点下列内容：

（1）卷宗：预审卷宗、预审光盘，一审法院正、副卷，光盘。

（2）立案流程管理信息表。

（3）报送上（抗）诉案件函。

（4）一审判决书、一审裁定书。

（5）被告人的上诉状或检察院的抗诉书。

（6）换押证（第二联至第五联）。

---

❶ 《刑事诉讼法》第二百二十七条至第二百三十三条。《最高人民法院关于适用〈中华人民共和国刑事诉讼法〉的解释》第二百九十九条至第三百零五条；第三百零八条至第三百一十五条；第五百四十五条。

2. 检查被告人的刑期或被告人被采取强制措施的时间是否即将届满

（1）原审被告人或上诉人被判处较短刑期的，在二审法院刚收案时，原审被告人或上诉人的刑期即将届满，此时，要求书记员应及时提醒案件承办法官，为原审被告人或上诉人变更强制措施提前做好准备。

（2）原审被告人或上诉人一审被判处缓刑的，书记员应检查一审法院是否为原审被告人或上诉人办理了取保候审手续，及取保候审的到期时间。

3. 检查案件账户冻结、房产查封的相关情况

书记员应及时核查所收案件是否存在账户冻结、房产查封已过期或即将到期的情况。如冻结、查封已过期，要向一审法院承办法官说明情况。如冻结、查封将到期，应即刻告知二审承办法官，为如期冻结、查封做好准备工作。

4. 建立二审诉讼卷宗

根据北京法院的工作要求，每个案件收案后，在建立二审诉讼正、副卷宗的同时，要将卷宗扫描，形成该案的同步电子卷宗。

（二）重点提示

（1）报送上（抗）诉案件函上详细列明了卷宗的种类及数量，书记员可据此确认卷宗的数目。

（2）收案后，书记员应将每个案件的相关信息，如：案号、案由、收案日、审限届满日、卷宗数量、联系电话等内容登记在自制的收案本上，随着案件的审理进展，及时更新相关内容，直至结案。

（3）移送至二审法院的换押证，每个被告人一套。

（4）涉财刑事案件，收案后必须检查冻结、查封、扣押财产的情况。

（5）从收案到结案的整个过程中，要保管好所有卷宗，不得出现卷宗损坏、遗失的情况。

（6）如果在二审阶段出现补充侦查工作，卷宗数量必然会增加，在结案退卷时，卷宗数量会发生变化。

二、换押、提讯 ❶

刑事上诉案件中，除了移送案件卷宗及相关材料外，被告人的羁押阶段也应

---

❶ 《刑事诉讼法》第九条、第十一条、第十四条、第三十三条至第三十五条、第四十五条、第一百二十一条。《最高人民法院关于适用〈中华人民共和国刑事诉讼法〉的解释》第三十九条至第四十六条、第二百五十四条、第二百五十五条、第三百零九条、第三百一十一条。《最高人民法院、司法部关于扩大刑事案件律师辩护全覆盖试点范围的通知》。

当由一审法院变更为二审法院，这就需要一套完整的换押程序来解决这一问题。

在实践中，一般情况下，换押手续办理完毕当日，书记员会对原审被告人、上诉人进行第一次提讯。

（一）工作流程

1. 换押

（1）填写换押证，确认无误后盖庭（院）章。一套换押证共计六联，一个被告人配一套换押证。根据最高人民法院的规定，换押证的存根、第一联、第二联、第三联的第一段由移送机关填写。第三联的第二段、第四联由接收机关填写。第五联（回执）由看守所填写、盖章后交接收机关附卷。

（2）填写提讯提解证。提讯提解证通常被称为：提押票或者提票。提押票为制式的，并盖有本院院章。一个被告人对应一张提押票。

（3）带上填写好的换押证、提押票、工作证件，去羁押被告人的看守所办理换押手续。

（4）工作结束后，务必将换押证第五联、提押票带回。

2. 提讯

（1）制作提讯笔录首部。一个被告人制作一份提讯笔录。

（2）换押后，提讯被告人，将提前制作好的笔录首部内容填写完备。

（3）提讯笔录首部应注明：提讯时间、地点、案由、提讯人、记录人。提讯笔录的内容要核实被告人的自然情况，历史上是否受过法律处分，被羁押、逮捕的时间，是否收到一审判决书及何时收到的，定罪、量刑情况，是否提出上诉，上诉时间，对一审判决书认定的事实、证据、定罪、量刑是否有异议，上诉理由，二审期间是否委托辩护人，如委托，应注明律师或家属的联系方式并记录在案，如不委托，应询问是否接受法院为其指定辩护人，是否有新的揭发检举、坦白余罪，是否有新的证据，是否申请非法证据排除，目前的身体状况如何。提讯结束后，让被告人看笔录，签字按手印确认。

（二）重点提示

（1）制作换押手续前，应确认被告人被羁押的看守所。一般情况下，生病的被告人会羁押在北京市第二看守所，涉外案件的被告人会羁押在北京市第三看守所。另有个别案件，视具体情况而定。

（2）填写换押证时，部分看守所要求办案机关将本单位承办法官、书记员的姓名、联系方式预留在换押证第三联的空白处。

（3）换押证共计六联，存根、第一联入一审法院卷宗备查。第二联至第五联去看守所办理换押手续使用。换押后，第五联由看守所填写、盖章后，交由二审法院附卷备查。

（4）提押票须换押后加盖看守所的专用章后，方能在审理期限内使用。

（5）应妥善保管提押票，不得外借，如有外单位人员提讯被告人，应由办案单位的书记员拿着提押票等相关手续，带领外单位人员一并去看守所进行提讯，提讯结束后将提押票带回。要始终做到"票不离手"。

（6）被告人的身体状况一定在第一次提讯时询问。如果被告人患有肺结核、艾滋病等传染性疾病，在日后的押解、提讯、开庭、宣判过程中，审判人员、书记员、法警务必做好防护措施，确保他人及自身的安全。

（7）2017年11月份，北京市启动了刑事案件律师辩护全覆盖试点工作。也就是说，被告人不委托辩护人的，人民法院必须通知法律援助中心为该被告人指派辩护人。如果该被告人拒绝指定律师为其辩护，要在提讯笔录中明确记载，并让被告人自书一份"拒绝接受法院为其指定辩护人的说明"附卷备查。

（8）如果被告人是少数民族、外国人或聋哑人，二审法院在第一次提讯前，应当为其聘请口语翻译或手语翻译。

三、阅卷 ❶

此处的阅卷仅说明检察院阅卷和律师阅卷。

第一次提讯后，原审被告人或上诉人表示已聘请或要聘请辩护人的，书记员根据笔录中记载的联系方式安排辩护人阅卷。原审被告人或上诉人表示接受指定辩护人的，二审法院应当及时通知法律援助机构指派律师。二审刑事案件的审理期限为二个月，指定辩护人需要一段时间，为了不耽误审限，也可以先将案件移送检察院阅卷，待卷宗退回法院后，再安排辩护人或指定辩护人阅卷。

（一）工作流程

1. 将卷宗移送检察院阅卷

（1）准备好应移送检察院的卷宗、材料，填写送达回证。移送的材料包括：预审卷宗、一审法院正卷，阅卷通知书、一审判决书叁份，上诉状或上诉状复印件。将这些移送内容逐一填写至送达回证上。

---

❶ 《刑事诉讼法》第四十条、第二百三十五条。《最高人民法院关于适用〈中华人民共和国刑事诉讼法〉的解释》第四十七条、第五十七条至第五十九条、第三百二十条。

（2）将上述卷宗及材料移送至同级人民检察院案件管理办公室，由接收人核对后，在送达回证上签名、签时间确认。

（3）移送检察院阅卷的案件，应于送达之日在审判系统中点击"扣除审限"。

2. 律师阅卷

（1）给法律援助中心发指定辩护通知书，附一审判决书一份，邮寄至法院所属法援中心。

（2）检察院阅卷时间为一个月。检察院退卷后，及时安排辩护人或指定辩护人阅卷。

（二）重点提示

（1）阅卷通知书为制式的，且盖有本院院章。

（2）移送检察院的卷宗中不能包括副卷及涉密卷宗。

（3）移送的材料中如果包含光盘、新证据，应在送达回证上单独注明光盘、新证据的内容及数量。

（4）根据法律规定，检察院阅卷时间不计入审限，因此应制作变更羁押期限通知书，附阅卷通知书复印件去看守所办理变更羁押手续。变更羁押期限的具体时间应在提押票上准确显示。

（5）所谓"变更羁押期限"是指办案机关不改变，只是在案件审理过程中被告人的羁押期限发生变化。例如：检察院阅卷一个月"不计入"审理期限，再如：依法"延长"审理期限二个月。这里所说的"不计入""延长"即变更羁押期限。

（6）律师阅卷前，应先提交委托手续或指定辩护手续，书记员核对律师身份及手续无误后，安排律师阅卷。

（7）律师不得查阅副卷。在阅卷前，书记员应清点好卷宗册数，写出阅卷清单。律师阅卷完毕归还时，书记员亦应重新清点卷宗册数。

四、开庭前几日的准备工作 ❶

在工作实践中，正式开庭前的准备工作较为琐碎，书记员应提前统筹、规划。

（一）工作流程

1. 安排开庭的具体时间

（1）确定具体开庭时间，预定法庭。通过网上办案系统预定法庭，并发布电子

---

❶ 《最高人民法院关于适用〈中华人民共和国刑事诉讼法〉的解释》第一百八十二条。《最高人民法院关于严格执行公开审判制度的若干规定》。

公告。

（2）确定合议庭组成人员。

（3）通知检察员、辩护人、诉讼代理人、被取保候审的被告人开庭时间、地点。

2．制作文书

（1）填写出庭通知书，一式两份，一份送达当事人一份附卷备查。

（2）如果有取保候审的原审被告人或上诉人，应当填写刑事传票并送达。刑事传票一式两份，一份送达当事人一份附卷备查。

（3）填写送达回证。凡是发出去的文书，必须在送达回证上有所体现。

3．下提押票

各院对开庭、提讯、宣判前下达提押票的时间规定不一，请根据各院具体规定办理。

4．提前了解案情

书记员负责庭审记录，提前阅卷了解案情，对快速、准确记录庭审笔录有很大益处。

（1）书记员可通过重点翻阅一审庭审笔录、被告人在预审期间的口供了解案情。需要了解的内容包括：时间、地点、人物、实施的行为、手段、案件的证据等。

（2）制作开庭笔录首部。

（二）重点提示

（1）发布公告的时间，通知检察员、辩护人、诉讼代理人、被取保候审的被告人开庭的时间，送达出庭通知书或刑事传票的时间，均为开庭前三日。

（2）依法不公开审理的案件，不得在办案系统中发布公告，不得将开庭公告入卷。

（3）通知原审被告人或上诉人家属开庭时间并非法定义务，故二审法院仅通知原审被告人或上诉人的辩护人开庭时间。

（4）与承办法官沟通，是否有特殊事项。如：案件是否涉众，案件是否有新闻媒体关注，案件是否有人大代表旁听等。

第二节　第二审公诉案件开庭审理工作规范

一、开庭当日的准备工作 ❶

（一）工作流程

1. 规范着装

为确保人民法院的审判形象，书记员在参加庭审及接待当事人过程中应当规范着装。夏天穿灰色制服，冬天穿黑色制服配蓝色领带。开庭时佩戴大号法徽。

2. 检查法庭设备

（1）目前，北京法院规定，公开开庭审理的案件，一律进行庭审直播并刻录光盘。开庭前应检查电脑、视频播放设备、扩音设备、刻录设备、打印机是否运行正常。如遇故障，应及时与所属法院的技术部门取得联系。

（2）检查法槌，检查合议庭成员审判席、检察员、辩护人、诉讼代理人、法定代理人的标志牌。

（3）检查被告人囚椅数量是否与开庭案件被告人数相符。

（4）确定各方诉讼参与人、旁听人员是否到庭，并核实身份。

（二）重点提示

（1）证人、鉴定人、侦查人员，不得旁听。

（2）不公开审理的案件，不得旁听。

（3）精神病人、醉酒的人、未经人民法院批准的未成年人以及其他不得旁听的人不得旁听案件审理。

二、开始庭审 ❷

（一）工作流程

1. 开始录音、录像，进行网络直播

庭审录像是记录庭审全部过程的重要依据。保存完整的庭审录像不但可以规

---

❶ 《最高人民法院关于适用〈中华人民共和国刑事诉讼法〉的解释》第一百八十七条。

❷ 《刑事诉讼法》第一百九十条、第一百九十一条、第一百九十五条、第一百九十七条、第一百九十八条、第二百零七条。《最高人民法院关于适用〈中华人民共和国刑事诉讼法〉的解释》第一百八十九条至第二百零一条、第二百二十八条、第二百二十九条、第二百三十五条。《最高人民法院关于人民法院庭审录音录像的若干规定》《人民法院法庭规则》。

范庭审活动，还可以成为诉讼参与人、旁听人员是否构成扰乱法庭秩序的依据。此外，庭审录像可以为承办法官的业绩考核、业务交流、公正高效审判等方面起到重要的作用。

（1）在书记员宣布法庭纪律前，开始录像和网络直播。

（2）审判长宣布休庭，停止录像和网络直播。

2. 书记员宣读法庭纪律

公开审理的案件，有诉讼参与人、旁听人员的应当宣读法庭纪律。诉讼参与人、旁听人员落座，书记员面向旁听席站立，声音洪亮、吐字清晰、语速均匀宣读法庭纪律。

3. 书记员向审判长报告庭审准备情况

（1）法庭纪律宣读完毕。书记员宣布：请检察员、辩护人入庭。

（2）书记员宣布：全体起立。

（3）书记员宣布：请审判长、审判员入庭。

（4）书记员向审判长报告：报告审判长，被告人已提到候审，诉讼参与人均已到庭，法庭审理准备工作就绪，可以开庭。

4. 审判长宣布：提上诉人、原审被告人到庭

5. 法警押解上诉人、原审被告人到庭

6. 审判长敲击法槌，宣布××××法院刑事审判第×庭现在开庭

7. 庭审记录

庭审笔录是将庭审的全部过程转化为文字记载的书面材料，是裁判案件的依据，应附卷备查，故庭审笔录要求客观、全面、真实地反映庭审活动。

（二）重点提示

（1）目前北京法院规定，公开审理的案件均应进行网络直播。为了更好地体现庭审的完整性，笔者认为，应当在宣布法庭纪律前开始录像和网络直播，这样能更全面的接受大众监督。

（2）录像、网络直播的开始与停止，均由书记员在电脑上手动操作，因此，庭审结束时应及时点击停止录像和直播，否则，在法庭中出现的与案件无关的内容会被记录，甚至会被网络直播。

（3）书记员宣布的内容均应声音洪亮、吐字清晰、语速均匀。

（4）二审刑事案件中，检察院派员出庭履行职务的人称为：检察员。

（5）法庭调查、法庭辩论过程中的顺序：

①上诉案件，先由上诉人、原审被告人及其辩护人发言、陈述和辩论。

②抗诉案件，先由检察员讯问、陈述和辩论。

③既上诉又抗诉的案件，先由检察员讯问、陈述和辩论。

（6）庭审笔录要形成一问一答的格式，如遇多被告人案件，被告人的姓名不能混淆，不能张冠李戴。

（7）书记员记录庭审笔录时，注意力要高度集中，确保记录下每一个细节。如遇被告人用手比画的情况，应如实记录为：（用手比画）大概20厘米。如遇被告人没有回答讯问内容，应如实记录为：不语。如遇被告人多次重复的内容，当该内容再次出现时可省略。

（8）一份合格的庭审笔录要语言通顺，措辞标点精准，客观、全面、真实地反映庭审活动，在此，笔者不一一赘述笔录的特点及要求，具体内容可参考《法律文书情境写作教程》一书。笔者附二审庭审笔录一份，仅供参考。

附：二审庭审笔录模板一份

林某合同诈骗上诉案
庭　审　笔　录

审理日期：2018年6月××日上午

提讯时间：9时30分至11时05分

审理地点：本院第十六法庭

审 判 长：×××（承办法官）

合 议 庭：代理审判员×××、×××

书 记 员：于楠

（书记员宣读法庭规则，内容略）

审判长：请法警将上诉人（原审被告人）林某提押到庭。

（法警执行）

（林某一瘸一拐走进法庭）

审判长：林某？

林　某：到。

审判长：林某，你的脚怎么啦？

林　某：骨头发炎了，这几天都在打针治疗。

审判长：有效果吗？

林　某：没有什么效果，越来越肿了。

审判长：不影响今天的庭审吧？

林　某：不影响。我听力不太好，耳朵听不清，请审判长说话大一点声。

审判长：可以。一会儿我们说话都大一点声。

林　某：好。

审判长：林某，是否使用过别的名字？

林　某：没有。

审判长：年龄？

林　某：××岁。

审判长：出生年月日？

林　某：19××年××月××日。

审判长：民族？

林　某：汉族。

审判长：出生地？

林　某：……（下文中，……处均为省略的内容）。

审判长：户籍所在地？

林　某：……。

审判长：文化程度？

林　某：初中文化。

审判长：被捕前所在单位、担任什么职务？

林　某：……股份有限公司原总裁。

审判长：历史上受过什么行政处分或刑事处罚？

林　某：无。

审判长：你此次因何被羁押？

林　某：涉嫌合同诈骗罪。

审判长：你何时被羁押？

林　某：201××年×月××日。

审判长：你何时被逮捕？

林　某：201××年×月××日。

审判长：你是否收到了一审判决书？何时收到的？

林　某：我于2017年××月××日收到一审判决书。

审判长：一审对你如何判决的？

林　　某：犯合同诈骗罪，判处无期徒刑，剥夺政治权利终身，并处没收个人全部财产。

审判长：你是否提出上诉及上诉的时间？

林　　某：我于 2017 年 ×× 月 ×× 日提出上诉。

审判长：根据《中华人民共和国刑事诉讼法》第一百八十三条、第二百二十三条第一款第（一）项的规定，北京市高级人民法院依法公开开庭审理北京市第一中级人民法院移送的林某合同诈骗上诉一案，本案由本院审判员 ××× 担任审判长，会同代理审判员 ×××、××× 共同组成合议庭。

审判长：本院书记员于楠担任法庭记录员。

审判长：北京市人民检察院指派检察员 ××× 出庭履行职务。

审判长：根据《中华人民共和国刑事诉讼法》第三十二条、第三十四条的规定，上诉人享有辩护权，接受林某的委托，安徽……律师事务所律师 ××× 担任林某的辩护人，今天 ××× 律师依法出庭，为上诉人林某辩护。

审判长：根据《中华人民共和国刑事诉讼法》及其司法解释的有关规定，受被害单位的委托，北京市……律师事务所 ×× 律师担任该公司诉讼代理人，今天出庭参加诉讼。

审判长：根据《中华人民共和国刑事诉讼法》第二十八条、第三十一条的规定，上诉人、辩护人、诉讼代理人有申请回避的权利，即如果你认为合议庭组成人员、书记员、检察员与本案有利害关系，可能影响案件公正审理的，有权申请上述人员回避。

审判长：上诉人林某，你申请回避吗？

林　　某：不申请。

审判长：上诉人林某的辩护人，是否申请回避？

辩护人：不申请。

审判长：北京九台集团有限公司的诉讼代理人，是否申请回避？

诉讼代理人：不申请。

审判长：根据《中华人民共和国刑事诉讼法》第一百九十二条的规定，上诉人及其辩护人、诉讼代理人、检察员有权申请通知新的证人到庭、调取新的物证，申请重新鉴定或者勘验；可以申请有专门知识的人出庭，就鉴定人作出的鉴定意见提出意见。

审判长：根据《中华人民共和国刑事诉讼法》第三十二条、第三十五条、第一百九十三条第三款的规定，上诉人除享有上述权利外，还享有自行辩护的权利，在法庭辩论终结后，还享有最后陈述的权利。

审判长：上诉人林某，以上宣布的各项诉讼权利，你听清楚了吗？

林　某：听清楚了。

审判长：上诉人林某的辩护人，以上宣布的各项诉讼权利，你们听清楚了吗？

辩护人：听清楚了。

审判长：诉讼代理人，以上宣布的各项诉讼权利，你们听清楚了吗？

诉讼代理人：听清楚了。

审判长：上诉人除依法享有上述诉讼权利外，还负有如实回答检察员、辩护人及合议庭成员就本案事实向你们提出问题，即如实陈述案件事实的义务。

审判长：现在开始法庭调查。

审判长：宣读北京市第 × 中级人民法院（201×）京 0× 刑初 ××× 号刑事判决书认定的事实和判决主文部分。

（由审判长 ×× 宣读一审判决）

审判长：上诉人林某，刚才宣读的判决书中认定的事实和主文部分与你收到的判决书一样吗？

林　某：一样。

审判长：上诉人林某，简要陈述你的上诉理由。

林　某：1、……。2、……。3、……。

审判长：上诉人林某的辩护人就一审判决认定的事实，有无发问？

辩护人：有。

审判长：可以发问。

辩护人：上诉人林某，……？

林　某：……。

辩护人：……？

林　某：……。

辩护人：审判长，发问完毕。

审判长：检察员就一审判决认定的事实，有无讯问？

检察员：有。

审判长：可以讯问。

检察员：上诉人林某，希望你如实回答检察员的讯问。

林　某：好。

检察员：上诉人林某，……？

林　某：……。

检察员：……？

林　某：……。

检察员：审判长，检察员的讯问暂时到此。

审判长：诉讼代理人就一审判决认定的事实，有无发问？

诉讼代理人：没有。

审判长：下面法庭对本案就一审判决认定的事实进行审问。

审判长：上诉人林某，你……？

林　某：……。

审判长：……？

林　某：……。

审判长：上诉人林某，你对上述事实有何补充？

林　某：没有。

审判长：上诉人林某，你是否还有新的坦白余罪和新的揭发检举？

林　某：没有。

审判长：上诉人林某，一审法庭是否向你宣读和出示了有关的证据？

林　某：宣读、出示了。

审判长：你有没有新的证据向法庭提供？

林　某：没有。

审判长：你是否申请新的证人到庭、调取新的物证、申请重新鉴定或者勘验？

林　某：不申请。

审判长：上诉人林某的辩护人有无上述申请？

辩护人：有。本案中的许多证人没有出庭作证，也没有调取相关证据，比如证人刘××、李××。我试图联系过他们，但他们都不跟律师见面，我有他们的联系电话。

审判长：庭审后，请律师把相关证人的电话提供给法庭。

辩护人：好。

审判长：检察员是否有新证据以及是否有调取新证据的申请？

检察员：没有。

审判长：对于一审法院在开庭审理中已出示、宣读的证据，本法庭不再重复出示、宣读。

审判长：法庭调查结束。开始法庭辩论。

审判长：上诉人林某，你现在为自己辩护。

林　某：……。

审判长：请林某的辩护人发表辩护意见。

辩护人：1、……。2、……。3、……。

（以上详见辩护词）

审判长：请检察员发表出庭意见。

检察员：一、原审判决认定的事实清楚，证据确实充分。二、一审判决定性准确、适用法律正确，审判程序虽有瑕疵，但没有侵害到上诉人的权益。三、上诉人的上诉理由不能成立，依法应予驳回上诉，维持原判。综上，我院建议二审法院依据《中华人民共和国刑事诉讼法》第二百三十六条第（一）项之规定，驳回上诉，维持原判。

（以上详见出庭意见）

检察员：下面发表答辩意见：1、……。2、……。3、……。

审判长：请九台集团有限公司诉讼代理人发表代理意见。

诉讼代理人：一审法院认定被告人林某构成合同诈骗罪的事实清楚，证据确实充分。一审判决定性准确、适用法律正确，审判程序体现了罪行法定的原则，希望二审法院驳回上诉，维持原判。

（以上详见代理意见）

审判长：上诉人林某，你有无新的辩解？

林　某：……。

审判长：上诉人林某的辩护人有无新的辩护意见。

辩护人：1、……。2、……。3、……。4、……。

审判长：检察员有无补充答辩意见。

检察员：1、……。2、……。3、……。4、……。

审判长：本法庭已经充分听取了上诉人的辩解、辩护人的辩护意见、被害单位诉讼代理人的代理意见以及检察员的出庭意见，并已记录在案。

审判长：法庭辩论结束。

审判长：上诉人林某，你现在作最后陈述。

林　某：……。

审判长：最后陈述完毕。

审判长：根据法律规定，合议庭将对本案进行评议。宣判日期另行公告。休庭后，庭审笔录交上诉人、辩护人、诉讼代理人阅读确认无误后签字。

审判长：（敲击法槌）现在休庭。

审判长：请法警将上诉人林某带出法庭。

（法警执行）

三、开庭后续工作

（一）工作流程

（1）停止录像和庭审网络直播。

（2）请旁听人员退出法庭。

（3）核对、排版、打印庭审笔录。

庭审结束后，书记员应在最短的时间内，按照规定的格式对庭审笔录进行排版、修改错别字、完善不通顺的词句、补充遗漏内容的工作。形成完整笔录后打印。

（4）上诉人、原审被告人及其辩护人阅读庭审笔录，确认无误后签字。上诉人、原审被告人须对自己的签字按手印。

（二）重点提示

（1）上诉人、原审被告人阅读确认笔录时，如有更改，更改者须在更改处按手印确认。

（2）如审理的案件有翻译人员、法定代表人、诉讼代表人等人出庭的，这些人也应阅读庭审笔录，并签字确认。

（3）证人出庭作证，应在当庭签写保证书，并在庭审后阅读并签字确认庭审笔录。

（4）当事人看笔录签字时，除了签姓名外，必须签上具体的日期。

（5）庭审笔录入卷归档前，应由审判长、承办法官、书记员签字。

（6）庭审结束，应将庭审录像刻录成光盘，装入副卷备查。

第三节 第二审公诉案件庭审结束后的工作

一、合议庭评议案件 ❶

（一）合议庭评议

刑事二审案件，均由审判员组成合议庭审理，合议庭成员共同对案件的事实、证据进行评议。合议庭评议时，应当制作合议庭评议案件笔录。合议笔录是裁判依据的重要载体，是审判活动中常见的笔录之一，其内容要客观、真实地还原合议庭成员作出裁判依据的过程。

（二）重点提示

（1）书记员应提前阅卷，了解案情，知悉案件中涉及的人物姓名、公司名称、地点名称、专业词汇等内容。为准确记录提前做好功课。

（2）合议笔录有规范的格式。一般情况下，笔录首部包括：标题、评议的时间、地点、参加人、记录人、评议的案件名称。笔录正文翔实记录讨论的过程。笔录尾部应写明评议的结果。

（3）合议庭成员的意见均应如实记录在案。如果评议结论出现分歧，应详细记录多数意见和少数意见，最终按多数意见作出结论。

（4）形成完整的合议笔录后，合议庭成员应阅读笔录无误后，在笔录尾部签名确认。

（5）出现一案多次评议的情况时，应在笔录的标题下注明是第几次评议。

二、提交审判委员会讨论 ❷

根据《刑事诉讼法》的相关规定，合议庭开庭审理并且评议后，应当作出判决。对于疑难、复杂、重大的案件，合议庭认为难以作出决定的，由合议庭提请院长决定提交审判委员会讨论决定。审判委员会的决定，合议庭应当执行。

❶ 《刑事诉讼法》第一百八十四条、第二百条。《最高人民法院关于适用〈中华人民共和国刑事诉讼法〉的解释》第一百七十六条、第二百四十五条。

❷ 《刑事诉讼法》第一百八十五条。《最高人民法院关于适用〈中华人民共和国刑事诉讼法〉的解释》第一百七十八条、第一百七十九条。《最高人民法院、最高人民检察院关于人民检察院检察长列席人民法院审判委员会会议的实施意见》。

（一）工作流程

（1）登记需要提交审委会讨论的案件，同时提交该案的审理报告。

（2）如是抗诉案件，待确定召开审委会具体时间后，通知检察院列席。

（3）审委会结束后，形成完整的审委会讨论笔录。

（二）重点提示

审委会讨论笔录由承办法官、书记员签字，装入副卷备查。

三、宣判前的准备工作

（一）工作流程

（1）核对二审裁判文书 ❶。

书记员应认真、细致的辅助承办法官完成核对文书工作。核对的过程不仅包括对错别字、标点符号的校对，还要对措辞、修饰、归纳整理、语句通顺、逻辑严谨、排版等方面进行校核。

在司法实践中，大多数采用一人读原稿，一人看校样的方式进行核对。也有部分采用一人既看原稿，又看校样的方式进行核对。

（2）预定法庭、发布宣判公告。

确定具体宣判时间，预定法庭。通过网上办案系统预定法庭，并发布电子公告。

（3）通知检察员、辩护人宣判时间、地点。

（4）制作宣判笔录、填写出庭通知书、送达回证。

（5）下发提押票。

（二）重点提示

（1）裁判文书原本的落款应由合议庭成员、书记员亲笔签名。

（2）二审刑事案件，改判的使用判决书，维持原判或发回重审的使用裁定书。二审裁判文书的落款时间以签批的时间为准，不一定是宣判当日。

（3）所有上诉的刑事案件均应公开宣判。所有复核的刑事案件均系送达发生法律效力。

（4）宣判前三日通知检察员、辩护人，如有因故不能参加宣判的，应写入工作记录附卷备查。

（5）在通知当事人参加宣判时，可能会有人询问二审审理结果，此时书记员

---

❶　最高人民法院印发的《法院刑事诉讼文书样式》。

应注意回答方式，不得泄露审判秘密。

（6）一个被告人对应一份宣判笔录。

（7）如果被告人是少数民族、外国人或聋哑人，二审宣判前三日应通知翻译。

（8）涉外案件或有少数民族通用文字的，在核对好文书后，应由翻译译成被告人本国文字或少数民族通用的文字。宣判时，将裁判文书正本与翻译件一并送达被告人。

四、宣判、报结 ❶

二审刑事案件一般采用定期宣判。二审案件的宣判之日即为结案之日。案件审结后，应在办案系统中和本庭内勤及时双向报结。

（一）工作流程

（1）书记员宣读法庭纪律。

（2）承办法官宣读二审裁判文书。

（3）向上诉人、原审被告人及其辩护人送达裁判文书。

（4）报结。

（5）裁判文书上网公开 ❷。

（二）重点提示

（1）向在押被告人送达的所有材料，不能有订书钉、曲别针等尖锐物品。

（2）案件宣判后，案件的结果即可以公开。

（3）在办案系统中录入结案信息要准确。

（4）在办案系统中报结要在结案当月完成，否则将影响系统中数据的准确性。

（5）裁判文书有下列情形之一的，不在互联网公布：

①涉及国家秘密的；

②未成年人犯罪的；

③以调解方式结案或者确认人民调解协议效力的，但为保护国家利益、社会公共利益、他人合法权益确有必要公开的除外；

④离婚诉讼或者涉及未成年子女抚养、监护的；

---

❶ 《刑事诉讼法》第一百八十七条、第二百条、第二百零二条。《最高人民法院关于适用〈中华人民共和国刑事诉讼法〉的解释》第二百四十七条、第二百四十八条。

❷ 《最高人民法院关于推进司法公开三大平台建设的若干意见》《最高人民法院关于人民法院在互联网公布裁判文书的规定》《北京市高级人民法院关于人民法院在互联网公布裁判文书规定的实施细则（试行）》（2015 年修订）。

⑤人民法院认为不宜在互联网公布的其他情形；

⑥符合"人民法院认为不宜在互联网公布的其他情形"的，应当书面报请本部门负责人审查后，报主管院长审批。

五、退卷、送达 [注]

卷宗是逐级移送至二审法院的，当案件审结后，卷宗亦应逐级退回一审法院和预审。

（一）工作流程

（1）清点卷宗，包括：一审卷宗、预审卷宗和补充侦查卷宗。补充侦查的卷宗不是每个案子都有，根据个案实际情况而定。

（2）填写退卷函、送达回证。

（3）准备二审裁判文书。一个被告人需要十五份，每增加一名被告人增加七份文书。

（4）检查有无其他需要退回一审法院的材料，如：审判监督函等。

（5）将上述卷宗和材料一并退给一审法院，由接收人在送达回证上签字。送达回证附卷备查。

（6）二审宣判后，应向下列人员送达二审裁判文书：

①上诉人、原审被告人。

②上诉人、原审被告人的辩护人。

③上诉人、原审被告人的家属。

④上诉人、原审被告人户籍所在地的派出所。

⑤二审法院同级的人民检察院。

⑥一审法院同级的人民检察院。

⑦如果涉及单位犯罪的，单位的诉讼代表人、单位的诉讼代表人的代理人，也应接收二审裁判文书。

（二）重点提示

（1）有的案件附有光盘，在清点卷宗时，应一并点清。

（2）退卷函一式两份，"稿"联附二审正卷备查，另一联退给一审法院。

（3）退回一审法院的所有卷宗、材料均应详细列在送达回证上。出现的数字

---

❶ 《最高人民法院关于适用〈中华人民共和国刑事诉讼法〉的解释》第一百六十七条、第一百六十八条、第二百四十七条。

应写成汉字，如："预审卷贰佰叁拾柒册，一审正卷陆册，一审副卷肆册。退卷函壹份。"

（4）在审判实践中，退卷工作可能出现的情况分为：一审法院书记员亲自到二审法院取卷；二审法院通过本院法警队将卷宗退回一审法院；二审法院通过本院诉讼服务办公室将卷宗退回一审法院。具体如何操作，请根据各院的规定办理。

（5）使用邮寄的方式送达文书的，应备注：寄回的详细地址、单位名称、收件人姓名、电话等信息。

六、归档❶

（一）工作流程

（1）按照正、副卷的顺序整理好。

（2）编页码，即：在每一页的右上角依次编辑阿拉伯数字，直至备考表前一页。

（3）根据卷宗的厚度选择合适的卷皮。将卷皮的内容填写完整。

（4）按照卷宗的顺序，制作卷宗目录和备考表。

（二）重点提示

（1）在目录上写页码，只写同类材料的首页码。

（2）同类材料的整理以时间先后顺序排列。如：卷宗中有20张送达回证，按签收的具体时间依次排放送达回证的顺序。

（3）用圆珠笔、红色笔、纯蓝色笔、记号笔书写的材料、传真材料、拓印材料，由于其容易褪色，故整理卷宗时应当复印。复印件排在原件之后。

（4）如果是一案多册二审卷宗，分别在正卷皮或副卷皮上标明"（一）""（二）""（三）"……。

（5）备考表的立卷人、检查人应当由书记员、承办法官亲笔签名。

（6）有庭审光盘的，应将光盘装入信封，在封口处盖上人名章。信封正面注明：案号、被告人姓名、案由、光盘内容。并将封好的信封放置备考表之后、卷底之前。

（7）庭审光盘应入副卷，证据光盘应入正卷。凡是有光盘的，在归档目录中注明，如："二审庭审光盘壹张"。并在卷皮封面最顶端注明，如："内附庭审光盘

---

❶ 《人民法院诉讼文书立卷归档办法》《人民法院诉讼档案管理办法》《北京市高级人民法院各类案件正卷、副卷主要诉讼文书材料排列顺序》。

壹袋"。

（8）人民法院刑事诉讼档案，按刑期划分，保管期限分别为：

①普通刑事案件刑期十五年以上的：永久。

②普通刑事案件刑期五年以上不满十五年的：长期。

③普通刑事案件刑期不满五年的：短期。

第九章　关于几类特殊程序工作规范

第一节　刑事简易程序工作规范

基层人民法院管辖的案件，事实清楚、证据充分，被告人承认自己所犯罪行，对指控的犯罪事实没有异议且对适用简易程序没有异议的，可以适用简易程序审判。但被告人是盲、聋、哑人或者是尚未完全丧失辨认或者控制自己行为能力的精神病人，或者案件有重大社会影响等情形，不适用简易程序审判。人民检察院在提起公诉的时候，可以建议人民法院适用简易程序。❶

简易程序的各阶段工作流程与普通程序案件基本相同，几点不同之处将在下方重点列明。

一、庭前工作

（一）立卷及清点案件材料

根据卷宗材料情况对案件是否可以适用简易程序审理进行初步判断。对此，应当重点审查以下内容：

（1）起诉书左上角是否加盖"认罪认罚从宽制度简易程序"印章。

（2）起诉材料中是否包含"适用简易程序审理建议书"或者"认罪认罚具结书"。

（3）被告人的强制措施情况。

（4）被告人是否系盲、聋、哑人，或者是否系尚未完全丧失辨认或者控制自己行为能力的精神病人。

（5）涉及刑事附带民事诉讼的，卷宗材料内是否包含被害人一方与被告人达成调解或和解、获得经济赔偿或者补偿以及对被告人表示谅解的材料。

---

❶ 《中华人民共和国刑事诉讼法》第二百一十四条、第二百一十五条。

（二）送达起诉书副本

送达起诉书副本时，应当告知被告人适用简易程序的相关规定，并对被告人是否承认自己所犯罪行、对指控的犯罪事实有无异议以及是否同意适用简易程序进行重点询问。

如果案件涉及附带民事诉讼，应当向被告人核实是否已经赔偿或者是否有能力赔偿被害人一方的经济损失。

（三）涉及刑事附带民事诉讼的处理

1.卷宗内包含和解、调解或者赔偿、谅解材料

这种情况下，应当向被害人一方核实上述材料是否确系本人真实意思表示，是否系本人签字，是否已收到全部赔偿款项，已获得赔偿，以及是否确已对被告人的行为表示谅解，并将上述情况制作成电话联系笔录附卷留存。

2.被害人一方未获得（足额）赔偿或发生了新的损失

这种情况下，应当告知被害人一方有权提起刑事附带民事诉讼，并询问其是否提起刑事附带民事诉讼。如果被害人一方表示不提起刑事附带民事诉讼，应当告知其仍有权在诉讼时效内到民事审判庭另行提起民事诉讼，并将上述情况制作成电话联系笔录或者谈话笔录等书面材料附卷留存。如果被害人一方提起刑事附带民事诉讼，应当询问其是否有调解意愿及调解方案，其同意调解的，可以对当事人双方进行调解。

注意：案件符合简易程序审理条件，且被害人一方不提起刑事附带民事诉讼，或者刑事附带民事部分在简易程序审理期限内已经和解或者调解解决的，可以适用简易程序，并进行下一阶段工作流程。

（四）辩护和法律帮助

（1）被告人有辩护人的，询问辩护人是否作无罪辩护，如果作无罪辩护，则不能适用简易程序审理。

（2）被告人没有辩护人的，应当在开庭前通知值班律师为被告人提供法律帮助，并签署庭前法律帮助工作记录。❶

（五）开庭准备

（1）审判人员：适用简易程序审理的案件，对可能判处三年有期徒刑以下刑罚的，可以组成合议庭进行审判，也可以由审判员一人独任审判；对可能判处的有期

---

❶ 《中华人民共和国刑事诉讼法》第三十六条。

徒刑超过三年的，应当组成合议庭进行审判。❶在确定审判组织时，可以根据案件具体情况或者与承办人沟通后进行确定。

（2）通知诉讼参与人：可以采用简便的方式进行，送达期限不受普通程序规定的限制，但应当记录在案。

（3）公告：公开审判的案件，应当在开庭三日以前发布开庭公告。

二、开庭审判

（一）告知诉讼权利

审判人员应当询问被告人对指控的犯罪事实的意见，告知被告人适用简易程序审理的法律规定，确认被告人是否同意适用简易程序审理。❷

（二）庭审程序简化

在讯问被告人、询问证人、鉴定人、出示证据、法庭辩论程序方面，不受普通程序规定的限制，相关程序可以适当简化；经审判人员许可，被告人及其辩护人可以同公诉人、自诉人及其诉讼代理人互相辩论；在判决宣告前应当听取被告人的最后陈述意见。❸

（三）宣判

适用简易程序审理的案件，一般当庭宣判。

（四）审理期限

适用简易程序审理案件，人民法院应当在受理后二十日以内审结；对可能判处的有期徒刑超过三年的，可以延长至一个半月。❹

案件审理过程中，要时刻关注审理期限，如果需要转为普通程序审理，应当重新计算审理期限，并及时办理审批及网上填报手续。❺

注意：如果被告人仅被采取刑事拘留的强制措施，应当在刑事拘留期限内将案件审结。

三、庭后工作

适用简易程序审理的案件，庭后工作中需要重点关注被告人仅被采取刑事拘留

---

❶《中华人民共和国刑事诉讼法》第二百一十六条。
❷《中华人民共和国刑事诉讼法》第二百一十七条。
❸《中华人民共和国刑事诉讼法》第二百一十九条。
❹《中华人民共和国刑事诉讼法》第二百二十条。
❺《中华人民共和国刑事诉讼法》第二百二十一条。

的强制措施的情况下，其刑期是否在上诉期内届满以及其是否提出上诉。

（一）上诉期内刑期届满

如果被告人的刑期在上诉期内届满，则应当在刑期届满之日至看守所为被告人办理取保候审手续，并在判决生效之日为其办理解除取保候审手续。

（二）被告人提出上诉

如果被告人提出上诉，则应当在刑事拘留期满之日为其办理取保候审手续，判决生效后，如果被告人尚有余刑，应当与上级法院办理交接，将其送往看守所继续羁押服刑；如果其已经服刑完毕，应当为其办理解除取保候审手续。

第二节 刑事速裁程序工作规范

基层人民法院管辖的案件，可能判处三年有期徒刑以下刑罚，案件事实清楚，证据确实、充分，被告人认罪认罚并同意适用速裁程序的，可以适用速裁程序，由审判员一人独任审判。但被告人是盲、聋、哑人，尚未完全丧失辨认或者控制自己行为能力的精神病人，未成年人，以及被告人与被害人或者其法定代理人没有就附带民事诉讼赔偿等事项达成调解或者和解协议的，不适用速裁程序审判。人民检察院在提起公诉的时候，可以建议人民法院适用速裁程序。❶

速裁程序的各阶段工作流程与简易程序案件基本相同，几点不同之处将在下方重点列明。

一、庭前工作

（一）立卷及清点案件材料

根据卷宗材料情况对案件是否可以适用速裁程序审理进行初步判断。对此，应当重点审查以下内容：

（1）起诉书左上角是否加盖"认罪认罚从宽制度速裁程序"印章。

（2）起诉材料中是否包含"认罪认罚具结书"。

（3）被告人的强制措施情况。

（4）被告人是否系未成年人，盲、聋、哑人，或者是否系尚未完全丧失辨认或者控制自己行为能力的精神病人。

---

❶ 《中华人民共和国刑事诉讼法》第二百二十二条、第二百二十三条。

（5）涉及刑事附带民事诉讼的，卷宗材料内是否包含被告人与被害人或者其法定代理人就附带民事诉讼赔偿等事项达成调解或者和解协议材料。

（6）涉财类案件，被告人是否已经退赃退赔。

（7）被告人是否可能判处三年有期徒刑以下刑罚。

注意：注意如果起诉书左上角已经加盖"认罪认罚从宽制度速裁程序"印章，起诉材料中包含量刑建议但没有"认罪认罚具结书"的，应当联系人民检察院，询问具体情况，并要求其作出说明。

（二）送达起诉书副本

送达起诉书副本时，应当告知被告人适用速裁程序的相关规定，并对被告人是否承认自己所犯罪行、对量刑建议有无异议以及是否同意适用速裁程序进行重点询问。

如果案件涉及附带民事诉讼，应当向被告人核实其是否已经赔偿被害人一方的经济损失。

如果被告人被取保候审，应当询问其司法局是否已经对被告人进行调查核实工作及进展情况。

（三）社会调查及居住地核实

被告人被取保候审且可能适用缓刑的案件，应当审查起诉材料内是否包含社会调查或居住地核实的相关材料，如果缺少上述材料，应当及时联系人民检察院，询问其是否已经进行上述工作，已经进行的，告知其尽快移转材料；尚未进行的，应当及时向相关司法局发送社会调查函或居住地核实函，并在开庭前联系司法局确认调查核实情况。

（四）开庭准备

审判人员由审判员一人独任审判。❶

二、开庭审判

（一）告知诉讼权利

审判员应当告知被告人适用速裁程序审理及认罪认罚的法律规定，以及被告人享有的诉讼权利，审查被告人认罪认罚的自愿性和认罪认罚具结书内容的真实性、合法性，并确认被告人对指控的犯罪事实、罪名及量刑建议有无异议，是否同意适

---

❶《中华人民共和国刑事诉讼法》第二百二十二条。

用速裁程序审理。❶

（二）庭审程序简化

一般不进行法庭调查、法庭辩论，但在判决宣告前应当听取辩护人的意见和被告人的最后陈述意见。❷

（三）宣判

适用速裁程序审理的案件，应当当庭宣判。❸

（四）审理期限

适用速裁程序审理案件，人民法院应当在受理后十日以内审结；对可能判处的有期徒刑超过一年的，可以延长至十五日。❹

注意：在审理过程中，发现有被告人的行为不构成犯罪或者不应当追究其刑事责任、被告人违背意愿认罪认罚、被告人否认指控的犯罪事实或者其他不宜适用速裁程序审理的情形的，应当按照普通程序或者简易程序的规定重新审理。❺

第三节　自诉案件的第一审程序工作规范

自诉案件包括：告诉才处理的案件；被害人有证据证明的轻微刑事案件；被害人有证据证明对被告人侵犯自己人身、财产权利的行为应当依法追究刑事责任，而公安机关或者人民检察院不予追究被告人刑事责任的案件。❻

自诉案件的各阶段工作流程与公诉案件基本相同，几点不同之处将在下方重点列明。

一、庭前工作

（一）立卷

填写卷皮时应当注意，自诉案件的当事人为自诉人和被告人，而不是公诉机关和被告人。

---

❶ 《中华人民共和国刑事诉讼法》第一百九十条。
❷ 《中华人民共和国刑事诉讼法》第二百二十四条。
❸ 《中华人民共和国刑事诉讼法》第二百二十四条。
❹ 《中华人民共和国刑事诉讼法》第二百二十五条。
❺ 《中华人民共和国刑事诉讼法》第二百二十六条。
❻ 《中华人民共和国刑事诉讼法》第二百一十条。

（二）送达、取保候审及告知诉讼权利

按照自诉状中的被告人联系方式联络被告人，与其约定好到法院向其送达自诉状的时间，同时告知其需要一名适格的保证人与其一同到法院，为其办理取保候审手续。

送达自诉状时，告知被告人有权委托辩护人及提起反诉等相关诉讼权利。

（三）反诉

如果被告人提起反诉，应当按照上述程序，将反诉状及时送达自诉人，并告知其相关诉讼权利，为其办理取保候审手续。❶

（四）约谈双方当事人

对于告诉才处理的案件及被害人有证据证明的轻微刑事案件，可以在开庭前约谈双方当事人，询问是否有调解意愿及调解方案，开展调解工作，或者向其释明其他解决方式。❷

对于缺乏罪证、自诉人提不出补充证据的案件，应当说服自诉人撤回起诉，或者裁定驳回。❸

二、开庭审判

如果自诉人撤诉或者案件调解、和解解决，则没有庭审环节，反之，则需要开庭审理。

（一）按撤诉处理

自诉人经两次依法传唤，无正当理由拒不到庭的，或者未经法庭许可中途退庭的，按撤诉处理。❹

（二）庭审程序

法庭审理过程中，依次核实自诉人及被告人的身份情况；检察院的起诉书变更为自诉状，公诉人宣读起诉书变更为自诉人宣读自诉状；被告人陈述完案件情况后，自诉人可针对被告人的陈述发表意见，互相发问，法庭询问；双方举证质证，由自诉人举证证实被告人构成犯罪。审判人员对证据有疑问，需要调查核实的，可以宣布休庭，对证据进行调查核实，适用公诉案件的相关规定。❺

---

❶ 《中华人民共和国刑事诉讼法》第二百一十三条。
❷ 《中华人民共和国刑事诉讼法》第二百一十二条。
❸ 《中华人民共和国刑事诉讼法》第二百一十条。
❹ 《中华人民共和国刑事诉讼法》第二百一十条。
❺ 《中华人民共和国刑事诉讼法》第二百一十条。

（三）和解和撤诉

自诉人在宣告判决前，可以同被告人自行和解或者撤回自诉。❶

（四）审理期限

人民法院审理自诉案件的期限，被告人被羁押的，适用公诉案件的规定；未被羁押的，应当在受理后六个月以内宣判。❷

第四节　未成年人刑事案件诉讼程序工作规范

审理未成年人刑事案件，应当贯彻教育、感化、挽救的方针，坚持教育为主、惩罚为辅的原则，加强对未成年人的特殊保护。❸

犯罪的时候不满十八周岁，被判处五年有期徒刑以下刑罚的，应当对相关犯罪记录予以封存。❹

未成年人案件诉讼程序的各阶段流程与成年人案件诉讼程序基本相同，几点特殊之处将在下方重点列明。

一、庭前工作

（一）立卷及清点案件材料

应当着重审查卷宗材料中是否包含对人民检察院移送的关于未成年被告人性格特点、家庭情况、社会交往、成长经历、犯罪原因、犯罪前后的表现、监护教育等情况的调查报告，或者辩护人提交的反映未成年被告人上述情况的书面材料，如果包含上述材料，应当附卷留存；如果欠缺上述材料，应当联系人民检察院，询问具体情况，必要时可以委托未成年被告人居住地的县级司法行政机关、共青团组织以及其他社会团体组织对未成年被告人的上述情况进行调查，或者自行调查。❺

（二）送达起诉书副本

向未成年被告人送达起诉书副本时，应当向其讲明被指控的罪行和有关法律规定，并告知其审判程序和诉讼权利、义务。

---

❶ 《中华人民共和国刑事诉讼法》第二百一十二条。
❷ 《中华人民共和国刑事诉讼法》第二百一十二条。
❸ 《最高人民法院关于适用〈中华人民共和国刑事诉讼法〉的解释》第四百五十九条。
❹ 《中华人民共和国刑事诉讼法》第二百八十六条。
❺ 《最高人民法院关于适用〈中华人民共和国刑事诉讼法〉的解释》第四百七十六条。

（三）法律援助

未成年被告人没有委托辩护人的，应当通知法律援助机构指派律师为其提供辩护。❶

未成年被害人及其法定代理人因经济困难或者其他原因没有委托诉讼代理人的，应当帮助其申请法律援助。❷

（四）开庭准备

（1）适用程序：如果决定适用简易程序审理，应当征求未成年被告人及其法定代理人、辩护人的意见，如果上述人员提出异议，不得适用简易程序；❸被告人是未成年人的，不得适用速裁程序审理。

（2）审判人员：应当由熟悉未成年人身心特点、善于做未成年人思想教育工作的审判人员进行审理；人民陪审员方面，一般由熟悉未成年人身心特点，热心教育、感化、挽救失足未成年人工作，并经过必要培训的共青团、妇联、工会、学校、未成年人保护组织等单位的工作人员或者有关单位的退休人员担任。❹

（3）通知诉讼参与人：在讯问和开庭时，应当通知未成年被告人的法定代理人到场，如果法定代理人无法通知、不能到场或者是共犯，也可以通知未成年被告人的其他成年亲属、所在学校、单位、居住地的基层组织或者未成年人保护组织的代表到场，并将有关情况记录在案；如果需要询问未成年被害人、证人，仍应当按照上述程序通知相关人员到场。被告人实施犯罪时不满十八周岁、开庭时已满十八周岁、不满二十周岁的，开庭时一般应当通知其近亲属到庭，如果近亲属无法通知、不能到场或者是共犯，应当记录在案。❺

（4）旁听人员：开庭审理时被告人不满十八周岁的案件，一律不公开审理。经未成年被告人及其法定代理人同意，未成年被告人所在学校和未成年人保护组织可以派代表到场，到场代表的人数和范围，由法庭决定。对依法公开审理，但可能需要封存犯罪记录的案件，不得组织人员旁听。❻

（5）席位设置：应当在辩护台靠近旁听区一侧为未成年被告人的法定代理人或者其他成年亲属、所在学校、单位、居住地的基层组织或者未成年人保护组织的代表设置席位。❼

---

❶ 《最高人民法院关于适用〈中华人民共和国刑事诉讼法〉的解释》第四百七十二条。
❷ 《最高人民法院关于适用〈中华人民共和国刑事诉讼法〉的解释》第四百七十三条。
❸ 《最高人民法院关于适用〈中华人民共和国刑事诉讼法〉的解释》第四百七十四条。
❹ 《最高人民法院关于适用〈中华人民共和国刑事诉讼法〉的解释》第四百六十一条。
❺ 《最高人民法院关于适用〈中华人民共和国刑事诉讼法〉的解释》第四百六十六条、第四百七十五条。
❻ 《最高人民法院关于适用〈中华人民共和国刑事诉讼法〉的解释》第四百六十七条。
❼ 《最高人民法院关于适用〈中华人民共和国刑事诉讼法〉的解释》第四百七十九条。

二、开庭审判

（一）戒具使用

在法庭上不得对未成年被告人使用戒具，但被告人人身危险性大，可能妨碍庭审活动的除外；如果必须使用戒具，在现实危险消除后，应当立即停止使用。❶

（二）法定代理人和近亲属的权利

到场的法定代理人可以代为行使未成年被告人的诉讼权利；未成年被告人最后陈述后，法庭应当询问其法定代理人是否补充陈述；到场的法定代理人或者其他人员认为相关人员在审判中侵犯未成年人合法权益的，可以提出意见，法庭笔录应当交给到场的法定代理人或者其他人员阅读或者向他宣读；近亲属经法庭同意可以发表意见。❷

（三）未成年被害人、证人出庭

如果确有必要通知未成年被害人、证人出庭作证，应当根据案件情况采取相应的保护措施，若有条件可以采取视频等方式对其陈述、证言进行质证。❸

（四）法庭教育

法庭辩论结束后，法庭可以根据案件情况，对未成年被告人进行教育；判决未成年被告人有罪的，宣判后，应当对未成年被告人进行教育。对未成年被告人进行教育，可以邀请诉讼参与人或者未成年被告人的其他成年亲属、代表以及社会调查员、心理咨询师等参加。❹

（五）宣判

宣判应当公开进行，但不得采取召开大会等形式。对依法应当封存犯罪记录的案件，宣判时不得组织人员旁听；如果有旁听人员，应当告知其不得传播案件信息。对定期宣判的案件，如果未成年被告人的法定代理人无法通知、不能到庭或者是共犯，法庭可以通知其他成年亲属、代表到庭，并在宣判后向未成年被告人的成年亲属送达判决书。❺

（六）会见

开庭前和休庭时，法庭可以根据情况安排未成年被告人与其法定代理人或者其

---

❶ 《最高人民法院关于适用〈中华人民共和国刑事诉讼法〉的解释》第四百八十条。
❷ 《中华人民共和国刑事诉讼法》第二百八十一条。
❸ 《最高人民法院关于适用〈中华人民共和国刑事诉讼法〉的解释》第四百六十八条。
❹ 《最高人民法院关于适用〈中华人民共和国刑事诉讼法〉的解释》第四百八十五条。
❺ 《最高人民法院关于适用〈中华人民共和国刑事诉讼法〉的解释》第四百八十七条、第四百八十八条。

他成年亲属、代表会见。❶

三、庭后工作

（一）心理辅导

人民法院根据情况，可以对未成年被告人进行心理疏导；经未成年被告人及其法定代理人同意，也可以对未成年被告人进行心理测评。❷

（二）犯罪记录封存

犯罪的时候不满十八周岁，被判处五年有期徒刑以下刑罚以及免除刑事处罚的，应当对相关犯罪记录予以封存，并在判决书上加盖封存印章。犯罪记录被封存的，不得向任何单位和个人提供。但是，如果司法机关或者有关单位向人民法院申请查询封存的犯罪记录，应当提供查询的理由和依据，对查询申请，人民法院应当及时作出是否同意的决定。依法进行查询的单位，应当对被封存的犯罪记录的情况予以保密。❸

在审理被告人或者被害人是未成年人的刑事案件时，不得向外界披露该未成年人的姓名、住所、照片以及可能推断出该未成年人身份的其他资料。查阅、摘抄、复制的未成年人刑事案件的案卷材料，不得公开和传播。❹

（三）交付执行

将未成年罪犯送监执行刑罚或者送交社区矫正时，应当将有关未成年罪犯的调查报告及其在案件审理中的表现材料，连同有关法律文书，一并送达执行机关。❺

必要时，人民法院可以督促被收监服刑的未成年罪犯的父母或者其他监护人及时探视。❻

---

❶《最高人民法院关于适用〈中华人民共和国刑事诉讼法〉的解释》第四百七十八条。
❷《最高人民法院关于适用〈中华人民共和国刑事诉讼法〉的解释》第四百七十七条。
❸《中华人民共和国刑事诉讼法》第二百八十六条、《最高人民法院关于适用〈中华人民共和国刑事诉讼法〉的解释》第四百九十条。
❹《最高人民法院关于适用〈中华人民共和国刑事诉讼法〉的解释》第四百六十九条。
❺《最高人民法院关于适用〈中华人民共和国刑事诉讼法〉的解释》第四百八十九条。
❻《最高人民法院关于适用〈中华人民共和国刑事诉讼法〉的解释》第四百九十二条。

第十章　刑事诉讼案卷的整理与归档

第一节　人民法院刑事案卷整理与归档

卷宗的立卷和归档是案件审结后的重要工作，一个刑事诉讼案件从立案侦查、审查起诉到人民法院审理宣判、裁判生效，必然有众多文字材料、视听资料、光盘、赃证物等案卷资料，将案件材料整理、归档是刑事案件终结的最后一步，也是关键一步。卷宗材料记录着一个刑事诉讼案件的全过程，归档保存不仅有利于案件评审、其他办案参考、法学研究，更反映了法院贯彻执行党的路线、方针、政策和国家法律、法令的情况，是人民法院进行审判活动的重要依据和必要条件。书记员须在案件终结后及时立卷、整理、归档。

一、人民法院刑事诉讼文书立卷归档原则

人民法院刑事诉讼文书立卷归档的依据主要有《人民法院诉讼文书立卷归档办法》《人民法院诉讼文书材料立卷归档办法》《人民法院诉讼档案管理办法》，要求各级人民法院必须严格按照诉讼文书立卷的要求，做好立卷归档工作。立卷归档基本原则是按年度、审级、一案一号、单独立卷，内容书写、签发要求必须用毛笔或钢笔，负责整理立卷归档人员是经办案件的书记员，案件主要承办人须在归档前对案卷材料的完整性、正确性等进行质量检查。

二、案卷的接收和整理

案卷的接收和整理主要是指立案后收集的案卷材料，起诉材料的接收是一个刑事案件的开始，要认真检查收案材料、预审卷宗册数，发现材料缺失的应及时补齐。刑事一审案件立案材料主要包括立案审批表、起诉书、证据目录、量刑建议书、赃证物移送单据以及换押手续等。收案后书记员应第一时间将材料入卷，书写

卷皮、一案一号、一案一卷、单独立卷，每个案卷材料须用捆卷绳单独捆绑，将所有材料放入捆卷绳之内，切勿单独放置案卷表面，以防材料丢失或与其他案卷混淆。对于收案时的案款票据等零散材料，应及时粘贴在专用 A4 纸上。整理案卷收案材料，是一个案件审判阶段的正式开始。

三、卷内诉讼材料的排列和装订

诉讼材料排列的总体要求是按照诉讼程序的客观进程形成文书的时间自然顺序进行排列，此种排列顺序也反映了案件审判程序。"一案一卷"中的"一卷"包括正卷和副卷，正卷和副卷的区分主要是有利于诉讼材料保密与公开的区分。

（一）正卷排列顺序

依据《人民法院诉讼文书立卷归档办法》和各地法院的审判实践，刑事一审案件的正卷排列顺序一般为：卷宗目录—立案信息表—结案信息表—收案笔录—起诉书（起诉书正本、附带民事起诉书）—送达起诉书副本笔录—委托律师材料（含聘请律师和指定辩护人，包括律师事务所所函、委托书、律师本复印件）—取保候审材料（取保候审决定书、保外就医决定书、保证书、身份证复印件）—缓刑调查函—逮捕手续（逮捕决定书、逮捕证、家属通知书）—简易函—补充侦查材料（建议补充侦查函、延期审理建议、延审决定书）—谈话笔录—出庭通知书（传票）—开庭公告—庭前工作笔录—庭审笔录（公诉词、辩护词、证人证词、被告人陈述词）—证据材料—辩护词—判决书、裁定书（刑事附带民事部分的调解书、协议书、裁定书）—宣判公告—宣判笔录（委托宣判函及宣判笔录）—送达回证（邮寄单）—司法建议书—提押票（提押票、换押证）—抗诉书—上诉移送函—二审法院退卷函—二审法院裁判文书—解除取保候审材料—执行（执行通知书、社区矫正告知书、发还收据、罚金单据、执行回执）—赃物、证物移送清单及处理手续材料—工作说明—备考表—证物袋—庭审光盘。

在整理排序的同时检查需要签字的诉讼材料是否均已签字，如庭前工作笔录、庭审笔录、备考表均需要书记员、承办法官签字。

（二）副卷排列顺序

对于一些不宜对外公开的诉讼材料均应放入副卷，一般排列顺序为：卷宗目录—大要案—逮捕手续—申请延审表—审理报告—合议笔录（须经签字）—汇报笔录（向院长、上级法院、审委会汇报）—工作说明—审委会决定书—量刑表—判决书、裁定书（裁判文书原本，须在落款处签字）—审判监督材料—备考表。以及其

他不宜对外公开的诉讼材料。 ❶

对于诉讼材料是否对外公开、是否放入副卷，书记员若把握不准确，应询问承办法官，不可根据"感觉"判断。

（三）需要注意的问题

排序后编写页码使用阿拉伯数字，书写于诉讼材料的右上角，不得重复、跳页，编页时需注意纸张正反面，反面有内容的也需编页。

每卷 200 张左右，厚度以不超过 15 mm 为宜，过多时应按形成的顺序分册订卷。

卷宗中金属物应去除，特别是订书钉，以防生锈后污染诉讼材料。

超过 A4 纸张大小的诉讼材料应以 A4 纸张为标准进行折叠，小于 A4 纸张的材料应粘贴于 A4 纸张之上再入卷。

装订前检查材料内容是否完整及页码顺序，填写目录，以材料的左侧、下面整齐为标准，用线绳三孔一线装订成册，长度以 160 mm 左右为宜。目前各级法院已有装订机器，大大提高了装订效率。

对于铅笔书写、易褪色的、不宜长期保存的材料，应进行复印，和原件一并入卷保存。

对于审结案件的预审卷宗，应根据办案机关分类入柜、入箱，如派出所、预审大队、监察机关、检察院、交通支队等，并在预审卷宗中放置一份判决书副本。

整理卷宗应注意保守审判秘密，不得将诉讼材料随意丢弃，特别是带有当事人、承办人签字的材料以及盖有公章的诉讼材料，如有多余应用碎纸机销毁，不得将卷宗带出，不能给无关人员查阅、复制。

四、归档与保管

书记员卷宗装订完毕后，承办法官检查材料是否齐全、整理是否规范，符合归档要求后将卷宗进行归档。书记员应与案件审结后 3 个月内将卷宗移交档案管理部门，对于不能按期归档的，应说明原因。送交档案管理部门前，应在审判系统完善归档信息，填写立卷人、归档人、归档时间、保管期限、光盘数量、无光盘原因、案卷册数等。此外，还应制作归档案卷列表，注明案号、被告人、卷宗册数、承办人、归档时间等，由档案接收部门清点后签收。

关于保管期限，诉讼档案的保管期限可分为永久、长期和短期三种，根据案

---

❶ 《人民法院诉讼文书立卷归档办法》第二十一条。

件特点及审判活动，需要长远利用的诉讼档案为永久保管；在相当长的时期内需要查考使用的诉讼档案长期保管，长期保管时间60年；在相对较短时期内需要查考利用的诉讼档案为短期保管，保管时间为30年。审判实践中一般根据案件疑难、复杂程度、对被告人判处的刑期、案件研究价值等方面划分保管期限。

第二节　人民检察院刑事案卷整理与归档

人民检察院案卷归档依据主要是最高人民检察院、国家档案局印发《人民检察院诉讼档案管理办法》《人民检察院诉讼文书立卷归档办法》《关于人民检察院诉讼档案保管期限的规定》。人民检察院的诉讼档案是检察活动的真实记录，是案卷查考、办案参考的重要依据和凭证，是做好检察工作的必要条件。

一、材料的接收与移交

（一）材料接收

材料接收主要是指公安机关移交的案件材料，一般是指预审卷宗，应先清点册数及页码，是否齐全、完整，是否符合要求，如有遗漏或不符合要求的，应要求一次补全。接收后分类立卷处理，根据检察院工作职能，一般分为侦查、审判监督的刑事卷宗、直接受理立案侦查的刑事案卷、控告申诉案卷。案件管理部门统一收取材料后根据案件性质分发给不同部门各个案件承办人，分案前卷宗集中统一管理，特别是光盘、移动硬盘、录影带等视听资料应当注明案号、随案保管、随案移送，保证诉讼材料的完整与安全。

（二）材料移交

材料移交主要是指将案卷材料移交人民法院，一般起诉书、证据目录、量刑意见及预审卷宗等，应当制作送达回证，逐一列明卷宗材料及份数，由法院接收人员签字后留卷。

（三）材料接收与移交注意事项

（1）签字确认材料时，应当同时签署接收或送达时间。

（2）案件管理部门接收、移交材料应当及时分发给案件承办人，承办检察官书记员及时将材料、送达回证入卷保管。

（3）当事人申请检察院监督的材料，清点后单独立卷成册，避免与公安卷宗等其他材料混乱。

（4）应当有保密意识，材料接收和移交过程中严格执行保密规定。

二、卷宗整理

（一）必须保存的材料

在办理案件过程中形成的文书材料应妥善保管，下列文书材料必须保存：法律文书、领导批示文稿、请示、报告、讨论案件记录、证据材料、赃款赃物清单、移送材料收据等。办案材料应当及时入卷，不得混放。

（二）卷宗整理注意事项

（1）书写卷皮，首页卷内目录，末页为备考表。卷内材料应在右上角逐页编号，注意背面有文字的也应当编页。卷皮应填写准确、完整。

（2）为保证材料的长期保存，案卷材料中的金属物应予以拆除。

（3）每册案卷材料不超过 200 页，多余材料可另立一册，分卷时每册都应从"1"开始编写，不得延续编号，并在卷皮标注分卷顺序。

（4）整理顺序后，由承办人检查材料是否合格，再进行装订。

（5）书写卷皮、目录、页码等应当用使用钢笔、毛笔或签字笔书写，保证字体能够长期保存、不易褪色。

重点提示：卷宗整理应注重细节，耐心细致，一个完整刑事案件卷宗的整理能帮助理清办案思路，学习办案理论知识，迅速提升工作技能、总结工作经验。看似简单的整卷工作，也是提升书记员工作能力的重要途径，应当予以重视。

三、材料顺序

检察院卷宗种类多，主要有初查卷宗、侦查卷、批捕卷、起诉卷、提请抗诉卷、申诉卷宗、刑事赔偿卷等，各类卷宗内部又有细分。根据《人民检察院诉讼文书立卷归档办法》，卷内材料整理应当按照实际办案程序依次排列。本文仅针对常用卷宗的顺序予以说明，同类案件卷宗材料的整理可参考以下顺序。

（一）侦查审判监督的刑事案卷

1.检察卷

检察卷包括文书：（1）起诉书；（2）检察机关认定或补充新事实的证据；（3）赃证物移送手续；（4）已处理的共同犯罪案件文书。

2.审查批捕材料

人民检察院审查公安机关提请批捕形成的材料，按下列顺序排列：

（1）公安机关提请批准逮捕书；

（2）阅卷笔录（主要证据摘录）；

（3）参与公安机关侦查相关记录；

（4）提押材料；

（5）讯问被告人笔录；

（6）询问通知书；

（7）询问证人笔录；

（8）审查逮捕人犯表；

（9）主管检察长意见；

（10）检察委员会讨论记录；

（11）退回补充侦查相关材料；

（12）提请逮捕人犯建议书；

（13）向上级检察院的请示与批发；

（14）批准逮捕决定书；

（15）送达回证；

（16）公安机关提请延长羁押期限意见书；

（17）下级检察院提请批准延长羁押期限报告书；

（18）上级检察院批准或不批准延长羁押期限决定书；

（19）撤销逮捕决定书及说明；

（20）上级检察院意见；

（21）公安机关撤回提请批准逮捕书；

（22）向公安机关提出纠正违法通知书及公安机关的答复；

（23）检察建议书及有关单位的回复材料；

（24）其他材料。

3. 审查不批准逮捕材料

人民检察院对于公安机关提请批捕手续进行审查后，依法认为不应当对犯罪嫌疑人进行批捕，需向提请的公安机关下达不批捕决定书及相关材料。不批准逮捕的材料按如下顺序排列：

（1）公安机关提请批准逮捕书；

（2）阅卷笔录（主要证据摘录）；

（3）参与公安机关侦查相关记录；

（4）提押材料—讯问被告人笔录；

（5）不批准逮捕决定书；

（6）公安机关提请复议材料；

（7）主管检察长意见；

（8）检察委员会研究复议案件会议记录；

（9）复议决定书；

（10）公安机关提请上级检察院复核意见书；

（11）上级检察院答复相关材料—案件复议中形成的其他材料。

4. 审查起诉卷

公安机关对于案件侦查结束后，会就该案向人民检察院提起审查起诉，提交起诉意见书及相关证据材料。人民检察院对公安机关提交的材料依法审查，形成的材料按下列顺序排列：

（1）公安机关起诉意见书或免于起诉意见书；

（2）向上级检察院报送案件的相关材料；

（3）向下级检察院交办案件材料；

（4）阅卷笔录（主要证据摘录）；

（5）参加公安机关侦查相关记录；

（6）提押材料；

（7）讯问被告人笔录；

（8）询问证人材料；

（9）勘验、鉴定相关材料及复核记录；

（10）主管检察长意见；

（11）检察委员会案件研究记录；

（12）退回补充侦查相关材料；

（14）延长办案期限材料；

（15）案件审查终结报告；

（16）向公安机关提出纠正违法通知书及公安机关的答复；

（17）向上级检察院的请示与批复；

（18）公安机关补充起诉意见书；

（19）移送起诉被告建议书；

（20）起诉书；

（21）赃证物清单；

（22）送达回证；

（23）法院退补侦查决定书及补侦提纲；

（24）检察院补充侦查材料；

（25）改变原处理决定材料、撤回起诉书；

（26）法院开庭通知书；

（27）公诉意见书；

（28）辩论意见材料；

（29）出庭笔录；

（30）向法院发送纠正违法通知书及回复材料；

（31）一审裁判文书；

（32）裁判文书审查表；

（33）上诉、抗诉相关材料；

（34）二审裁判文书；

（35）上级检察院撤销抗诉决定书

（36）执行死刑通知书；

（37）死刑临场监督笔录；

（38）检察建议书及回复材料；

（39）其他材料。

（二）检察院直接受理立案侦查的刑事案件卷宗

1. 控告、检举材料

卷宗的第一部分，将有关控告、检举的材料都放在第一部分。

2. 法律手续

第二部分是法律手续，包括：

（1）立案决定书；

（2）申请回避材料；

（3）传讯通知书；

（4）拘传证；

（5）拘留人犯通知书书、拘留证；

（6）逮捕通知书、逮捕证；

（7）被拘留、逮捕人员家属通知书及回执；

（8）释放通知书及回执；

（9）取保候审、监视居住相关材料；

（10）批准或不批准延长羁押期限材料；

（11）查询、查封银行账户相关材料；

（12）搜查证、搜查笔录、扣押手续；

（13）提押证；

（14）勘验检查材料；

（15）聘请书；

（16）没收决定书；

（17）起诉书、撤回起诉决定书、免于起诉决定书、撤销免予起诉决定书、不起诉决定书、撤销案件决定书。

3. 证据材料

第三分部分是证据部分，包括：最后一次综合讯问被告人笔录—讯问被告人笔录（以时间顺序）—被害人陈述—证人证言—相关书证—勘验检查材料—鉴定结果—其他材料。对于同种证据的排序，以主要证据排列在前为原则，对定罪量刑起主要作用的证据材料在前；多种罪行的案件，证明主要罪行的证据在前，辅助证据在后；除对被告人的讯问笔录外，其他询问笔录以时间顺序排序。多个被告人的案件，按照各被告人在实施犯罪中的主次地位排列。

4. 检察内卷

第四部分是检察内卷，包括：受理案件登记表—立案请示报告—立案决定书—强制措施的请示报告、审批材料—立案前被告供述及亲笔供词、调查笔录—证据材料摘录—侦查终结报告书—主管检察长意见—科（处）及检察委员会研究案件记录—案件相关请示、汇报及批示—案件处理结果材料（起诉书、免予起诉决定书、不起诉决定书、撤销案件决定书、撤销免予起诉决定书）—检察建议书—其他案件相关材料。

（三）控告申诉案卷

检察长或上级机关交办案件的批示—来信来访登记表—控告申诉当事人提交相关材料—来访接谈笔录—阅卷笔录—案件查证材料—汇报案件记录—调查结案报告—处理决定—其他应入卷的材料。

重点提示：（1）卷宗整理是案件办理的最后步骤，应细致、及时，不能拖沓，确保重要资料的完整和规范。(2) 卷皮要填写完整,卷内目录要详细,备考表填写规范,立卷人、检查人及时间应准确记录,无法在卷中显示的问题要在备考表中说明。(3) 对被告认讯问同步录音录像等视听资料,应分案装袋保存,与案卷材料同步归档。

四、归档

归档前,其他检察院、公安机关、法院借调案件卷宗的,经承办检察官同意后,应收取正式函件,如介绍信、来人工作证原件及复印件等。办理出借手续,应当详细登记出借材料,调卷人信息及联系方式、预计归还时间等,并告知不得对材料进行涂改、抽换、污损等,如到期未归还的应当及时联系要求按期归还。归还案件材料的应当清点是否完整。

归档前应当再次检查材料的完整性,是否有破损、褪色、字迹模糊等现行,及时修补、复印、扫描或采取其他技术手段。归档必须按照年度、程序、案号的原则。转交档案部门时应当制作移交目录一式二份,一份由档案部门签字后承办人留存,一份随卷移交档案部门。

根据案件的性质、情节、刑期、社会影响、史料价值等因素确定档案的保管期限,一般分为永久、长期(60 年)、短期(一般为 20 年至 30 年)。

重点提示:归档后多余材料由承办检察官检查后,确认没有保存价值的材料,如重复性材料、文书校对稿等,应统一集中销毁,不得将多余材料随意丢弃。

第三节　律师刑事业务案卷的整理与归档

一、档案的接收和整理

(一)档案的接收

律师刑事业务档案由律师事务所档案管理人员接收。接收时,档案管理人员应按照《律师业务档案立卷归档办法》的要求,检查案卷质量,并按规定办理归档手续,在案卷封面左上角应加盖"归档"章。

(二)档案的整理

对已接收的刑事案卷,按类别、保管期限、年度顺序排列编号,绝密案卷单独编号。十年为一断号。同一案件由于审级改变或其他原因形成几个案号的案卷，应合并保管，合并保管原则是按时间顺序形成的后卷随前卷保管。

二、律师刑事案件立卷归档办法

（一）相关材料的收集

律师应在刑事案件办理完毕后，即全面整理、检查办理该案件的全部文书材料，要补齐遗漏的材料，去掉不必立卷归档的材料。在立卷归档过程中，内容相同的文字材料一般只存一份，但有领导同志批示的材料除外。对已提交给人民法院、人民检察院的证据材料，承办律师应将其副本或复印件入卷归档。

（二）相关材料的剔除

在立卷归档时，应当剔除的材料有：（1）委托律师办理法律事务前有关询问如何办理委托手续的信件、电文、电话记录、谈话记录以及复函等；（2）没有参考价值的信封；（3）其他律师事务所（法律顾问处）委托代查的有关证明材料的草稿；（4）未经签发的文电草稿，历次修改草稿（定稿除外）。

三、卷内诉讼材料的排列和装订

（一）卷内诉讼材料的排列顺序

刑事案卷内档案材料应按照诉讼程序的客观进程或时间顺序排列，具体顺序为：（1）委托协议和律师事务所批办单；（2）收费凭证；（3）委托书或指定书；（4）阅卷笔录；（5）会见被告人、委托人、证人笔录；（6）调查材料；（7）承办人提出的辩护或代理意见；（8）集体讨论记录；（9）起诉书、上诉书；（10）辩护词或代理词；（11）出庭通知书；（12）裁定书、判决书；（13）上诉书、抗诉书；（14）办案小结。

（二）立卷编目和装订

律师刑事业务档案应按照案卷封面、卷内目录、案卷材料、备考表、卷底的顺序排列。档案一律使用阿拉伯数字逐页编号，两面有字的要两面编页号。页号位置正面在右上角，背面在左上角（无字页面不编号）。立卷人用钢笔或毛笔逐页填写案卷封面，或者打印案卷封面；填写卷内目录，内容要整齐，字迹要工整。有关卷内文书材料的说明材料，应逐项填写在备考表内。

律师刑事业务文书材料装订前要进一步整理。对破损的材料要修补或复制，复制件放在原件后面。对字迹难以辨认的材料应当附上抄件。主要外文材料要翻译成中文附后。卷面为 16 开，窄于或小于卷面的材料，要用纸张加衬底；大于卷面的材料，要按卷面大小折叠整齐。需附卷的信封要打开平放，邮票不要揭掉。文书材料上的金属物要全部剔除干净。

案卷装订一律使用棉线绳，三孔钉牢。在线绳活结处须贴上律师事务所封签，并在骑缝线上加盖立卷入的姓名章，或者使用专门制作的档案资料夹装订。

四、归档与保管

律师刑事业务文书材料应在结案或事务办结后 3 个月内整理立卷。装订成册后由承办人根据司法部、国家档案局制定的《律师业务档案管理办法》的有关规定提出保管期限，经律师事务所主任审阅盖章后，移交档案管理人员，并办理移交手续。随卷归档的录音带、录像带等声像档案，应在每盘磁带上注明当事人的姓名、内容、档案编号、录制人、录制时间等，逐盘登记造册归档。对不能附卷归档的实物证据，承办律师可将其照片及证物的名称、数量、规格、特征、保管处所、质量检查证明等记载或留存附卷后，分别保管。

第十一章　刑事诉讼庭审工作示范及训练案例

第一节　刑事诉讼庭前准备工作示范

对于决定开庭审理的案件，承办案件的审判员或合议庭成员应当根据《刑事诉讼法》及其司法解释的规定，做好开庭前工作。具体包括事务性准备工作、变更强制措施、保障被告人辩护权、证人、鉴定人、被害人出庭通知、起诉书副本送达等程序性事项。

一、刑事案件的庭前准备工作示范

（一）被告人李某某盗窃案情

公诉机关：北京市 F 区人民检察院

被告人李某某，男，19×× 年 ×× 月 ×× 日出生于 S 省，汉族，小学文化，农民，户籍地 S 省 N 县 ×× 镇 ×× 村 6 组 18 号。因涉嫌盗窃罪于 2019 年 3 月 7 日被羁押，同年 4 月 12 日被逮捕，现押于北京市 F 区看守所。

北京市 F 区人民检察院以京 F 检公诉刑诉〔2019〕1000 起诉书指控：2019 年 2 月 16 日 16 时许，被告人李某某在本市 F 区王某某小区，趁无人之时，入户窃取被害人潘某苹果手机 1 部，经鉴定价值人民币 1000 元。李某某在审查起诉阶段表示认罪，检察院建议适用简易程序审理。

（2019）6 月 21 日，北京市 F 区人民检察院案件管理部门向 F 区人民法院立案庭移送被告人李某某盗窃案预审卷宗、起诉书。F 区人民法院立案庭进行审查后立案，并将案件的预审卷宗、起诉书、立案登记表移交刑事审判庭。

刑事审判庭收案后将案件分给甲法官审理。甲法官将案件交给法官助理乙书记员处理庭前准备工作。

（二）庭前准备工作的内容

乙书记员开展了以下工作并向甲法官反馈，称完成了庭前准备工作：

（1）撰写卷皮；

（2）6 月 22 日向被告人送达起诉书副本，送达时李某某表示他从来没有到过王某某小区；

（3）李某某自己没钱聘请律师，而且也不相信律师的能力，要求自己辩护；

（4）乙书记员将庭审安排在 6 月 26 日，6 月 24 日将庭审时间通知了检察院。

（5）将提押被告人的手续送交了法警大队。

【问题】乙书记员开展的庭前准备工作存在哪些重大失误？

二、对庭前准备工作的评述

（一）本案处理庭前准备工作中存在的失误

（1）适用程序错误。本案被告人对起诉书指控的事实提出异议，不符合简易程序适用条件。

（2）送达程序不规范。未在开庭三日以前向人民检察院送达出庭通知。

（3）遗漏关键程序。未在开庭三日以前先期公布案由、被告人姓名、开庭时间和地点。

（4）未保障被告人的辩护权利。犯罪嫌疑人、被告人因经济困难或者其他原因没有委托辩护人的，本人及其近亲属可以向法律援助机构提出申请。对符合法律援助条件的，法律援助机构应当指派律师为其提供辩护。本案乙书记员未告知被告人享有此项诉讼权利。

（二）刑事诉讼法法律规定

【开庭前的准备】第一百八十七条，人民法院决定开庭审判后，应当确定合议庭的组成人员，将人民检察院的起诉书副本至迟在开庭十日以前送达被告人及其辩护人。

在开庭以前，审判人员可以召集公诉人、当事人和辩护人、诉讼代理人，对回避、出庭证人名单、非法证据排除等与审判相关的问题，了解情况，听取意见。

人民法院确定开庭日期后，应当将开庭的时间、地点通知人民检察院，传唤当事人，通知辩护人、诉讼代理人、证人、鉴定人和翻译人员，传票和通知书至迟在开庭三日以前送达。公开审判的案件，应当在开庭三日以前先期公布案由、被告人姓名、开庭时间和地点。

上述活动情形应当写入笔录，由审判人员和书记员签名。

【委托辩护的时间】第三十四条，犯罪嫌疑人自被侦查机关第一次讯问或者采取强制措施之日起，有权委托辩护人；在侦查期间，只能委托律师作为辩护人。被告人有权随时委托辩护人。

侦查机关在第一次讯问犯罪嫌疑人或者对犯罪嫌疑人采取强制措施的时候，应当告知犯罪嫌疑人有权委托辩护人。人民检察院自收到移送审查起诉的案件材料之日起三日以内，应当告知犯罪嫌疑人有权委托辩护人。人民法院自受理案件之日起三日以内，应当告知被告人有权委托辩护人。犯罪嫌疑人、被告人在押期间要求委托辩护人的，人民法院、人民检察院和公安机关应当及时转达其要求。

【委托辩护的形式】犯罪嫌疑人、被告人在押的，也可以由其监护人、近亲属代为委托辩护人。

【辩护人的告知义务】辩护人接受犯罪嫌疑人、被告人委托后，应当及时告知办理案件的机关。

【法律援助辩护】犯罪嫌疑人、被告人因经济困难或者其他原因没有委托辩护人的，本人及其近亲属可以向法律援助机构提出申请。对符合法律援助条件的，法律援助机构应当指派律师为其提供辩护。

犯罪嫌疑人、被告人是盲、聋、哑人，或者是尚未完全丧失辨认或者控制自己行为能力的精神病人，没有委托辩护人的，人民法院、人民检察院和公安机关应当通知法律援助机构指派律师为其提供辩护。

犯罪嫌疑人、被告人可能被判处无期徒刑、死刑，没有委托辩护人的，人民法院、人民检察院和公安机关应当通知法律援助机构指派律师为其提供辩护。

第二节　刑事诉讼开庭审理工作示范

一、庭审工作示范

（一）被告人王某某敲诈勒索案案情简介

公诉机关：北京市 F 区人民法院

附带民事诉讼原告人 Z，男，19××年××月××日出生于 S 省 L 县，汉族，初中文化，无业，户籍所在地为 S 省 L 县新旺社区××街××巷 5 号；系本案被害人。

被告人王某某，女，19××年××月××日出生于H省，汉族，大专文化，无业，户籍地H省H市望山东路××号××号楼××单元××号。因涉嫌犯敲诈勒索罪，于2019年3月11日被羁押，同年4月18日被北京市公安局丰台分局取保候审。

辩护人甲，B市L律师事务所律师。

北京市F区人民检察院以京F检公诉刑诉〔2019〕1001号起诉书指控被告人王某某犯敲诈勒索罪，于2019年6月13日向本院提起公诉。在诉讼过程中，被害人Z向F区法院提起附带民事诉讼。F区法院依法组成合议庭，因案件涉及个人隐私，未公开开庭审理了本案。

北京市F区人民检察院指控：

2019年3月10日23时许，被告人王某某伙同C、D（均另案处理）在北京市F区被害人Z家门前，以索要分手补偿费为由，当场使用暴力殴打被害人Z，并迫使被害人Z写下还款400万元的协议书。造成Z左面部、左臂多处软组织挫伤。经鉴定被害人Z的损伤构成轻微伤。被告人王某某于2019年3月11日被B市公安局F分局某派出所抓获。

（二）庭审现场情况

庭审过程中出现以下突发情况：

（1）王某某提出其需要法官和书记员回避，原因是其曾经见到过一篇文章是公诉人王某某和审判长W合作撰写的。认为法官不能公正处理案件。

（2）王某某要求公开审理该案，要求法院邀请媒体旁听案件。

（3）王某某当庭拒绝辩护人为其辩护。要求法庭为其提供法律援助。

（4）法庭调查过程中，被告人王某某一言不发。

5. 被告人王某某在最后陈述阶段反复其与被害人张某某之间的感情纠纷。

二、庭审工作示范述评

（一）庭审流程详解

庭审是审判活动的关键和核心，广义的庭审包括庭前准备、开庭审理与庭后评议；狭义的庭审仅指开庭审理。根据刑诉法规定，刑事案件一审普通程序庭审过程主要包括以下四个阶段：宣布开庭阶段、法庭调查阶段、法庭辩论阶段、最后陈述阶段。

1. 宣布开庭阶段

该阶段是开庭审理的起始阶段。宣布开庭阶段的主要作用是处理庭审的程序性事项，为下一步庭审做好准备。此时，接受审判长委托的书记员应当查明当事人和其他诉讼参与人是否到庭，宣布法庭规则，请合议庭组成人员入庭。合议庭成员入庭就座后可以宣布开庭并核对当事人身份信息和到庭情况，宣布案由、审判员、书记员名单、告知当事人有关的诉讼权利义务、是否提出回避申请等。下面我为大家详细讲述宣布开庭阶段的流程和规范。

2. 法庭调查阶段

该阶段是开庭审理的核心阶段，要解决的是案件的事实问题，并且要使通过调查尽可能真实的还原客观事实。法庭调查的规范流程是：（1）审判长宣布法庭调查开始。（2）宣读起诉书：先由公诉人宣读起诉书；有附带民事诉讼的，再有附带民事诉讼原告人或者法定代理人、诉讼代理人宣读附带民事起诉状。（3）征询对起诉书指控的事实及罪名的意见：在审判长的主持下，被告人、被害人可就起诉书指控的犯罪事实分别陈述。（4）控辩审三方分别发问：在审判长主持下，公诉人可以就起诉书指控的犯罪事实讯问被告人；经审判长准许，被害人及其法定代理人、诉讼代理人可以就公诉人讯问的犯罪事实补充发问；附带民事诉讼原告人及其法定代理人、诉讼代理人可以就附带部分的事实向被告人发问；被告人的法定代理人、辩护人、附带民事诉讼被告人及其法定代理人、诉讼代理人可以在控方就某一问题讯问完毕后向被告人发问。讯问同案审理的被告人，应当分别进行。必要时，可以传唤同案被告人等到庭对质。经审判长允许，控辩双方可以向被害人、附带民事诉讼原告人发问。审判人员可以讯问被告人。必要时，可以向被害人、附带民事诉讼当事人发问。控辩双方的讯问、发问方式不当或者内容与本案无关的，对方可以提出异议，申请审判长制止，审判长应当查明情况予以支持或者驳回；对方未提出异议的，审判长也可以根据情况予以制止。（5）公诉人举证。公诉人可以提请审判长通知证人、鉴定人出庭作证或者出示证据。被害人方也可以出申请。（6）被告人及辩护人发表质证意见。举证方当庭出示证据后，由对方辨认并发表意见，控辩双方可以互相质问、辩论。（7）被告人及辩护人举证。控诉一方举证后，被告人方也可以提请审判长通知证人、鉴定人出庭作证，或者出示证据。（8）公诉人发表质证意见。

3. 法庭辩论阶段

该阶段是指各方当事人在法庭调查结束后，围绕案件事实和证据以及法律适用问题，发表各自的观点和意见并互相进行辩论的过程。法庭辩论的作用在于发挥当事人的主观能动性，使案件事实和适用法律越辩越明，从而使审判人员能够进一步明晰案件的处理路径。法庭辩论的程序是控辩双方先后发表意见，之后再进行互相辩论。法官可以根据案情和庭审情况决定辩论的轮次。

4.被告人最后陈述

被告人最后陈述是指被告人享有就自己是否有罪、罪行轻重以及对自己的行为的认识发表最后一项的权利，本质上是辩护权的一类。

（二）刑事附带民事案件的庭审

刑事附带民事案件，实质上是刑事公诉案件与民事赔偿两个案件的合并审理。由于附带民事诉讼案件的事实依赖于刑事案件认定的事实，所以审理刑事附带民事案件时，一般实行先刑后民的原则。

法官在附带民事诉讼案件民事赔偿部分审理中应当注意以下事项：

（1）提示附带民事诉讼原告人及其代理人围绕赔偿理由进行举证；

（2）提示附带民事诉讼原告人及其代理人就赔偿范围举证；

（3）提示附带民事诉讼原告人及其代理人提供直接损失依据的证据；

（4）对误工费、营养费、护理费等，提示要详细举证；

（5）对调解的相关规定进行提示；

（6）被害人作为附带民事诉讼原告人出庭的公诉案件，法庭可以在公诉人席的旁边，加设附带民事诉讼原告人席；

（7）附带民事诉讼应当在刑事立案后及时提起。对于符合附带民事诉讼条件的案件，应当提示当事人及时提起。

（三）庭审突发情况及处置

庭审过程中，难免发生突发事件。提前掌握庭审突发事件应对技巧，有利于稳妥处理相关情况，保障庭审顺利进行。

有效处置庭审突发情况的关键在用好"庭审控制权"，包括正确运用庭审中的诉讼引导权、制止权和处置权。常见的突发情况处置有以下几类：

1.回避情况的处置

（1）被告人、辩护人当庭要求审判人员回避。如果辩护人在庭前会议或者庭审前提出过回避申请，审判长告知辩护人，就回避问题已在庭审前告知过你，并询问是否有新发现的申请理由。如果被告人、辩护人提出了新的申请理由，但不是法定申请理由，合议评议后，审判长宣布评议决定。

如果辩护人在庭前会议或者庭审前没有提出过回避申请，审判长询问为何在庭前会议中不提出该申请，并宣布根据《刑诉法解释》之规定，对于回避申请应当提交证明材料或事实根据。如被告人、辩护人提出的理由不符合刑诉法规定的回避事由，合议庭当庭商议后，答复申请人。申请回避的理由符合法律相关规定并有相关证明材料或事实根据的，则宣布休庭，报请院长决定。

（2）被告人、辩护人当庭要求公诉人回避。如申请不属于刑诉法规定情形的回避申请，由法庭当庭驳回。如申请符合刑诉法规定的情形，则审判长宣布，根据《刑诉法解释》之规定，合议庭宣布休庭并通知公诉机关。由公诉机关宣布检察长决定。

（3）被告人申请侦查人员回避。回避申请应当是针对正在办理案件的司法审判人员。此前参与办理案件的侦查人员如有应当回避的情形，可依法申请排除其所参与提取的证据。

2. 对申请旁听的处置

（1）辩护人要求律师助理参与庭审或旁听的处置。律师助理不是辩护人，等同于旁听人员，没有旁听证的，一律不得进入法庭。

（2）被告人、辩护人要求新闻媒体参与旁听庭审，并对庭审录音录像的处置。对于公开审理的案件，新闻媒体记者和公众都可以旁听。依据《最高人民法院关于人民法院接受新闻媒体舆论监督的若干规定》第六条，新闻媒体记者如要公开报道本案，应向我院新闻宣传主管部门提出申请，但是否允许录音录像由法庭决定。此外，法律并未规定，法院对公开审理的案件，必须邀请新闻媒体记者参加旁听。

3. 对当庭拒绝辩护的处置

（1）被告人当庭拒绝委托的律师为其辩护并要求另行委托辩护人。审判长当庭询问被告人拒绝一名辩护人还是两名辩护人。如拒绝一名辩护人，由被告人亲笔书写拒绝该辩护人辩护的声明，审判长应当向被告人讲明后果，得到确认后应当准许，并要求该辩护人退庭。庭审继续进行。如被告人再次同时拒绝两名辩护人，审判长应当宣读《刑诉法解释》第二百五十四条内容，告知被告人再次拒绝辩护人辩护的后果。如被告人确认拒绝辩护人辩护后，应当亲笔书写拒绝该两名辩护人辩护的声明，审判长应予准许，并要求两名辩护人退庭。

（2）辩护人当庭拒绝为被告人辩护的处置。如一名辩护人当庭表示拒绝为被告人辩护，审判长应当要求其说明理由。审判长应告知律师，明确律师接受委托后，无正当理由的，不得拒绝辩护。如辩护人坚持拒绝辩护，且拒绝理由不属于《律师法》第三十二条第二款及《律师和律师事务所违法行为处罚办法》第十一条规定的情形，审判长可进行训诫。如果该辩护人坚持拒绝辩护，审判长应当宣布休庭；仍有辩护人的，庭审可以继续进行。并于庭后将该辩护人当庭拒绝辩护的具体情况函告相关司法行政机关、该辩护人所属律师协会及律师事务所。

4. 被告人不配合法庭调查，在开庭时不语或不回答问题的处置

如开始即一言不发，审判长问公诉人出庭的是否是起诉书指控的被告人，请公诉人出示被告人基本情况的证据。如果被告人仍然保持沉默，则当庭说明对一切案件的判处都要重证据，重调查研究，不轻信口供。没有被告人供述，证据确实、充分的，可以认定被告人有罪和处以刑罚。建议被告人积极行使辩护权，保护自己的诉讼权利。如被告人仍不发言，则视为其放弃权利，要求书记员记录在案后，庭审继续。

5. 被告人在最后陈述阶段

陈述内容涉及与本案无关的人员及事实的，或者陈述时间过长，多次重复自己意见的，或者发表内容蔑视法庭、公诉人，损害他人或社会公共利益的处置。

如果被告人最后陈述的时间过长，多次重复自己意见的，审判长予以制止，并提示被告人，最后陈述不得多次重复自己的意见，已发表的陈述意见，法庭已记录在案，并询问被告人是否还有新的陈述意见。如果被告人最后陈述的内容涉及与本案无关的人员及事实的，审判长予以制止，并提示被告人，请你围绕起诉书指控你的犯罪事实陈述意见。如果被告人的最后陈述蔑视法庭、公诉人，损害他人及社会公共利益，审判长直接制止。

第三节　刑事诉讼庭后工作示范

庭审后的审判人员和书记员的一项核心工作是撰写和校对裁判文书。校对是法律文书质量的最后一道防线，一旦出现错误可能给国家、集体和当事人造成重大损失，贬损国家司法机关的权威，破坏司法公信力。

一、刑事庭后工作训练示范

（一）被告人崔某某非法经营案案情
公诉机关：北京市 F 区人民检察院。

被告人崔某某，男，19××年××月××日生于 H 省，汉族，初中文化，无业，户籍地 H 省 H 市 B 区胜利街农机局旧楼××单元××号。

辩护人甲，B 市 A 律师事务所。

北京市 F 区人民检察院以京 F 检刑诉〔2018〕1002 号起诉书指控被告人崔某某犯非法经营罪，于 2018 年 11 月 29 日向本院提起公诉。本院依法适用简易程序，实行独任审判，不公开开庭审理了本案。北京市 F 区人民检察院指派检察员乙出庭支持公诉，被告人崔某某到庭参加诉讼。现已审理终结。

北京市 F 区人民检察院指控：

2017 年 3 月至 4 月间，被告人崔某某受雇于鲁某某，明知鲁某某未取得烟草专卖零售许可，仍为其运送、存储、销售卷烟。2018 年 4 月 6 日，被告人崔某某被北京市 F 区烟草专卖局执法人员和北京市公安局 F 分局某派出所民警抓获，当场从崔某某暂住地内查获中华（硬）、白沙（和天下）、黄鹤楼（硬 1916）等卷烟共计 31 个品种 197 条，经北京市烟草质量监督检验站鉴定均为真烟，价值共计人民币 14 万余元。

上述事实，被告人崔某某在开庭审理时亦无异议，并有证人历某某、卢某证言，辨认笔录，北京市 F 区烟草专卖局抽样取证物品清单，证据先行登记保存通知书，涉案烟草专卖品核价表，检查（勘验）笔录，未办证说明，案件移送函，案件移送说明，涉案卷烟移送说明，检验报告，北京盛唐司法鉴定所出具的司法鉴定意见书，价格评估结论书，照片，抓获视频，公安机关出具的扣押清单、搜查笔录、到案经过、破案报告及被告人身份信息等证据，足以认定。

本院认为，被告人崔某某伙同他人无视国家法律，违反烟草专卖法律、法规规定，未经烟草专卖行政主管部门许可，无烟草专卖零售许可证非法经营烟草制品，扰乱市场秩序，情节严重，其行为已构成非法经营罪，应予处罚。北京市 F 区人民检察院指控被告人崔某某犯非法经营罪，事实清楚，证据确实充分，罪名成立。鉴于被告人崔某某在共同犯罪中起辅助作用，系从犯，故本院依法对其予以从轻处罚；鉴于被告人崔某某到案后能够如实供述犯罪事实，认罪态度较好，故本院依法对其予以从轻处罚并宣告缓刑。依照《中华人民共和国刑法》第二百二十五条第（一）项、第二十五条、第六十七条第三款、第七十二条第一、三款、第七十三条第一、三款、第五十二条、第五十三条、第六十四条、第六十一条之规定，判决如下：

一、被告人崔某某犯非法经营罪，判处有期徒刑六个月，缓刑六个月，并处罚金人民币一万元。

（缓刑考验期从判决确定之日起计算，罚金于本判决生效后一个月内缴纳）。

二、在案扣押卷烟，均依法予以没收。

三、随案移送黑色 MI 手机一部、账单八张，均依法予以没收。

审　判　长　　王某

人民陪审员　　刘某

人民陪审员　　黄某

书　记　员　　侯某

（二）案例说明

（1）该文书中使用的名称、地址均系化名。

（2）案例文书省去了法院名称、标题和案号部分。

二、刑事庭后工作述评

（一）该篇文书的错误点

1. 首部部分校对失误

（1）遗漏被告人羁押情况。刑事诉讼中被告人被羁押和刑事拘留、逮捕、被指定居所监视居住等采取强制措施的时间和种类非常重要，会关系到折抵刑期的计算。

（2）遗漏辩护人的职务。只写了辩护人所在单位，未写明职务。应写为：辩护人甲，B 市 A 律师事务所律师。

（3）案由和审理经过部分，该案应属公开审理的案件。此时应认真核对庭审笔录，案件是否公开审理。

2. 正文部分校对失误

（1）遗漏辩护人的辩护意见。

（2）法条引用遗漏和错误。认定从犯的应该引用刑法第二十七条从犯条款。对于宣告有期徒刑缓刑的，应当引用刑法第七十三条第一、三款。

（3）判决主文刑期表述有误。根据法律规定，有期徒刑的缓刑考验期至少不低于一年。

3. 尾部校对失误

（1）未告知上诉权。刑事案件诉讼期限是 10 日，从接到判决书第二日起计算，附带民事诉讼部分予刑事案件一起宣判的，上诉期限也是 10 日，只有附带民事诉讼部分单独宣判的情况下，上诉期限才是 15 日。

（2）审判组织错误。从文书看，本案是适用简易程序独任审理的案件。尾部审判组织处不应为合议庭组成人员。

（3）遗漏判决书制作时间。

（二）刑事诉讼裁判文书校对应当注意的事项

清代经学家、文字训诂学家段玉裁曾说校对有两项功能："照本改字，不讹不漏，谓之校异同；信其是处则从之，信其非处则改之，谓之校是非。"裁判文书的校对应两者并重。在实践中应注意以下几点：

（1）裁判文书结构是否齐全。应当对照文书撰写规范总揽文章结构。

（2）语言文字校对。①发现并改正常见的错别字、衍字或者漏字。例如"有期徒刑二年"写为"有期徒刑而年"等情况。②发现并改正违反语言文字、标点符号、数字、计量单位等国家规范标准的错误。数字等是裁判文书经常用到的，例如案号、当事人年龄、钱款金额等。其中犯罪金额和刑期的计算又是重中之重，一定要认真核对，避免错误。③发现并改正不符合语法规则和逻辑规律的错误。例如缺少主语、定语等情况。

（3）证据校对。①要与证据内容进行核实，核对摘录是否有歧义或者有关键的遗漏；②要与庭审笔录中庭审质证部分比对，防止遗漏或者出现重复。

（4）法官辩驳理由的校对，关键是要严谨，不可遗漏控辩双方意见的表述和辩驳。

（5）援引法律条文部分校对。裁判文书本院认为部分关于定罪量刑的表述是否齐全，每一句是否有相应的法律依据支撑，都要仔细的核对。

（7）判决结果校对。对于裁判结果，应当逐字逐句对照相应法条进行检查。

（8）版面格式规范统一。在裁判文书定稿前，要统一文书中使用的序号、版式等。

第四节　刑事诉讼模拟庭审训练案例

一、被告人李某某盗窃案（刑事附带民事诉讼案件）

（一）庭审参与人员

公诉人 2 名

附带民事诉讼原告人 1 人

被告人 1 人

辩护人 1 人

（二）案情概要

2018 年 11 月 6 日，被告人李甲在本市 F 区 Z 小区 7 号楼停车场，窃取被害人王乙的车牌号奥迪牌轿车 1 辆。后驾驶某大街时驶向便道撞击了停在路边的一辆面包车。李甲下车后将该车辆停放在路边区网吧上网。王乙发现车辆丢失后报警。经查在某网吧路边起获该车辆并将车辆发还王乙。经鉴定，被盗车辆价值人民币 195000 元。王乙维修车辆花费 13800 元。

（三）证据材料

（1）被害人王乙陈述：2018 年 11 月 7 日 11 时许，我接到我女婿常某某的电话，他称我的车辆发生了事故。由于我当时在山西，故我让朋友帮我查看车辆状态。19 时我朋友告知我车辆不在小区，且我的住所北京市 F 区 Z 小区一期 7 号 301 号房门开着。后经我女儿查看得知家中被盗，我就报警了。我丢失的物品是苹果牌平板电脑，购物用小拉车，保险柜以及柜内现金人民币 10000 元、1 把汽车钥匙、2 本护照、3 套房产资料、2 个房产证、租房合同、购车手续，卧室衣柜抽屉内现金人民币 1500 元，奥迪 A4L 型汽车 1 辆。车辆是 2015 年 10 月份在清河奥迪店购买，黑色，户名是我女儿景某。我离京时汽车已上锁。

（2）证人景某证言：2018 年 11 月 7 日 10 时许，我爱人接到 F 区交警队的电话称我名下的一辆奥迪车发生了交通事故。该车一直由我母亲王乙驾驶，但我母亲当时在山西。为核实事情的真实性，我将情况告知我母亲。21 时许我接到我母亲电话称家里及车辆被盗。当晚 22 时 30 分许，我和我爱人到 F 区 Z 小区 7 号楼 301 我母亲家中发现家中及车辆被盗。被盗汽车为黑色奥迪 A4L 型，2015 年 10 月份在清河奥迪店购买，车辆户主是我。

（3）证人吴某某证言：我是 F 区交通支队事故组民警。2018 年 11 月 7 日 8 时 20 分，我接到值班室通知称 F 区某大街有两车发生事故。情况是黑色奥迪车撞击车牌号为津 MNY655 的灰色小型面包车，奥迪车驾驶员不在现场，面包车车主在现场并报警。事故过程是奥迪车由东向西行驶，冲上便道并撞击停在此处的小面包车右前侧后又驶回路上，行驶约 10 米后，奥迪车右前胎爆胎后停下。我们将两车拖到停车场后，电话通知奥迪车车主，对方称车辆被盗。我们调取了现场一家饭馆的监控发现，2018 年 11 月 7 日 2 时许，奥迪车上下来一名很瘦的男青年，去查看了奥迪车右前胎后锁车离开。

（4）证人宰某某证言：2018 年 11 月 7 日 14 时 30 分许，我在清扫路面时发现 Z 小区一期东侧铁栅栏外侧路边的树坑里有一个长方形、铁灰色、有暗锁的保险柜，当时柜门是锁着的，柜门一个边角已经翘起，能够通过撬开的痕迹看到里面的电线，但是没有其他物品，后来我将保险柜给了路边收废品的刘某某。

（5）证人刘某某证言：2018 年 11 月 7 日或 8 日 15 时许，我在 Z 小区东侧废品回收站工作，环卫工人宰某某将一个保险柜放在我这里，保险柜长约 50 厘米，高约 50 厘米，方形，棕色，柜体后面带着膨胀螺丝，上面被撬开了，里面没有物品。2018 年 11 月 9 日晚我将近期收到的东西卖了，保险柜的去向可能是河北的炼铁厂。

（6）证人吕某某证言：我的业务范围为买卖二手车，在各大网站发布二手车信息留了固定的联系电话。业务范围也是二手车买卖。我每天都会接到很多客户的咨询电话，故无法将每位客户都记住。

（7）通话记录：证实 11 月 6 日被告人李某某手机曾与号码吕某某的电话语音通话。

（8）谈话笔录、发票、汽车救援单：证实被害人王乙车辆的维修情况。

（9）公安机关出具的工作记录：证实被盗车辆 2018 年 10 月 11 日至同年 10 月 15 日的行驶记录以及之后该车行车轨迹无法显示的情况。

（10）刑事判决书、释放证明书：证明被告人李某某 2007 年 11 月 5 日因犯抢劫罪被判处有期徒刑七个月，并处罚金人民币五千元，2007 年 11 月 30 日刑满释放。

（11）照片：证实被盗车辆情况。

（12）现场勘验检查工作记录：证实在厨房内方桌水果刀上提取擦拭棉签 1 枚、东卧室衣柜内抽屉上擦拭棉签 1 枚、车主方向盘上擦拭棉签 1 枚、车内挡把上擦拭棉签1枚、车内提取水瓶1个。

（13）北京市F区公安司法鉴定中心法医物证鉴定书：证实在排除同卵双胞胎和其他外源性干扰的前提下，支持送检的方向盘擦拭棉签和水瓶瓶口唾液斑为被告人李某某所留。

（14）临时居民身份证及北京市公安局户籍证件检验报告：证实经检验，送检的名为景某的临时居民身份证系伪造。

（15）涉案财产价格鉴定结论书：证实经鉴定，涉案奥迪牌机动车价值人民币195000元。

（16）公安机关出具的扣押决定书、发还清单：证实在案扣押车牌号黑色A4L型奥迪车1辆、黑色奥迪车钥匙1把均已发还被害人王乙。起获伪造"景某"临时居民身份证1张已扣押。

（17）公安机关出具的工作记录：证实未调取F区Z小区监控录像、经与快递公司联系提取景某证件的情况以及未在F区Z小区一期7号301号室内提取可疑指纹的情况。

（18）公安机关出具的110接处警记录、破案报告、到案经过及被告人的身份信息：证明本案的破获情况、被告人李某某被抓获的经过以及被告人的身份情况。

（19）被告人李某某供述及上网记录：2018年11月6日下午5时许，我到Z小区发现一个灰白色保险柜，保险柜缝隙比较大，我伸手进去没有摸出东西。我看见放置保险柜的栅栏处有辆汽车，车灯以及车内照明灯均开着，副驾驶车门虚开，车内无人。于是我从副驾驶位置进去，发现该车钥匙在点火开关处插着。我用车钥匙打开后备厢，发现后备厢里有房产资料。我想把车偷走玩玩，于是启动汽车开出小区。深夜一点在正阳大街车辆发生事故，我就把车停在原地到附近网吧上网，后得知车辆被警察拖走了。11月8日左右，我想把车取出来，就电话联系了一个办假证的男子，提供了车主名字、出生日期和身份证号，准备办一张居民身份证。后来我被警察抓住，证件没有到手，民警接听顺风快递电话，警察把证件扣了。车主的信息是我通过车里发现的身份证复印件知道的。我开走机动车是想过车瘾，办假证是想把车从交通队取出来把车修理一下再还回去。我在2018年11月6日下午5时许到达F区Z小区，上网记录显示11月6日15时19分至22时11分许我仍有上网记录是因为我当时玩网游游戏为了升级，经常在网上挂机刷经验，而我本人不在网吧。18510717×××是我本人的电话号码。

（四）各方观点

控方观点认为：被告人李某某窃取机动车的行为已经构成盗窃罪。

辩方观点认为：其开车是出于玩乐目的，没有以非法手段获得该辆机动车，事发后试图通过自行处理将车辆归还车主，故不具有非法占有的故意。

（五）庭审要点提示

本案的焦点是如何区分以玩乐为目的偷开机动车与以非法占有故意盗窃机动车。

非法占有目的，学界认为是指排除权利人，将他人财物作为自己的财物进行支配，并遵从财物的用途进行利用、处分的意思。认定是否具有非法占有目的应当考虑全案情况，包括被告人是否具有返还的意思；在使用后是否有毁弃、放置的行为；对被害人利用可能性的侵害程度；妨害被害人利用的时间、财物的价值等作出综合判断。相反，以玩乐为目的偷开他人机动车辆，也同样需要综合判断：使用人主观对车辆应当具有返还的意思，客观应体现出返还行为，使用人应当保持车辆完好，妥善避免对被害人利用可能性的侵害，使用后积极地联系被害人返还车辆，对车辆造成损坏时，不应当消极放置，而应当积极将车辆恢复原状等。

二、杜某盗窃案（一审公诉案件）

（一）庭审参与人员

公诉人1人，书记员1人

被告人杜某1人

辩护人2人

合议庭成员3人，书记员1人

（二）案情概要

2017年4月20日至23日，被告人杜某在本市丰台区科技园万达广场四层好嫂子刀削面店内，在被害人陈某不知情的情况下，利用陈某的身份信息和手机号码私自注册支付宝账号，在绑定了陈某的银行卡并设置了支付密码后，被告人杜某通过自己的手机登录被害人陈某的支付宝，多次盗刷陈某银行卡内的人民币共计32000元。案件审理过程中，被告人杜某家属代其退赔被害人陈某经济损失32000元。

（三）证据材料

（1）被告人杜某供述：我是万达广场好嫂子刀削面的员工。2017年4月17日，单位当天发工资，我偷看同事陈某的手机短信得知陈某银行卡有32000余元人民币。我因为缺钱，并且知道陈某没有用过支付宝，就想通过支付宝从陈某卡上盗窃。当天下午我利用办居住证的机会记下陈某的身份信息。之后用我的手机注册了支付宝账号，账号是陈某的手机号码，户名陈某。注册时需要验证的手机号，是我利用员工手机放置在一处的便利将验证码发给自己并用填写注册成功。之后将陈某手机上的验证码删除。为了给支付宝绑定陈某的银行卡，从她卡上偷钱，我给建设银行客服打电话，并提供了陈某的姓名和身份证号码，获得了陈某的银行卡号。之后我将银行卡绑定在我注册的支付宝账号上，并用与之前同样的方式获得验证码。我给支付宝设置了支付密码，这样注册的支付宝账号就可以直接使用，不用再接受验证码了。2017年4月20日，我将陈某银行卡内5000元转到支付宝账号，并分5笔每笔1000元转到我自己的支付宝账号，并把陈某的手机转账短信删除；4月22日，我使用陈某支付宝转账15000元用于棋牌游戏，并删除了陈某的手机短信；4月23日，我使用陈某支付宝转账12000元用于游戏充值，并删除了陈某的手机短信，但是手机上有一条余额显示200元的短信我没有删除。这三天我共计使用陈某银行卡转账32000元，三次转账都是上班期间操作的，便于将陈某的手机提示信息删除。最后被陈某发现并报警。

（2）被害人陈某陈述、谈话笔录：我是万达广场好嫂子刀削面店的员工。2017年6月15日，我发现银行卡内余额减少。之后我和店长一起到建设银行核实情况，发现自2017年4月20日至23日账户有十笔消费通过支付宝转出，共计人民币32000元。我本人并未申请过支付宝账户，通过电话与支付宝客服核实得知钱款均被转入杜某名下账户。杜某是我的同事，我的手机密码杜某知道，店内规定员工工作期间手机存放在同一地点。我回到店里要求杜某五点以前还钱，他没有筹到，我就报警了。这个过程中有三个人一直看着杜某。2016年4月3日，杜某以其家人看病为由向我借款2000元，2016年6月16日杜某主动归还给我2000元。之后杜某以经济困难为由再次向我借款1000元，由于当时我并不知道是杜某偷的钱，所以又借给他1000元。当天中午我确定了是杜某盗窃的钱款之后，又将这1000元要回来了。因为借款已经归还了，与该案无关，所以我在公安机关并未提起。

（3）证人王某证言、谈话笔录：证实其系万达广场好嫂子店的店长，处理杜某案的经过其全程参与。2017年6月15日22时许，其单位员工陈某告知其银行卡内钱款被转走。第二天中午，其与陈某到丰台区总部基地建设银行查账，发现陈某卡内有32000元通过支付宝转走。经与支付宝核实，发现5000元被转入我单位员工杜某的支付宝内。我们找杜某核实情况，杜某开始拒绝承认，后来我们把证据拿给杜某，杜某才认可。但是由于杜某无钱归还，我们就打电话报警了。和杜某对质时我和被害人都在场，杜某无法逃跑。我们报警后，警察让我们将杜某带到派出所，单位总共四个人将杜某带到了派出所。我看见了陈某向杜某要 1000 元的经过，当时陈某告知我这 1000 元是杜某以经济困难为由借的，杜某当时也承认是借款。

（4）中国建设银行个人活期账户交易明细、支付宝收支明细证明、手机截图照片：证实被告人杜某使用被害人陈某手机支付宝转账的情况。

（5）公安机关出具的工作记录：证实支付宝操作记录无法通过手机勘验恢复且案发店内全部监控设备存储期为一个月，无法调取监控的情况。

（6）北京市公安局朝阳分局公安行政处罚决定书：证实被告人杜某曾因盗窃受过行政处罚。

（7）案款收据：证实案件审理过程中，被告人杜某家属代其退赔被害人陈某人民币 32000 元。

（8）公安机关出具的被告人杜某身份信息、到案经过及破案报告：证实被告人杜某身份情况、抓获经过及本案破获的基本情况。

（四）各方观点

控方认为擅自使用他人网络支付账户内钱款支付的行为应界定为盗窃罪。

辩方认为应认定为冒用型的信用卡诈骗罪。且认为杜某明知他人报警而停留在原地等待，系自首。

（五）庭审要点提示

（1）该案的核心要点是罪名的界定。要区分擅自使用他人网络支付账户内钱款支付的行为的性质。

（2）要根据证据对自首的构成要件开展辩论。

第十二章　刑事诉讼所需的基本法律文书

第一节　开庭前及庭审文书样式

一、出庭通知书

出庭通知书是指人民法院开庭审判案件之前，依法将开庭的时间、地点通知有关人员，使其做好准备，按时出庭的司法文书。[1]样例如下：

××××市××区人民法院

出 庭 通 知 书

（刑事案件用）

（××××）……刑初……号

公诉人姓名：

本院受理的被告人×××罪名_____一案，定于××××年××月×日上午×时×分在×××法院_第×法庭_开庭审理。根据《中华人民共和国刑事诉讼法》第一百八十七条第三款的规定，特通知你作为本案的公诉人准时出庭。

××××年××月×日

（院　印）

二、公告

法院公告是由独立行使审判权的国家机关向社会公众公布的法律文书。在人民法院工作中，公告的使用非常广泛，法院公告按程序可分为非诉讼公告和诉讼公

---

[1]《刑事诉讼法》第一百八十七条规定了送达出庭通知书的时间。第一百八十九条对人民检察院派员出庭作出了规定。第一百八十七条第三款【开庭前的准备】人民法院确定开庭日期后，应当将开庭的时间、地点通知人民检察院，传唤当事人，通知辩护人、诉讼代理人、证人、鉴定人和翻译人员，传票和通知书至迟在开庭三日以前送达。公开审判的案件，应当在开庭三日以前先期公布案由、被告人姓名、开庭时间和地点。第一百八十九条【出庭支持公诉】人民法院审判公诉案件，人民检察院应当派员出席法庭支持公诉。

告。是法院就某些诉讼活动或者特定人和事，依法向社会公开发布和张贴的告示性司法文书。[1]样例如下：

<h1 style="text-align:center">××××市××区人民法院</h1>

<h1 style="text-align:center">公告</h1>

（××××）……刑初……号

我院定于××××年××月××日××时在第×法庭依法公开开庭审理被告人×××罪名一案。

特此公告

××××年××月×日

三、送达回证

送达回证是指人民法院或其他司法机关按照法定格式制作的，用以证明送达法律文书的凭证。它既是送达行为证明，又是受送达人接受送达的证明，是人民法院与受送达人之间发生诉讼法律关系的凭证。[2]样例如下：

<h1 style="text-align:center">××××市××区人民法院</h1>

<h2 style="text-align:center">送 达 回 证</h2>

收件人		案由			卷号	
送达单位						
送达地点						
送达文件	签发人	送达人	收到日期	收件人签名或盖章	不能送达理由	
			年　月　日			
			年　月　日			
			年　月　日			
			年　月　日			
			年　月　日			
			年　月　日			
备注						

注：（1）如收件人不在时，将文件交与他的成年家属、近邻、工作机关或收件人居住地的公

---

[1] 刑事诉讼中，在开庭前涉及的主要公告是开庭公告。主要内容是将应当公开审理的案件的开庭时间、地点、内容、案由等信息向不特定的人群公开。开庭公告目前有两种发布方式：一是在互联网上发布；二是在法院的公告栏张贴。

[2] 必须注意送达回证的签收时间。要求被送达人写清收到这些文书的具体时间，即年、月、日。因为这些法律文书都有时效的规定。必须核对送达回证上签收人的身份，不能使用圆珠笔填写。送达人员必须2人以上且要签名(不能代签)。

安派出所或街道居民委员会、生产大队代收。

（2）如系代收，代收人应在收件人栏内签名或盖章并注明与收件人的关系。

四、变更羁押期限通知书

变更羁押期限通知书是与变更羁押期限通知制度配套的文书。❶对于办案机关未改变，但是羁押期限发生变化的，办案机关应当在原法定羁押期限届满前，填写《变更羁押期限通知书》送达看守所。样例如下：

××××市××区人民法院
变更羁押期限通知书
（存根）

（×法）变字〔××××〕××号

被告人×××，性别×，××××年××月××日 出生，涉嫌××××（同案人×××）被采取××××强制措施。

原羁押期限自××××年××月××日至××××年××月××日

羁押期限变更原因（写明变更理由）

现羁押期限自××××年××月××日至××××年××月××日

送达单位×××看守所

办案人×××　　　　办案单位×××

填发人×××　　　　填发时间××××年××月××日

批准人×××　　　　批准时间××××年××月××日

××××市××区人民法院
变更羁押期限通知书
（第一联 办案机关附卷）❷

（××）变字〔×××〕×号

××区看守所：

我院正在办理的被告人×××……（罪名）案件，涉案被告人×××（性别

---

❶ 具有下列情形之一的，办案机关应当将变更后的羁押期限书面通知看守所：1.依法延长拘留时间的；2.依法延长逮捕后的侦查羁押期限、审查起诉期限、审理期限的；3.发现犯罪嫌疑人另有重要罪行，重新计算侦查羁押期限的；4.因犯罪嫌疑人不讲真实姓名、住址，身份不明，不计算羁押期限以及从查清其身份之日起开始计算侦查羁押期限的；5.适用简易程序审理的案件转为第一审普通程序；6.因精神病鉴定停止计算羁押期限以及恢复计算羁押期限的；7.审理过程中，人民法院决定中止审理以及恢复审理的；8.死刑复核法院与第二审人民法院为同一法院，案件进入死刑复核程序的；9.羁押期限改变的其他情形。

❷ 此通知书共三联：第一联办案机关附卷，第二联看守所附卷，第三联在押人员留存。

×，×××年××月××日出生），因（写变更原因）

根据《中华人民共和国刑事诉讼法》第××××条之规定，经××××决定，<u>重新计算</u>其羁押期限。

现羁押期限自××××年××月××日至××××年××月××日

（办案机关印）

年　月　日

五、庭审笔录

庭审笔录又称法庭笔录或审判笔录，是法院裁判案件不可缺少的书面材料，它是在法庭审理过程中，由书记员制作的同步反映全部审判活动的真实情况的文字记载。庭审笔录反映的是案件审理的整个过程，是法院依法作出裁决的重要依据，也是日后进行审判监督的重要材料，其重要作用和意义显而易见。庭审笔录应当客观、真实、及时、准确地反映庭审的全部活动。❶样例如下：

刑事审判庭笔录

本院于××××年×月×日由×××担任审判长，会同本院审判员××、人民陪审员×××组成合议庭，书记员××担任法庭记录，由××人民检察院指派检察员×××出庭支持公诉。××律师事务所律师××出庭担任被告人×××的辩护人。公开开庭对丰台区人民检察院指控被告人×××××一案进行审理。

开庭时间：×时×分。闭庭时间：×时×分

开庭地址：第×法庭

一、受审被告人姓名：×××，曾用名：无

　　性别：

　　年龄：

　　民族：

　　出生地：

---

❶ 书记员在记录中要理智分析诉讼参与人所讲的内容，判断诉讼参与人表达的真实意图，在尽量保持原貌的基础上合理取舍，做到详略得当。记录技巧一般有：第一，舍问取答法。在问话与答话没有时间全部记录的情况下，优先记录答话。第二，合理取舍法。庭审调查、辩论、最后陈述这三个阶段，是笔录的重点，因此对案件当事人关于事实的叙述、认定依据和适用法律等实质内容的发言，应照原话记录，对答非所问、与案无关的话则可不记或者摘要记录。第三，闲时补记法。在庭审节奏放缓或者宣读、出示证据等空隙时间，可以详细记录，或者利用这段时间修改、补记前面的遗漏。同时，也要记录好庭审时的状态和特殊情景。庭审时，如遇诉讼参加人或旁听人员违反法庭秩序，哄闹法庭等言行的，亦应记入笔录。

户籍地：

文化程度：

政治面貌：

工作机关、职务、级别：

参加过什么党派团体及所任职务：

曾在何时何地受过审判和法律处分：

辩护人：

? 因何被羁押，何时被羁押，何时被刑事拘留，何时被逮捕？

：因涉嫌犯××罪，于××××年××月×日被羁押，××××年××月×日被逮捕。

? 何时收到××××人民检察院起诉书副本？

：

? 宣布合议庭组成人员、书记员、公诉人名单（略），听清了吗？

：听清了。

? 根据我国《刑事诉讼法》规定，被告人、辩护人在法庭审理中依法享有申请回避权，即认为合议庭组成人员、书记员、公诉人有《刑事诉讼法》规定的情形的，可以申请回避。

? 被告人是否申请回避？

：不申请。

? 辩护人是否申请回避？

辩：不申请。

? 根据《刑事诉讼法》的规定，被告人、辩护人有权申请通知新的证人到庭，调取新的物证，申请重新鉴定或者勘验，申请具有专门知识的人出庭。

? 根据《刑事诉讼法》的规定，被告人除享有上述权利外，还有自行辩护的权利和最后陈述的权利。

? 你们听清了吗？

均：听清了。

? 现在开始法庭调查，首先由公诉人宣读起诉书。

公：宣读起诉书

? 被告人，公诉人宣读的起诉书与你收到的起诉书副本内容一致吗？

：

？ 被告人，你对起诉书指控的事实及罪名有无异议？

：

？ 被告人简要陈述案件事实。

：

？ 公诉人对被告人进行讯问。

公：

：

？ 辩护人对被告人×××进行发问。

辩：

：

？ 下面由控辩双方举证、质证。首先由公诉人向法庭出示证据。

公：出示……（记录证据名称）

？ 被告人对上述证据有无异议？

：没有。

？ 辩护人对上述证据有无异议？

辩：没有。

？ 以上证据经合议庭评议后再予以确认，公诉人继续举证。

公：举证完毕。

？ 被告人、辩护人是否有证据向法庭出示？

：

辩：

？ 被告人及辩护人是否通知新的证人到庭，调取新的物证，申请重新鉴定或者勘验？

：没有。

辩：没有。

？ 法庭调查结束，现在开始法庭辩论，首先由公诉人发表公诉意见。

公：

？ 被告人自行辩护。

：

？ 辩护人发表辩护意见。

辩：

？ 法庭辩论结束，被告人最后陈述。

：

？ 现在休庭，×分钟后宣判。

？ 现在继续开庭。

？ 现在宣判，被告人×××犯××罪，判处_____；现在是口头宣判，判决书于宣判后五日内送达。如不服本判决，被告人可于接到判决书的第二日起十日内，通过本院或者直接向北京市第二中级人民法院提出上诉。书面上诉的，应提交上诉状正本一份，副本一份。被告人你听清楚了吗？

：听清楚了。

？ 被告人你上诉吗？

：

？ 书记员向被告人宣读笔录后，被告人签字。

第二节　刑事诉讼裁判文书样式

一、刑事判决书

（一）刑事判决书的概念

刑事判决书，是人民法院依照《刑事诉讼法》规定的程序，对刑事案件审理终结，根据查明的事实和证据，依法对被告人定罪量刑的书面决定，是应用写作中常见的一种。刑事判决书，根据我国现行法律，分为第一审刑事判决书和第二审刑事判决书。样例如下：

××××人民法院

刑事判决书

（××××）×刑初字第××号

公诉机关××××人民检察院。

被告人……（写明姓名、性别、出生年月日、民族、籍贯、职业或工作单位和职务、住址和因本案所受强制措施情况等，现在何处）。

辩护人……（写明姓名、性别、工作单位和职务）。

××××人民检察院于××××年××月××日以被告人×××犯××

罪，向本院提起公诉。本院受理后，依法组成合议庭（或依法由审判员×××独任审判），公开（或不公开）开庭审理了本案。××××人民检察院检察长（或检察员）×××出庭支持公诉，被告人×××及其辩护人×××、证人×××等到庭参加诉讼。本案现已审理终结。

……（首先概述检察院指控的基本内容，其次写明被告人的供述、辩解和辩护人辩护的要点）。

经审理查明，……（详写法院认定的事实、情节和证据。如果控、辩双方对事实、情节、证据有异议，应予分析。在这里，不仅要列举证据，而且要通过对主要证据的分析论证，来说明本判决认定的事实是正确无误的。必须改变用空洞的"证据确凿"几个字来代替认定犯罪事实的具体证据的公式化的写法）。

本院认为，……〔根据查证属实的事实、情节和法律规定，论证被告人是否犯罪，犯什么罪（一案多人的还应分清各被告人的地位、作用和刑事责任），应否从宽或从严处理。对于控、辩双方关于适用法律方面的意见和理由，应当有分析地表示采纳或予以批驳〕。依照……（写明判决所依据的法律条款项）的规定，判决如下：

第一、定罪判刑的，表述为：

一、被告人×××犯××罪，判处……（写明主刑、附加刑）；

二、被告人×××……（写明追缴、退赔或没收财物的决定，以及这些财物的种类和数额。没有的不写此项）。

第二、定罪免刑的表述为：

被告人×××犯××罪，免予刑事处分（如有追缴、退赔或没收财物的，续写为第二项）。

第三、宣告无罪的，表述为：

被告人×××无罪。

如不服本判决，可在接到判决书的第二日起××日内，通过本院或者直接向××××人民法院提出上诉。书面上诉的，应交上诉状正本一份，副本×份。

审　判　长　×××

审　判　员　×××

审　判　员　×××

××××年××月××日

（院　印）

书　记　员　×××

（二）一审公诉案件刑事附带民事判决书（适用普通程序）

刑事附带民事诉讼判决书要突出对附带民事部分的处理情况。例如是否支持赔偿数额和精神抚慰金等。对于拒绝调解的要据实表述清楚。在援引法条时，除了要援引刑法等相关条文外，还要引用民事法律法规及司法解释等有关损害赔偿的规定。对于刑事附带民事诉讼原告人部分诉讼请求没有支持的，要注意在判决主文中写明驳回的情况。

×××× 人民法院
刑事附带民事判决书

（××××）× 刑初字第 ×× 号

公诉机关 ×××× 人民检察院。

附带民事诉讼原告人（被害人）……（写明姓名、性别、出生年月日、民族、籍贯、职业或工作单位和职务、住址等）。 被告人……（写明姓名、性别、出生年月日、民族、籍贯、职业或工作单位和职务、住址和因本案所受强制措施情况等，现在何处）。

辩护人……（写明姓名、性别工作单位和职务）。

×××× 人民检察院于 ×××× 年 ×× 月 ×× 日以被告人 ××× 犯 ×× 罪，向本院提起公诉；在诉讼过程中，被害人 ××× 又以要求被告人 ××× 赔偿经济损失为由，向本院提起附带民事诉讼。本院受理后，依法组成合议庭（或由审判员 ××× 独任审判），公开（或不公开）开庭对本案进行了合并审理，×××× 人民检察院检察长（或员）××× 出庭支持公诉，附带民事诉讼原告人（被害人）××× 及其 ×× 代理人 ×××、被告人 ××× 及其辩护人 ×××、证人 ××× 等到庭参加诉讼。本案现已审理终结。

……（首先概述检察院指控的基本内容，并简述附带民事诉讼原告人起诉的民事内容；其次写明被告人供认、辩解和辩护人辩护的要点）。

经审理查明，……（除详写法院认定的事实、情节和证据外，还应写明由于被告人的行为造成被害人直接经济损失的事实。如果控、辩双方或一方对事实有异议，应予分析。在认定事实时，不但要具体列举证据，而且要通过对主要证据的分析论证，来说明本判决认定的事实的正确性）。

本院认为，……〔根据查证属实的事实、情节和法律规定，除论证被告人是否犯罪、犯什么罪，应否追究刑事责任外，还应论证被告人对被害人的经济损失应否负民事赔偿责任（一案多人的还应分清各被告人的地位、作用及其刑事和民事责任），应该从宽或从严处理。对于控、辩双方关于适用法律方面的意见和理由，应当有分析地表示采纳或予以批驳〕。依照……（写明判决所依据的法律条款项）的规定，判决如下：

……写明判决结果。分四种情况：

第一、被告人构成犯罪并应赔偿经济损失的，表述的：

一、被告人×××犯××罪，……（写明判处的刑罚或者免予刑事处分）；

二、被告人×××赔偿被害人×××……（写明赔偿的金额和支付日期）。

第二、被告人构成犯罪，但不赔偿经济损失的，表述为：

一、被告人×××犯××罪，……（写明判处的刑罚或者免予刑事处分）；

二、被告人×××不承担民事赔偿责任（或免予赔偿经济损失）。

第三、被告人不构成犯罪但应赔偿经济损失的，表述为：

一、被告人×××无罪；

二、被告人×××赔偿……（写明受偿人的姓名以及赔偿的金额和支付日期）。

第四、被告人不构成犯罪又不赔偿经济损失的，表述为：

一、被告人×××无罪；

二、被告人×××不承担民事赔偿责任。

如不服本判决，可在接到判决书的第二日起××日内通过本院或者直接向××××人民法院提出上诉。书面上诉的，应交上书状正本一份，副本x份。

审　判　长　×××

审　判　员　×××

审　判　员　×××

××××年××月××日

（院　印）

书　记　员　×××

二、刑事裁定书

（一）刑事裁定书的概念

刑事裁定书是指人民法院在刑事案件审理或判决执行过程中，就程序问题和部分实体问题所做的书面决定。

（二）刑事裁定书的类型

（1）供程序方面使用的刑事裁定书，包括：裁定书名称、法院名称和案号；被告人的个人基本情况；案件来源、提出裁定的问题和裁定的法律依据；有关程序方面的具体裁定内容；日期和盖章。

（2）供第二审审理上诉、抗诉、申诉案时使用的裁定书，包括：名称和编号；上诉人、抗诉人、申诉人和辩护人等有关个人情况；第二审裁定的案由；审理案件的情况；经第二审查明的情况；裁定书的主体部分；署名和时间。

（3）供执行刑罚中减刑、假释使用的裁定书，包括：名称和编号；被执行人的有关个人情况；被执行人的判刑情况和执行机关提出减刑或假释意见的理由和根据；人民法院的审核情况和减刑、假释的法律根据；主文；署名和时间。

（4）供核准死刑使用的裁定书，包括：名称和编号；被告人的个人情况；死刑案件的办案情况；说明依法组成合议庭复核；核准死刑的理由和根据主文、署名和时间。

××××人民法院

刑事裁定书

（补正裁判文书失误用）

（××××）×刑×字第××号

被告人……（写明姓名和案由）一案，经本院审理，于××××年××月××日作出（××××）×刑×字第××号刑事判决书（裁定书或调解书）。现发现其中有错误（遗漏）字句，特此补充裁定如下：

原××书……（写明错、漏的原字名及其所在页次和行数）；

现更正为……（写明改正、补充的字句）。

本裁定书与被补正的××书同时发生法律效力。

审　判　长　×××

审　判　员　×××

审　判　员　×××

××××年××月××日

（院　印）

书　记　员　×××

第三编　行政诉讼庭审实务训练

第十三章　行政诉讼第一审程序工作规范

第一节　行政诉讼第一审庭前准备工作规范

一、行政诉讼第一审庭前准备概述

行政诉讼庭前准备工作是指为保证行政案件符合法律规定的开庭审理条件而所做的前期必要准备性工作。它是对推动行政诉讼活动的顺利进行，保障审判公平公正的实现、各方当事人诉讼权利的实现以及提高诉讼效率来说都有极其重要的意义。

二、行政诉讼第一审庭前分角色准备

诉前准备工作，以诉讼参加人的角色进行划分。不同诉讼参加人所需开展的准备工作不同，只有全部诉讼参加人的庭前准备工作就绪，方可进行开庭审理。

（一）人民法院开庭前的准备

1. 立案庭在立案阶段的工作

由于行政诉讼与民事诉讼一样奉行不告不理原则，故必须以原告提起行政诉讼并由人民法院受理为启动条件。在受理原告的起诉前，人民法院立案庭必须针对原告提出的起诉进行审查，符合受理条件，方可予以登记受理。

（1）立案庭的材料审查

自人民法院实行立案登记制后，人民法院在接收到原告提交的起诉状和证据材料后，需首先将当事人的信息、诉讼请求、案件情况等内容录入立案系统当中，后对案件是否能予以受理进行审查。

（2）审查后的处理

经人民法院立案庭形式审查后，针对原告提起的行政诉讼分情况进行如下处

理：①对符合起诉条件的，应当在 7 日内立案，正式受理。②对不符合条件的，应当在 7 日内裁定不予受理，当事人对不予受理的裁定不服，可接到裁定书之日起 10 日内向上一级人民法院提出上诉，上一级人民法院的裁定为终局裁定。③如果在 7 日内不能决定是否受理的，应当先予受理；受理后经审查不符合起诉条件的，裁定驳回起诉。④对起诉条件有欠缺但可以补正或者更正的，人民法院应当责令当事人在指定期间补正或更正；在指定期限内已经补正或者更正的，应当依法受理。

（3）正式立案并移交审判庭

审查后，符合受理条件的，通知原告已立案并预交诉讼费用，同时将案件所有材料移交行政审判庭。

2.行政庭在审理阶段的庭前准备工作

行政庭在审理阶段的前准备工作是指人民法院在受理行政诉讼案件后，案件移交行政庭后至开庭审理前，为推进案件审判程序，由审判人员依法进行的相关法律程序准备活动。

（1）案卷材料的查收与初步审查

1）案件登记。接收材料后，书记员应及时向员额法官进行报告并进行登记。案件登记的方式可根据书记员所在法院的工作实践及个人工作习惯进行，可用 E×CEL 或是纸质登记簿。

2）对起诉材料再次进行初步审查。对起诉材料，进行如下审查：第一，起诉状形式是否符合规范，如原被告是否列明，是否有原告的签名或印章。第二，起诉状内容是否规范，如是否包含侮辱、谩骂、攻击性语言需要进行修正的情形。第三，原告是否提交身份证明材料及材料是否符合要求，如原告为自然人的应提交身份证复印件，是法人或其他组织的，提交最新的主体资质材料（即营业执照等），是未成年人的，须同时提交法定代理人身份证及证明法定代理人身份的户籍材料等，如有委托代理人的，是否提交诉讼代理手续及手续是否符合法律规定要求。第四，原告提交的起诉状副本数量是否符合当事人数量要求。第五，原告是否提交证据清单，证据清单所列的证据材料是否提交齐全，提交证据副本的数量是否符合当事人数量要求。第六，诉讼费交费通知书是否已送达原告，原告是否已预交诉讼费用。第七，诉讼请求是否明确、规范，是否存在一案要求处理两个行政行为的情形。第八，是否应当追加共同被告，当事人起诉时是否少列被告。第九，是否应当追加第三人。第十，是否存在当事人申请调取证据或是申请鉴定的材料。

（2）关于管辖的审查

承办法官在审查新收案件的时候，除对起诉材料是否符合规定等前述内容进行审查外，还会审查受理的案件是否属于受诉法院管辖。如不属于本院管辖或不适宜本院审理，应移送有管辖权的法院管辖或申请指定管辖。

（3）审理程序的确定

依据《行政诉讼法》的规定，行政诉讼案件审理可适用简易程序和普通程序，不同程序有不同的审理方式。

1）简易程序。有法定情形和当事人议定两种情形。满足以下法定条件的适用简易程序：①案件事实清楚、权利义务关系明确、争议不大；②须符合下列三种具体情形之一：被诉行政行为是依法当场作出的、案件涉及款额二千元以下的、属于政府信息公开案件的。如不符合上述法定情形，但认为事实清楚，权利义务关系明确、争议不大的案件，可以向当事人发送《适用简易程序建议书》，征询各方当事人是否同意适用简易程序审理。各方当事人同意适用的，可以适用简易程序。

2）普通程序。采取普通程序审理的案件，由审判员或者审判员、陪审员三人以上单数组成合议庭，合议庭组成人员确定后，向当事人发送《合议庭组成人员通知书》，告知合议庭组成人员和回避权利的行使。

（4）诉讼材料的收取、交换与送达

在起诉材料初步审查结束并报承办法官审查，确定起诉材料、管辖及审理程序均无问题后，可以进入下一步审判流程。

1）向被告送达起诉材料。立案之日起五日内将起诉状副本及原告证据材料、《应诉通知书》《举证事项通知书》（被告举证用）、《诉讼权利义务告知书》《行政机关负责人出庭通知书》或《行政机关负责人出庭建议函》等材料送达被告。并要求被告委托代理人签署送达回证。

【重点提示】关于行政机关负责人出庭应诉问题。案件受理后，应向被告发送《行政机关负责人出庭通知书》，通知被诉行政机关负责人出庭应诉。负责人包括正职、副职负责人以及其他参与分管工作的负责人。涉及重大公共利益、社会高度关注或者可能引发群体性事件的案件，可以发送《行政机关负责人出庭建议函》，建议行政机关负责人出庭。行政机关负责人有正当理由不出庭应诉的应当要求该机关提交加盖行政机关公章或者有行政机关负责人签字的说明。

2）向第三人送达应诉材料。经起诉材料审查，认定需追加第三人的案件。应在确定应追加的第三人后及时制作《参加诉讼通知书》、并将起诉状副本及原告证据材料、《诉讼权利义务告知书》《举证通知书》（原告及第三人用）等材料送达第三人。

【重点提示】第三人的举证期限为开庭审理前或人民法院指定的证据交换日。是否指定举证期限，根据案件实际情况决定。需要注意的是，基于当事人诉讼地位平等的原则，给第三人限定的举证期限不能少于被告的举证期限。

3）收取被告及第三人的诉讼材料。①收取被告的诉讼材料。被告自收到起诉状副本之日起十五日内提交答辩状及其他应诉相关材料。一般情况下包括：答辩状副本、被告的身份证明及委托手续、证据材料、各类申请书等。②收取第三人的诉讼材料。第三人提交诉讼材料一般包括：第三人参加诉讼意见、第三人的身份证明及委托手续、证据材料、各类申请书等。

4）答辩材料的送达。被告的答辩状及证据材料应送达原告及第三人；第三人的答辩意见及证据材料应送达原告及被告。根据《行政诉讼法》第六十七条的规定，在收到被告答辩材料起五日内，应将答辩状送达原告及第三人。对于第三人的答辩意见，法律没有明确送达期限，应自收到材料之日起尽快向原告及被告送达。

（5）证据材料的审查和相关事项处理

1）对证据形式审查的要求。收取各方当事人提交的证据时，应审查当事人提交的证据是否符合形式要件。当事人提交的证据材料应制作证据目录，注明证据材料名称、来源、证明对象和内容等，证据目录应加盖提交人公章或者签名，注明提交日期。对不符合形式要求的证据，应向当事人释明予以补充完善。收存复印件、复制品的要与原件核对，同时告知当事人开庭审理时必须携带证据原件当庭出示。

2）原告、第三人申请调取证据的处理。原告或第三人申请法院调取证据的，应要求当事人提交书面申请。申请书应载明证据名称、持有人、申请调取证据的原因及要证明的事项。经审查符合调取条件的，法院应在开庭审理前及时调取；不符合条件的作出《通知书》，驳回原告或第三人调取证据申请。申请人可以申请复议一次，法院应在收到复议申请之日起五日内作出答复。

3）证据保全的审查处理。①审查诉讼参加人提交的书面申请，申请书应包括以下事项：证据的名称和所在地、保全的内容和范围、申请保全的理由等。②证据保全申请的条件审查。第一，提出证据保全的期限是否在法院指定的期限内；第二，申请保全的证据与本案有关；第三，申请保全的证据是否存在可能灭失或者以后难以取得的情形。

（6）先予执行。第一，关于申请先予执行的条件。对于当事人申请先予执行的案件，从以下方面审查是否符合先予执行的条件：案件类型，必须是行政机关没有依法支付抚恤金、最低生活保障金和工伤、医疗社会保险金的案件；权利义务关系明确，即根据起诉材料基本可以判断审理结果有利于原告；不先予执行将严重影响原告生活，即有证据证明原告的生活已经难以或无法维持。第二，关于先予执行决定。决定先予执行的，及时制作《行政裁定书》（先予执行用），移送有关部门及时采取措施；当事人对先予执行裁定不服的，可以申请复议一次。

（7）关于停止执行行政行为。第一，被告认为需要停止执行的，应当由被告作出决定，告知原告并书面报告法院。第二，对于当事人申请停止执行行政行为的案件，法院应审查是否符合停止执行的条件，即行政行为的执行会造成难以弥补的损失，并且停止执行不损害国家利益、社会公共利益。第三，法院应依职权审查行政行为的执行是否会导致国家利益、社会公共利益重大损害，如果存在该种情形应依职权停止行政行为执行。第四，决定停止执行行政行为的，应制作《行政裁定书》（依职权停止执行行政行为用或依申请停止执行行政行为用），移送有关部门及时采取措施；当事人申请停止执行行政行为理由不成立的，应制作《行政裁定书》（驳回申请用）。当事人对停止执行或不停止执行的裁定不服，可以申请复议一次。

（8）关于审前会议。案情比较复杂或者证据数量较多的案件，可以在举证期限届满之后，开庭审理之前组织各方当事人召开审前会议，以提升开庭审理效率。召开审前会议应向当事人发送《通知书》（召开审前会议用）。审前会议由法官或法官助理主持。审前会议可就如下事项进行明确：第一，处理好回避事项；第二，组织各方当事人交换证据，说明质证意见。需向当事人释明，无异议的证据庭审中不再质证。以便明确争议焦点，提升庭审效率；第三，归纳各方当事人争议的焦点；第四，申请法院调取证据事项；第五，勘验或者委托鉴定事项；第六，申请证人出庭作证事项；第七，能否进行庭前调解；第八，确定审理方式，即是否应不公开审理或者合并审理；第九，其他合议庭认为需要在审前会议中明确的事项。

【重点提示】

①证据交换，有几点需注意：第一，证据交换的时间为答辩期届满后，开庭审理前；第二，关于证据交换的形式，法律没有明确规定。但证据交换不属于开庭，故可以根据实际情况开展；第三，确定组织证据交换的，应当由当事人送达证据交换通知书；第四，证据交换时要制作证据交换笔录，完整记录证据交换的过程和情况，并由当事人签字确认。

②现场勘验。合议庭根据案件审理情况，可在开庭前也可在开庭后到涉案现场

进行实际勘验。进行现场勘验的，可根据实际情况，要求案件各方当事人到场进行确认。进行现场勘验，应制作相应的勘验笔录并绘制现场勘验图。勘验图应标明具体的方位、距离等相关内容。现场勘验笔录及勘验图纸均应由在现场的案件当事人、见证人签字确认。

③委托鉴定。因委托鉴定与民事委托鉴定程序相同，故不在此赘述。

（9）通知当事人开庭并准备好开庭笔录。

1）通知当事人开庭。至少在开庭前三日向各方当事人送达开庭传票，如案件审理涉及证人、鉴定人、勘验人或者翻译人员出庭，应向相应人员发送出庭《通知书》。

【重点提示】

①确定开庭时间时，应综合考虑合议庭成员、书记员等参与开庭审理人员的时间，并准确填写传票相关信息。要区分是否公开开庭，对涉及国家秘密、个人隐私、商业秘密的案件，应由合议庭依据相关规定确定是否公开开庭。对不公开开庭的案件，不发布开庭公告。

②务必确保规范送达传票。开庭前三日，应再次检查送达情况、诉讼费交纳情况。发现问题，及时向承办法官汇报。当事人提出调取证据、鉴定、证人出庭、证据保全、追加当事人、中止审理等申请或管辖权异议的，应在接到申请后立即报告承办法官。

2）准备好开庭笔录。因行政诉讼案件证据较多，程序复杂。故建议应在开庭前准备好开庭笔录模板，将案件有关证据，程序性问题事先罗列，有利于提高庭审效率，准确记录开庭内容。

（二）原告开庭前的准备

（1）对人民法院已受理的行政诉讼，根据案情复杂与否，考虑是否聘请律师或其他诉讼代理人，如需请人代为诉讼，则应及时签订委托代理方面的合同、协议。

（2）接到被告方答辩状副本后，及时认真阅读分析，针对答辩状提出的反驳意见、事实和证据，充分准备质证、辩驳，并及时向法院提供新的证据。

（3）根据法院通知和建议，考虑是否追加被告或变更被告。

（4）认真准备好法庭发言提纲，针对诉讼中被告可能提出的问题和证据如何质证辩驳，提前熟悉本案矛盾与纠纷涉及的法律条文与规定。

（5）根据案情需要，考虑需出庭的证人，及时通知其准备到庭作证，为证人出庭作证做好充分准备。

（6）针对被诉具体行政行为的特殊情况考虑是否提出原行政行为停止执行的申请。

（7）原告和委托代理人要及时与人民法院联系，查阅与本案相关的卷宗材料，全面了解案件的事实和证据材料，复印或摘录其中的关键部分，注明原材料形成时间，所在卷宗页码。

（8）开庭审理前，将庭审所需材料按一定规则整理好。或按事实时间顺序，或按法定程序，有规律的排列材料，证据等，最好有事实证据、相关法规一览表，做到随用随取，一目了然，便于及时应用。

（9）草拟针对对方当事人，证人发问提纲。这一般是通过阅卷，对方答辩状及本方掌握的事实情况，预测对方将可能会有哪些问题或证据提出，己方应对哪些问题需进一步搞清，抓住关键点，有重点地做好准备。

（10）原告当事人与诉讼代理人在开庭前要交换意见，明确诉讼目标，并明确做好在庭审过程中的分工、合作。

全面整理全部诉讼备用材料，进一步审查庭审发言质证材料、发问提纲、备用法条，并在此基础上把握预测庭审的关键性焦点，重点做好相应准备，对对方提出的意外情况或实变性情况，应有心理准备和应对策略。

以上情况，是原告方应注意做好的开庭前准备的一般状况，每一个具体案件，都具有本身不同特点，需结合实际案情，灵活掌握，做好庭审前的准备工作。

（三）被告开庭前的准备

（1）及时递交答辩状，提出作出行政行为的法律依据和事实证据。

在行政诉讼中，被告负主要举证责任。根据法律规定，作为被告的行政主体在向法庭提出答辩状的同时，必须提供作出行政行为的法律依据和事实依据，不能提供法律依据和证据则视为无法律依据和证据，就要承担败诉的法律责任。而在一审时没有向法庭提供证据，二审时再提供的则人民法院不予采信。因此作为行政诉讼被告，必须依法定程序，及时在向法庭提交答辩状的同时提交证据及法律依据。

（2）被告向法庭提交的证据，必须是在作出行政行为之前已经掌握的证据。

因为被告的行政行为被诉，人民法院将对该被诉行政行为的合法性进行司法审查。如证明该被诉行政行为合法，则要求该行政行为在作出时，有法律依据，且认定事实正确，证据确实充分。如在作出行政行为时认定事实不清，或尚未掌握确凿的事实证据，则该行为缺乏合法性。因此，作为行政诉讼的被告，出庭前必须提交作出被诉行政行为的当时已经掌握的事实证据和法律依据，否则就要承担败诉的法律责任。

此外，被告及其代理人在作出行政行为后或者在诉讼中自行收集的证据；被告在行政程序中非法剥夺公民、法人或者其他组织依法享有的陈述、申辩或者停止权利所采用的证据；原告或者第三人在诉讼程序中提供的、被告在行政程序中未作为具体行政行为依据的证据，不能作为定案的依据。

（3）指定或委托诉讼代理人，做好出庭准备。

一般情况，《行政诉讼法》规定，被诉行政机关负责人应出庭应诉。如机关负责人不能应诉的，应由当时作出行政行为的具体办事的工作人员或单位法律专业人员出庭应诉，或者委托律师代为诉讼。事先被诉单位应及时研究决定由哪些人出庭，并通知出庭人员做好准备，熟悉情况，准备发言材料，熟悉证据，法律依据，以便更好地应诉。另外，被诉机关应明确诉讼代理人的代理权限，仅由律师单独出庭应诉不符合法律规定。

（4）根据案情需要，通知能出庭的证人及时到庭，做好接送证人的准备工作。所有参加诉讼的人员准备好身份证件等。

对实在不能出庭的证人，要制作好书面证言，并明确到庭时书证的宣读人做好质证准备。

（5）如确有特殊情况或不能排除的障碍不能按时到庭参加诉讼，要及时书面告知人民法院。

第二节　行政诉讼第一审开庭审理工作规范

庭审过程，是人民法院在各方当事人参与下，通过举证、质证、辩论，查明事实，并依据法律规定的标准，对已查明的事实予以作出评价，确认当事人应承担的法律责任的过程。因此，庭审必须严格按照法定程序进行，遵守法定程序规范。

一、按照法定程序进行审判，保障诉讼参与人的诉讼权利

（一）严格履行法定程序

人民法院审理行政案件，除认为一审案件事实清楚、权利义务关系明确、争议不大的，可以适用简易程序外，均由审判员或由审判员和人民陪审员组成合议庭，合议庭成员应当是三人以上单数。并严格遵守法定回避制度，凡在一个审判程序参

与过审判工作的审判人员，不得再参与该案其他程序的审判。合议庭实行少数服从多数，不同意见应记录在案。

（二）必须对全部诉讼请求作出回答

在审理行政案件时，对原告的诉讼请求，应逐一审理清楚，依事实、证据和法律规定作出正面回答，或肯定支持、保证、保护，或否定、驳回、不予支持，必须全面回答，表明态度，不能对当事人的请求避而不答、不理，确属不应审理的要作出说明，保证当事人的诉权实现。

二、遵守证据规则，依法采证

行政诉讼的证据规则，即在庭审中主要任务是解决具体行政行为是否合法的问题，被告必须证明自己所做行政行为合法，没有证据或不能举证，则承担败诉结果。庭审中主要是对被告举证的审查，整个庭审主要也是围绕行政机关有没有证据，能否举证，所举证据是否有效来展开的，包括做出具体行政行为的法律依据。具体主要为以下五个原则：

（一）诉讼中，法院的任务基本限于复查证据，而且限于庭内审查证据；

（二）原告须遵守先行政程序举证，后诉讼的规则，原告在行政程序中负有举证义务承担举证责任而故意拒绝，在司法诉讼中举出这类证据，法院不予采纳；

（三）被告受先取证，后裁决规则的限制，行政行为做出之后，不得再取证，行政机关在司法审查中必须接受这个规则限制；

（四）被告必须遵守先说明理由后裁决的规则，即法庭只审查作出行政决定的理由，不审查行政机关事后追加的理由；

（五）行政诉讼中的举证责任，主要在被告。

三、行政诉讼第一审的具体程序规范

（一）审判长敲法槌，宣布开庭

（敲击法槌）现在开庭。依照《中华人民共和国行政诉讼法》第五十四条的规定，北京市××区人民法院依法组成合议庭，今天公开开庭审理（20××）京0101行初×号原告×××不服／要求被告×××行政行为／履行法定职责（说明案由）一案。（简易程序：北京市××区人民法院依法适用简易程序，由审判员×××独任审理）

（二）审判长核查当事人基本情况及委托代理人的情况

（1）原告基本情况及委托代理人基本情况的核实

（2）被告基本情况、行政机关负责人出庭情况以及委托代理人情况的核实

（3）第三人基本情况及委托代理人基本情况的核实

（三）告知合议庭组成人员

本合议庭由本院行政庭审判员×××担任审判长，与代理审判员×××、人民陪审员×××共同组成合议庭，审判辅助人员由法官助理×××及书记员×××担任，本次庭审由书记员×××担任法庭记录。

（四）介绍人民陪审员制度

关于陪审员参加本案审理的情况简要介绍如下：

坐在我左侧／右侧的这位是人民陪审员×××，他／她是从东城区全体居民中随机抽选出并经过资格审查和区人大常委会任命的。开庭前，经过我院在全体人民陪审员名册中再次随机抽选参与到本案审理中。陪审员代表人民群众全程参与诉讼、监督诉讼依法进行并发表对案件的审理意见，依法享有与法官同等的审判权。双方当事人可以通过法庭约见陪审员，通过陪审员代转材料、反映情况，有疑惑的问题可以向陪审员讲，发现法官有廉洁作风问题也可以向陪审员反映，但不能单独进行，需要书记员陪同并作记录。

（五）强调诉讼要求

下面强调诉讼要求：按照中央要求，为防止"关系案、人情案和金钱案"发生，提高司法公信力，北京市出台了严禁领导干部和法院内部人员干预、过问案件的规定。对违规干预、过问案件的情况，要求法官如实记录在案，并上报纪检监察部门，由纪检监察部门依法查处。请当事人相信法院和法官会依法公正处理案件，也要求当事人不得有托人说情、打招呼、打听案件审理情况、请客送礼、拉拢法官等干预和妨碍公正司法的行为，违者将记录在案、予以曝光，并按照妨害诉讼给予相应处理。请当事人严格依法依规进行诉讼活动。

（六）问询当事人是否申请回避

关于当事人在诉讼中享有的权利和应当履行的义务，本合议庭在庭前已经通过送达书面《权利义务告知书》的方式告知各方当事人，对此，各方当事人是否清楚诉讼权利义务，是否申请合议庭组成人员及书记员回避，书记员根据庭审具体情况做如实记录。

（七）法庭调查

1. 审判长宣布进行法庭调查

审判长宣布现在进行法庭调查。根据《中华人民共和国行政诉讼法》第六条的规定，审理行政案件，是对行政行为是否合法进行审查，将法庭调查和法庭辩论分别进行。但实践中根据案件的具体情况亦可以合并进行，合并进行的，应当在法庭调查开始时明确告知当事人（告知内容：法庭调查采用当事人陈述、当庭举证、质证，对质证意见进行辩论即质辩合一的方式进行，本庭不再另设辩论阶段）。

2. 当事人陈述

宣布进入当事人陈述阶段。此阶段，要求原告明确诉讼请求，被告明确答辩意见，第三人明确参诉意见。起诉状副本送达被告后，原告提出新的诉讼请求的，人民法院不予准许，有正当理由的除外。

3. 程序性审查

审查案件受案范围、原告资格、起诉期限、是否符合法定起诉条件等的内容。如果经过程序性审查，经合议庭评议系裁驳类案件，宣布休庭，不再进入实体审理阶段。

4. 举证质证

（1）关于行政作为类的举证质证。明确被诉行政行为的主要内容。被告对被诉行为的合法性承担举证责任。被告应当从法定职责、行政行为认定事实、适用法律、执法程序等方面进行举证。之后由原告、第三人质证。之后由原告举证，被告及第三人质证。最后由第三人举证，原告、被告质证。

（2）关于行政不作为类的举证质证。第一对于依申请履责的案件：明确原告提出履责申请的时间、内容并提出证据。由原告对其在行政程序中提出申请承担举证责任，由因被告受理申请登记制度不完备等正当理由不能提供证据材料并能作出合理说明的除外；第二，查明被告是否具有原告履责事项的法定职责，或者是否为被告依职权履行的职责；第三个是审查被告是否存在不履责的情形，由被告承担举证责任。（包括被告在受理原告的申请后或者依职权履行了哪些职责，是否存在怠于履行职责等）。

（3）关于复议维持双被告案件的举证质证。首先就原行为合法性进行举证。原机关及复议机关共同承担举证责任，可由一个机关就原行为的合法性进行举证。举证顺序及要求同上。其次由复议机关就复议行为程序的合法性进行举证。原告质证。原行政行为机关质证。原告举证。复议机关质证。

5. 申请证人出庭的处理

（1）申请时限。应当在举证期限届满前提出，并经人民法院许可；在庭审过程中要求证人出庭作证的，法庭可以根据审理案件的具体情况，决定是否准许以及是否延期审理。

（2）要求相关执法人员出庭作证的情形。对现场笔录的合法性或者真实性有异议的；对扣押财产的品种或者数量有异议的；对检验的物品取样或者保管有异议的；对行政执法人员的身份的合法性有异议的；其他需要出庭作证的情形。

（3）证人出庭作证的要求。第一，应当出示证明其身份的证件。法庭应告知其诚实作证的法律义务和作伪证的法律责任；第二，出庭作证的证人不得旁听案件的审理。法庭询问证人时，其他证人不得在场，但组织证人对质的除外。

（4）证人出庭作证询问流程。法庭及各方当事人可对证人进行询问。对证人证言质证完毕后，证人及时退庭，庭审继续进行。

6. 庭审中对证据的认定

庭审中经过质证的证据，能够当庭认定的，应当当庭认定；不能当庭认定的，应当在合议庭合议时认定。人民法院应当在裁判文书中阐明证据是否采纳的理由。法庭发现当庭认定的证据有误，可以按照下列方式纠正：庭审结束前发现错误的，应当重新进行认定；庭审结束后宣判前发现错误的，在裁判文书中予以更正并说明理由，也可以再次开庭予以认定；有新的证据材料可能推翻已认定的证据的，应当再次开庭予以认定。

7. 庭前已进行证据交换的处理

经过庭前质证，对于各方无异议的证据，庭审笔录中予以列明不再质证，对于有异议的证据，各方发表质证意见，并记录在庭审笔录中。

8. 规范性文件附带审查

（1）提出时间。第一审开庭审理前提出；有正当理由的，也可以在法庭调查中提出。

（2）审查范围。被诉行政行为所依据的中央部委和地方人民政府及其部门制定的规范性文件，不包含规章。

（3）相关处理。规范性文件不合法的，人民法院不作为认定行政行为合法的依据，并在裁判理由中予以阐明；作出生效裁判的人民法院应当向规范性文件的制定机关提出处理建议，并可以抄送制定机关的同级人民政府或者上一级行政机关。

9. 一并审理民事争议

当事人请求一并审理相关民事争议，有正当理由的，可以在法庭调查中提出。诉讼中一并审理民事争议的，民事争议单独立案，由同一审判组织审理。审理民事争议适用民事法律规范的相关规定，法律法规另有规定的除外。

（八）法庭辩论

按原告、被告、第三人顺序，围绕被诉行为的合法性展开充分的辩论。合议庭可视案件具体情况和辩论意见发表情况，适时宣布法庭辩论结束。

（九）法庭调解

对于行政赔偿、行政补偿及行政机关行使自由裁量权的案件，法庭可在遵循自愿、合法的前提下，组织调解，调解不成的，及时判决，调解达成协议的，制作调解书。调解书写明诉讼请求、案件事实和调解结果。

（十）最后陈述

告知各方当事人进行最后陈述。由审判长按照原告、被告、第三人的先后顺序征询各方当事人对案件的最后意见。

（十一）休庭

在各方当事人最后陈述结束后，审判长宣布休庭。（敲击法槌）书记员要求全体人员起立，请合议庭成员退庭。

（十二）核签笔录

书记员应当将法庭审理的全部活动记入笔录。当事人和其他诉讼参与人认为记录无误的，应当在笔录上签名；当事人拒绝在笔录上签名的，书记员应当向审判长报告，并记明情况附卷。当事人或者其他诉讼参与人认为庭审笔录有误或者有遗漏，申请补正的，可以在笔录上修改或者另页补正。重要修改、补正内容，书记员应向合议庭作出报告。

最后，合议庭组成人员在开庭笔录上签字。

第三节　行政诉讼第一审庭后工作规范

一、裁判文书的制作与校对

裁判文书是人民法院在审理行政案件过程中，对当事人之间的诉讼争议进行判断的文书，是裁判结果的外化，具有法律约束力。根据案件的结案方式不同，行政裁判文书分为三类：行政判决书、行政裁定书、行政调解书。行政裁判文书由承办法官进行制作，并由书记员进行校核。

（一）文书校对内容（以行政判决书为例）

根据《最高人民法院行政诉讼文书样式》的规定，行政判决书分为首部、事实、理由、判决结果、尾部及附录六部分。文书校对既包括对文书具体内容，即标题、当事人情况、认定的事实、适用的法律、裁判主文、合议庭成员等内容的校对，也包括技术规范、语言文字方面的校对。文书校对时，应注意与卷宗中的材料进行一一核对。

1. 具体内容的校对

（1）标题的校对。标题中法院名称是否正确，基层法院应冠以省、市、自治区的名称，涉案案件应冠以"中华人民共和国"字样。行政诉讼案件，裁判文书标题应为"行政判决书／裁定书"；行政赔偿案件，裁判文书标题应为"行政赔偿案件判决书／裁定书"。

（2）案号是否准确。

（3）诉讼参加人基本情况校对。即校对诉讼参与人的基本情况是否准确：易遗漏出庭行政机关负责人的基本情况。

（4）案由、审理经过的校对。案由、案件审理的程序、审判组织、开庭时间及诉讼参与人的参加情况等是否与庭审笔录中记载一致。

（5）当事人诉辩意见的校对。当事人的诉辩意见有无遗漏、变更，证据是否清楚全面与开庭笔录一致，事实是否准确、清晰，全文是否有错别字。

（6）法律法规引用是否规范。应按照《最高人民法院关于裁判文书引用法律、法规等规范性文件的规定》第一条的规定，规范引用法律法规。

（7）判决主文的校对。判决主文是否处理回应了原告的全部诉讼请求，对于未支持的诉讼请求应有"驳回其他诉讼请求"项；判决主文涉及赔偿数额的，赔偿数额必须使用大写；对于撤销原行政行为的，应写明是否需要判决被告重新作出行政行为及明确履行期限。

（8）告知事项的校对。包括诉讼费用的负担是否全部列明，包括案件受理费、保全费、鉴定费等有无遗漏，数额是否正确；上诉期限及上诉法院表述是否正确。

（9）人员签署的校对。合议庭成员、法官助理及书记员是否与告知当事人的一致，文书落款时间是否是案件审结时间。

2. 编辑文书的技术规范、字体字号、标点符号

（1）字体字号及排版的校对。文书字体上，法院名称应用二号标宋体字，裁判文书名称应用一号标宋体字，案号和正文应用三号仿宋体自（仿宋－GB2312）；打印使用国际标准 A4 纸；标题单倍行距、居中；正文两端对齐、首行缩进 2 字符、行间距 26 磅；案号居右对齐；案号和标题之间空 1 行，连接正文，并于正文右侧相差 1 个字符。

（2）数字的书写。四位数内（含四位数）的数字，不用分节法；大于四位数的数字，每三个之间应分开（例：58234 应写为 58 234）；一个完整的数字不能出现换行的情况，只能在一行中出现；相邻两个数字并列连用表示的概数，在连用的两个数字之间不得用顿号隔开。

（3）书写判决主文的注意事项。判决主文中的金额等必须使用大写，不得出现小写数字；判决主文中不能出现简称，一律使用当事人原名称。

（4）关于标点符号的使用，参照《标点符号用法》。

（5）关于文书格式，两页以上的法律文书必须居中编写页码，从"1"开始编起；最后一页无正文内容，仅有合议庭组成、日期等内容的，要定格写明"此页无正文字样"。

二、案件宣判

不论是公开审理的行政案件，还是不公开审理的行政案件，均应公开宣判。案件宣判分为当庭宣判和定期宣判。宣判可由法官、书记员到场进行。具有政治敏感性、重大社会影响性、群体性因素案件、重大涉诉信访案件或者当事人可能采取过激行为的案件，由合议庭全体成员、书记员到场进行。当庭宣判的，应当在十日内发送判决书；定期宣判的，宣判后立即发给判决书。

（一）具体流程

1. 宣判前的准备工作

定期宣判的案件，应安排好宣判时间和地点，提前通知双方当事人并在宣判前三日向当事人送达宣判传票并制作宣判公告；需要法警配合的，办理有关调警手续。

2. 宣判时的工作

（1）定期宣判。定期宣判时应先由书记员核对到庭当事人、委托代理人的身份，然后由审判长宣读判决书或主要裁判理由和主文，书记员应当制作宣判笔录，

并由到庭当事人在笔录上签名或盖章。宣判后，书记员立即向当事人或委托代理人送达判决书。当庭宣判的，由审判长宣读判决书或主要裁判理由和判决主文，书记员亦应当制作笔录，并在宣判后十日内向当事人或委托代理人送达裁判文书。

（2）制作宣判笔录。宣判笔录应包括案由、案号、宣判时间、宣判地点、审判长、书记员、到庭当事人基本情况、判决主文、双方当事人的上诉期限、应提交的上诉状及副本和上诉的法院、上诉费的预交、当事人对判决的意见等内容。对于当事人的意见及法官的解答意见，书记员应作必要记录。当庭宣判的无需另行制作宣判笔录，但应在庭审笔录中按照上述要求进行记录。当事人未能在指定时间到庭参加宣判的，书记员应在宣判笔录中记明。

3. 裁判文书的送达

（1）直接送达。送达裁判文书时，书记员应准备好送达回证及宣判笔录（裁定的案件不需填写宣判笔录），并送达裁判文书。当事人拒绝签收裁判文书的，书记员应在宣判笔录及送达回证上予以注明，并重点记明承办法官告知当事人或委托代理人拒绝签收和逾期上诉的法律后果等内容。

（2）邮寄送达。当事人在法院通知其参加宣判前已明确提出不参加宣判，裁判文书邮寄送达的。书记员应按照当事人填写的当事人地址确认书上的地址，在宣判当天将裁判文书邮寄送达该当事人，并做好登记、记录、取回邮寄单回执并入卷的工作。

（3）委托送达。如案件中有外地当事人，书记员也可采取委托送达的方式，由外地法院予以宣判、送达。

（4）公告送达。采取公告方式送达法律文书的，书记员应在公告完成后，将公告稿入卷留存。

4. 宣判工作重点提示

（1）宣判前判决结果为审判秘密，书记员不得提前告知当事人及其委托代理人判决结果。

（2）在宣判过程中，如当事人情绪激动，无法接受判决结果的，书记员应协助承办法官做好释法说理工作。如当事人拒绝在宣判笔录及送达回证上签字，书记员应在笔录上记明当事人拒签的情况，并由法官签字。

（3）当事人如若变更地址，书记员应要求当事人重新填写地址确认书，并按照当事人提供的新的地址向其送达裁判文书，否则送达无效。送达时，应先保存好邮寄存根，以便可实时查询邮寄状态，并在邮寄回单未能返还时可将存根入卷。

三、案件报结

裁判文书宣判并送达各方当时人后，该行政案件在法律上已经审结，但是因案件录入审判管理系统，案件在系统内的结案工作也应当同时完成。

（一）报结前信息核对工作

案件审结后，完成系统报结前，书记员应当检查审判管理系统中该案信息的填写情况，发现有错误或是未填写完成的，应当进行填报或修改。

（二）案件报结

报结时，应将裁判文书定稿上传至审判管理系统，并将送达信息、公告、结案时间、结案方式、结案案由、裁判文书是否有执行内容等信息录入，并确保案件信息准确。

案件报结后，应从审判系统打印立案信息表及结案信息表，以备整卷归档使用。

（三）报结后文书归档

审结案件需要承办法官补充卷宗材料的，书记员应当及时提醒承办法官完善卷宗材料；未上诉的案件应当有书记员在结案后的三个月内完成归档工作。

（四）案件报结的重点提示

因案件报结后，系统内的信息和上传的文书不可随意修改，故应点击结案前，确认信息的完整性及准确性。

四、上诉案件的移送

当事人不服人民法院第一审判决的，有权在判决书送达之日起十五日内向上一级人民法院提起上诉。当事人不服人民法院第一审裁定的，有权在裁定书送达之日起十日内向上上一级人民法院提起上诉。逾期不上诉的，人民法院的第一审判决或裁定发生法律效力。

（一）上诉材料的审查

当事人上诉的，应当向第一审人民法院提出上诉，上诉材料由第一审人民法院承办该案的法官或书记员收取。当事人提交上诉材料的，应从以下几点进行审查：

1. 审查上诉人是否适格

需要审查：上诉人是否属于有权提起上诉的上诉人，上诉期限是否超过法定上诉期限。核对当事人上诉是否超期，应以当事人收到裁判文书之日为起算点，以其邮寄或当面提交上诉状的日期为终点起算上诉期限，不能以法院收到当事人邮寄的上诉状为准。如遇到上诉期限届满的最后一天为节假日的，上诉期限届满的最后一天应顺延至工作日第一天，防止出现算错上诉期限而影响当事人上午权利的情况出现。

2. 上诉状的形式审查

上诉状是否为原件，上诉状的落款处是否为上诉人本人手写签名，落款日期是否填写完整。对于打印上诉状的，落款签名日期处如为打印的，要求上诉人补签手写签名和日期。

3. 内容审查

核对上诉状内容是否完整，是否包括上诉请求和事实理由。

4. 核对当事人诉讼地位是否列明准确

提起上诉的为上诉人（一般为原审原告或被告），被上诉的为被上诉人（一般为原审原告或被告），未上诉或未被上诉的原审当事人列明原审地位，如原审原告、原审被告或原审第三人。

5. 上诉状的规格

上诉状打印或手写均可，如手写上诉状应用蓝黑色墨水、碳素墨水等符合耐久性要求的笔书写，纸张规格为 A4 纸规格。

6. 手续材料审查

上诉状副本应按对方当事人人数提交副本，并同时提交当事人相关证明文件，包括身份证复印件等。如有委托代理人的，应同时提交委托手续。提交的委托手续材料种类应与起诉时提交的委托手续种类一致。

（二）上诉费的预交

上诉人提交的上诉状经审查符合上诉状书写要求的，书记员应同时开具上诉费交费通知书，告知上诉人交纳上诉费用。对于行政裁定书的上诉，不需要交纳上诉费用。

上诉人不缴纳案件上诉费的，且没有申请司法救助的，应分情况处理：

第一，上诉人在上诉期内主动撤回上诉状放弃上诉权利的，一审法院做好工作记录，案件不再移送，生效后在要求的期限内进行归档；上诉人在上诉期满后主动撤回上诉状放弃上诉的，一审法院应当将案件移送至二审法院，由二审法院依法予以处理。

第二，上诉人不缴纳上诉费仍然坚持要上诉的，一审法院做好记录工作，将案件移送至二审法院，由二审法院依法处理。即当事人不缴纳诉讼费用，且在二审法院指定的期限内仍不缴纳的，由二审法院依法处理。

（三）上诉材料的送达及答辩材料的收取

上诉材料符合规定，上诉手续齐全的，书记员应在收到上诉状五日内，向各当事送达上诉状。被上诉人应收到上诉材料十五天内提交答辩材料，逾期未提交的，可告知当事人在二审提交。收到答辩材料后五日内，人民法院应向上诉人进行送达。被上诉人在提交答辩状时，一并提交身份证明材料及相关委托手续。当事人明确表示不提交的，可告知其在二审提交。

（四）上诉卷宗的移送

上诉材料及答辩材料收齐后，由书记员整理一审卷宗及上诉材料，将一审卷宗装订成册，正卷及副卷一并移送二审法院。同时，向二审法院移送上诉材料，包括：上诉移送函、上诉案件受理费收据或当事人关于减、免、缓缴上诉案件受理费的申请书及相关证明、上诉状原件、上诉人身证明及委托手续、被上诉人的答辩状或被上诉人明确表示不在一审法院提交答辩意见的工作说明、一审裁判文书等材料。

书记员在将案卷移送本院立案庭进行审查移送的同时，应在审判系统同时录入上诉信息，审判系统中需要填写的信息，以书记员所在法院的具体要求为准。一般情况下，包括上诉状的提交方式、当事人的上诉地位、收到上诉状的时间、上诉状移送的份数等内容。

五、诉讼费的清结

裁判文书生效后，书记员应及时完成诉讼费的退还及收取工作，确保卷宗能够及时完成归档。办理生效案件诉讼费的退还即收取工作应当注意以下几点：

1. 生效案件诉讼费收取及退费工作的办理时间

当事人为在法定期限内上诉的、二审维持一审裁判退卷后，案卷归档之前，书记员应及时处理诉讼费退费及收取等工作。

2. 对于当事人放弃诉讼费的处理

书记员口头或是电话通知当事人进行退费的，当事人明确表示放弃诉讼费用的，应告知当事人向法庭提交书面的放弃诉讼费用的声明，对于为表示放弃诉讼费用又逾期不办理退费手续的，书记员应做好工作记录，由法官及书记员签字后附卷留存。

3. 拒绝缴纳诉讼费的处理

负有缴纳诉讼费义务的当事人拒绝履行诉讼费用缴纳义务的，移送法院相关部门执行。

4. 当事人退费注意事项的告知

当事人来法院退费前，应告知当事人法院办理退费的具体时间（因各院财务办理退费的时间不同，最好提前告知），要求当事人本人前来，并携带身份证复印件、诉讼费退费通知书、诉讼费交费收据；如若当事人本人不能来办理退费，则可委托代理人办理，代理人应提交授权委托书、身份证复印件或律师执业资格证复印件、收据等进行办理。

六、裁判文书公开

裁判文书生效后，书记员应在七日内完成生效裁判文书的上网公开工作。在互联网上即中国裁判文书公开网上公布的裁判文书内容应当与向当事人送达的裁判文书内容一致。

（一）裁判文书公开的格式要求

根据《最高人民法院关于在中国裁判文书网公布裁判文书的通知》的规定，公开裁判文书应遵循以下格式要求：

第一，裁判文书标题，如"××人民法院行政判决书"，统一用"小二号黑体"。

第二，裁判文书的其他内容，包括案号、正文等，统一用"小三号标宋体"。

第三，行间距统一设定为"25磅"，字间距设定为"标准"。

第四，结尾处应保留合议庭成员、裁判日期、法官助理及书记员等内容，这些内容要居右上下对其。页码、院印、"本件与原本核对无异"章等要删除。

（二）裁判文书公开的技术处理

1. 裁判文书中应当删去或隐去的内容

（1）自然人的家庭住址、通讯方式、身份证号码、银行账号、健康状况等个人信息，应当直接进行删除。

（2）未成年人的相关信息，应当直接删除。

（3）法人以及其他组织的银行账号，应当直接删除。

（4）商业秘密，应当直接删除。

（5）其他不宜公开的内容。例如：在房屋登记行政诉讼案件中涉及的《不动产权证明》中的证号，可以选择性的隐去几位，用"×"替代；证人、鉴定人、刑事案件被害人等非案件当事人的人员信息，应当进行匿名处理，即"证人张三"处理为"证人张某"，如同一案件中有多位需要匿名处理的张姓人员，应匿名处理为"张某1""张某2"等，以此类推，进行区别处理。

2.裁判文书中应当保留的信息

（1）当事人为法人或其他组织的，应保留其住所地、经营场所、法定代表人、负责人信息。

（2）当事人的委托代理人是律师的，应保留律师所在律师事务所信息，但律师的其他有关信息应当隐去。

（3）当事人为法人或其他组织的，其委托代理人为其员工的，应删去其自然人信息，但其与当事人之间的关系应当保留，如"某公司员工"。

（4）在裁判文书中已经使用化名等代替证人、鉴定人、刑事案件被害人等信息的，替代信息可不再进行技术处理。

（三）裁判文书不予公开的情形

裁判文书必要公开是原则，不宜公开是例外。具体标准见《最高人民法院关于人民法院在互联网公布裁判文书的规定》第四条的规定。

第十四章　行政诉讼第二审程序工作规范

本规范是适用于行政二审案件办理过程的审判程序性规范。本规范编写原则按照收案后的工作流程顺序进行，包括庭前准备工作、开庭审理（或询问审理、书面审理）、宣判等环节的工作规范。

第一节　行政诉讼第二审庭前准备工作规范

庭前准备工作主要包括收案、分案、上诉材料审查、案件审理方式确定、阅卷与开庭排期、回避情形的处理等内容。

一、收案与分案

（一）收案工作

行政二审案件立案后移交行政审判庭。行政审判庭收案时应及时进行初步的形式审查，确保案卷材料与卷宗清单相符。如存在材料与清单不符或者缺少必要手续、材料等情形，应立即核实处理，并在相关移交手续上注明。

（二）分案工作

分案按照相关规定采取审判管理系统随机分案或者审判庭指定分案的方式进行，分案时确定合议庭组成人员及相关辅助人员。

二、告知与回避

（一）合议庭成员告知

确定案件合议庭组成人员及辅助人员后，由书记员向当事人发送诉讼权利义务告知书和合议庭组成人员及辅助人员告知书。（告知书法院具有固定样式）

（二）回避事项的审查处理

1. 主动回避

审判人员认为自己与案件有利害关系或者其他关系，应主动申请回避，要及时向院长、庭长汇报回避的事由。院长担任审判长时的回避，由审判委员会决定；审判人员的回避由院长决定；书记员等其他人员的回避由审判长决定。

2. 当事人申请回避

（1）提出时间：当事人申请回避的，应当说明理由并在案件开庭审理时提出；回避事由在开庭审理后知道的，应当在法庭辩论终结前提出。

（2）申请回避的理由：认为审判人员与本案有利害关系或者有其他关系可能影响公正审判的。

（3）提出方式：可以口头或者书面提出。如果口头提出的要制作笔录记录在案。

（4）处理期限：案件承办人员要及时向庭长、院长汇报，并于3日内以口头或者书面形式作出决定。

（5）处理方式：①对当事人提出的明显不属于法定回避事由的申请，由合议庭决定，法庭可以依法当庭驳回。②对属于法定回避事由的回避申请，申请审判人员回避的，由院长决定；院长担任审判长时的回避，由审判委员会决定，其他人员的回避，由审判长决定。

申请回避理由成立的，变更合议庭组成人员，应当告知当事人；回避申请不成立的，口头告知或作出书面《驳回回避申请决定书》并及时送达当事人。当事人申请复议的，3日内作出复议决定。复议期间，申请回避的人员不停止参加案件的审理工作。

三、上诉材料审查

（一）上诉状的审查

1. 上诉状是否规范

需要审查上诉人是否列明，上诉人、被上诉人是否存在多列，被上诉人或者列明不当的情况，是否有上诉人的签名或印章、上诉请求是否明确等。

2. 审查上诉的上诉期限

上诉日期是否在法定期限之内，不在法定期限之内的，是否有正当理由。不在法定上诉期限之内，又没有相关材料显示有正当理由的，及时核实处理。

3. 审查上诉状的内容

上诉状是否存在内容不当的情形，如是否包含有侮辱、谩骂、攻击性言辞等，对存在上述情形的应当予以批评教育、责令改正。

（二）其他上诉材料的审查

其他上述材料审查包括：第一，上诉人是否提交身份证明材料，是否符合要求、上诉人是否提交了诉讼代理手续以及诉讼代理手续是否符合要求。第二，上诉材料中是否存在有关调取证据、中止或延期审理等诉讼程序方面的申请。第三，二审诉讼费用交纳。当事人申请减、免、缓交诉讼费用的，及时向承办法官说明提交申请的情况，在法官指导下依程序办理。

（三）二审证据材料的收取、审查和相关事项处理

1. 证据的收取和形式审查

（1）证据的形式审查。收取当事人二审新提交的证据时，应审查当事人提交的证据是否符合形式要件。当事人提交的证据材料应制作证据目录，注明证据材料名称、来源、证明对象和内容等，证据目录应加盖提交人公章或者签名，注明提交日期。对不符合形式要求的证据，应向当事人释明予以补充完善。收存复印件、复制品的要与原件核对，同时告知当事人开庭审理时必须携带证据原件当庭出示。

（2）接收证据材料需出具收据。人民法院收到当事人提交的证据材料，应当出具收据，根据当事人提交的证据目录注明证据的名称、份数、页数、件数、种类等以及收到的时间，由经办人员签名或者盖章。

2. 二审新证据的处理

对当事人在二审中提出新的证据材料，按照下列方式处理：

（1）当事人自行提交材料，欲作为二审新证据的，应当对其是否符合新证据的要求予以审查。符合要求的，应当安排当事人质证；不符合要求的，不予接纳。

（2）当事人申请二审法院调取证据的，应要求当事人提交书面申请。申请书应载明证据名称、持有人、申请调取证据的原因及要证明的事项。

经审查符合调取条件的，法院应在开庭审理前及时调取；如果是在庭审中提交不符合条件的，作出《通知书》驳回原告或第三人调取证据申请。申请人可以申请复议一次，法院应在收到复议申请之日起五日内作出答复。

3. 证据保全的审查处理

证据保全分为依诉讼参加人申请保全和法院主动保全。依申请保全证据要注意以下事项：

（1）申请书的审查。审查诉讼参加人提交的书面申请，申请书应包括以下事项：证据的名称和所在地、保全的内容和范围、申请保全的理由等。

（2）证据保全申请的条件审查。①提出证据保全的期限是否在举证期限届满前以书面形式提出；②申请保全的证据与本案有关；③申请保全的证据是否存在可能灭失或者以后难以取得的情形。

（3）处理方式。经审查认为需要采取证据保全措施，应及时采取措施。可以采取的方式有查封、扣押、拍照、录音、录像、复制、鉴定、勘验、制作笔录等。另外需根据证据的实际价值、存在状况、保全难度、灭失风险等方面的因素确定是否要求当事人提供担保；认为不需要采取保全措施的，驳回当事人申请并将情况记录在案。

四、开庭通知和庭前文书送达

（一）开庭准备与通知

（1）初步整理卷宗。案件卷宗需要按归档顺序整理好，以备庭审使用。

（2）庭审排期与相关通知发送。提前确定庭审排期方案，在开庭前三日向各方当事人送达开庭传票，如案件审理涉及证人、鉴定人、勘验人或者翻译人员出庭，应向相应人员发送出庭《通知书》。对外地当事人应预留合理的在途时间。当事人如有正当事由不能在合议庭确定的日期参加庭审的，应向合议庭说明并由合议庭审查理由是否成立及是否变更开庭日期。

（3）延期审理申请的处理。如当事人提出延期审理申请，应审查理由是否成立，并报承办法官决定。延期审理的情形：

① 必须到庭的当事人和其他诉讼参与人有正当理由没有到庭；

② 当事人临时提出回避申请且无法及时作出决定；

③ 需要通知新的证人到庭；

④ 需要调取新的证据；

⑤ 需要重新鉴定、勘验；

⑥ 需要补充调查；

⑦ 其他应当延期的情形。

（二）关于庭前文书送达

（1）送达内容。应送达文书的种类包括：上诉状副本、行政案件诉讼通知书、传票、行政机关负责人出庭通知书或建议函、出庭通知书、裁判文书等。

（2）送达方式。送达方式按照法律文书的性质，可以包括直接送达、留置送达、邮寄送达、委托送达、公告送达，当事人同意且条件具备的法院还可以采取电话录音送达、电子送达方式。

（3）送达地址确认书的填写。二审程序以一审程序确定的送达地址为准，二审程序中首次接触当事人后，可以再次要求其明确送达地址。

当事人填写的送达地址确认书中确认的送达地址，适用于第一审程序、第二审程序和执行程序。当事人变更送达地址，应当以书面方式告知人民法院。当事人未书面变更的，以其确认的地址为送达地址。

第二节　行政诉讼开庭审理工作规范

一、庭审前准备工作

（一）审判辅助人员工作

法官助理、书记员规范着装，提前到庭。核查如下事项：

（1）检查法庭设施。具体要求如下：

①检查法庭灯光、音响、电脑等各设备是否正常，是否具备开庭条件。

②检查法槌是否放置到位，法槌应当放置在审判长或者独任审判员的法台前方。

③检查审判长、审判员、人民陪审员、法官助理／书记员桌牌是否齐全；上诉人、被上诉人、第三人桌牌、桌椅是否齐全，是否符合规定。

④书记员点击进入书记员庭审刻录系统，全程录音录像。

（2）核对各方当事人是否到场。开庭审理前，核对各方当事人、代理人及其他诉讼参与人出庭情况，如有当事人未到庭，及时查明原因。

（3）安排证人在候审区等候。如有证人出庭作证，告知其不得旁听法庭审理，安排证人在候审区或者其他场所等候传唤。

（4）登记旁听人员身份信息。审判辅助人员与入院登记部门、安检部门联系，根据法庭情况确定旁听人员数量、检查旁听人员旁听证、核查旁听人员身份。旁听席位不能满足需要时，人民法院可以根据申请的先后顺序或者通过抽签、摇号等方式发放旁听证，但应当优先安排当事人的近亲属或其他与案件有利害关系的人旁听。

（5）宣布法庭纪律。审判辅助人员向各方当事人、诉讼代理人、旁听人员宣布法庭纪律。（有固定样本）

（6）合议庭成员入庭。宣布全体起立，请合议庭入庭，向合议庭报告当事人到庭情况。

（二）合议庭庭前准备工作

合议庭成员应准时出庭，法官应在入庭前更换好法袍，严禁着便装出庭。

入庭后，不得与诉讼各方随意打招呼，不得与一方有特别亲密的言行。坐姿端正，集中精力，专注庭审。

二、核实诉讼参加人及宣布开庭

（一）核查当事人基本情况

1. 一审原告基本情况的核实

（1）一审原告是公民的，核查如下信息：姓名（曾用名），性别，民族，出生年月日，身份证号，住址。住址应核实住所地，住所地与经常居住地不一致的，以其经常居住地为住址；如果没有经常居住地的，以其户籍所在地为住址。

（2）一审原告是法人的，核查如下信息：法人名称，住所地，法定代表人姓名及职务。

（3）一审原告是不具备法人资格的其他组织的，核查如下信息：名称（字号）、所在地址，负责人姓名及职务。

（4）一审原告是个体工商户，核查如下信息：个体工商户的字号、业主的姓名、出生年月日、居民身份证号、民族、住址。

2. 一审被告基本情况的核实

一审被告基本情况核实内容如下：（1）一审被告名称、住所地。（2）法定代表人姓名及名称。（3）行政机关负责人应当出庭应诉。行政机关负责人，包括行政机关的正职、副职负责人以及其他参与分管的负责人。但是，不论正职还是副职负责人，其参加诉讼的身份都不是委托代理人，正职负责人是行政机关的法定代表人，副职负责人也是行政机关委派的代表，并非委托代理人。行政机关负责人出庭应诉的，可以另行委托一至二名诉讼代理人。

3. 第三人基本情况的核实

一审第三人的核查事项同原告。分情况予以说明：

（1）法院依职权追加：因×××与本案被诉行政行为或与本案处理结果有利害关系，依法通知其为第三人参加本案诉讼。

（2）当事人申请参加：因×××与本案被诉行政行为有利害关系，经×××申请，依法准许其作为第三人参加本案诉讼。

4. 各方当事人二审诉讼地位列明

二审当事人依照上诉人、被上诉人地位分别列明，与上诉人立场一致但未提起上诉的当事人按照一审地位列明。

（二）核查委托代理人基本情况

1. 上诉人、被上诉人、第三人委托代理人基本情况的核查

包括以下内容：

（1）委托代理人系律师或基层法律服务工作者

律师提交律师执业证、律师事务所证明材料；基层法律服务工作者提交法律服务工作者执业证、基层法律服务所出具的介绍信以及当事人一方位于本辖区内的证明材料；其中本辖区是指基层法律服务工作者执业的基层法律服务所所在的县级行政区划和直辖市的区县行政区划辖区。

（2）委托代理人系近亲属

核实是否属于系夫妻、父母、子女、兄弟姐妹、祖父母、外祖父母、孙子女、外孙子女和其他具有抚养、赡养关系的亲属。如属于，需提交近亲属身份证件和与委托人有近亲属关系的证明材料，授权委托书。同时，核查近亲属姓名（曾用名），性别，出生年月日，民族，身份证号，职业及住址。

（3）委托代理人系本单位工作人员

与当事人有合法劳动人事关系的职工，可以当事人工作人员的名义作为诉讼代理人。当事人的工作人员应当提交身份证件和与当事人有合法劳动人事关系的证明材料。工作人员是指与当事人存在真实、持续劳动关系（含人事、任用关系等）的职工。与当事人不存在劳动关系的法律顾问、与当事人签订仅以特定诉讼活动为工作内容的劳动合同的人员等，不能作为"当事人的工作人员"被委托为诉讼代理人。以当事人的工作人员身份参加诉讼活动的，应当提交以下证据之一加以证明：① 缴纳社会保险记录凭证；② 领取工资凭证；③ 其他能够证明其为当事人工作人员身份的证据。

（4）委托代理人系当事人所在社区、单位及有关社会团体推荐的公民。当事人所在社区、单位推荐的公民应当提交身份证件、推荐信和当事人属于该社区、单位

的证明材料。推荐信应载明所涉案件、当事人与推荐人的关系、被推荐人与当事人或者推荐人的关系、推荐理由等内容。

有关社会团体推荐的公民应当提交身份证件和符合如下规定的证明材料：①社会团体属于依法登记设立或者依法免予登记设立的非营利性法人组织；②被代理人属于该社会团体的成员，或者当事人一方住所地位于该社会团体的活动地域；③代理事务属于该社会团体章程载明的业务范围；④被推荐的公民是该社会团体的负责人或者与该社会团体有合法劳动人事关系的工作人员。

（5）系无民事行为能力人、限制民事行为能力人的法定代理人。在诉讼中，无民事行为能力人、限制民事行为能力人的监护人是他的法定代理人。事先没有确定监护人的，可以由有监护资格的人协商确定；协商不成的，由人民法院在他们之中指定诉讼中的法定代理人。当事人没有《民法典》第二十七条第一款、第二款或者第二十八条第一款规定的监护人的，可以指定符合该法第二十七条第四款或者第二十八条第三款规定的有关组织担任诉讼中的法定代理人。

（6）诉讼代表人。当事人一方人数众多（一般指十人以上）的共同诉讼，可以由当事人推选代表人（二至五人）进行诉讼。代表人可以委托一至二人作为诉讼代理人。代表人的诉讼行为对其代表的当事人发生效力，但代表人变更、放弃诉讼请求或者承认对方当事人的诉讼请求，应当经被代表的当事人同意。

2.二审被诉行政机关出庭人员资格审查

包括以下内容：

（1）行政机关负责人（正职、副职负责人以及其他参与分管的负责人）应当出庭应诉。行政机关负责人出庭应诉的，可以另行委托一至二名诉讼代理人。

（2）行政机关负责人不能出庭应诉的，必须委托至少一名本机关相应工作人员出庭应诉，不得仅委托律师出庭。

（3）行政机关委托相应的工作人员出庭应诉的，应当向人民法院提交加盖行政机关印章的授权委托书，并载明工作人员的姓名、职务和代理权限。"行政机关相应的工作人员"，包括该行政机关具有国家行政编制身份的工作人员以及其他依法履行公职的人员。被诉行政行为是地方人民政府作出的，地方人民政府法制工作人员，以及被诉行政行为具体承办机关工作人员，可以视为被诉人民政府相应的工作人员。"相应工作人员"核心在于要求行政机关委派熟悉被诉行政管理领域、熟悉案件实际情况和所涉及的法律规范，能在法庭上言之有物，有利于法庭查清事实、适用法律，作出公正裁判。

①适当予以尊重：行政管理机关与办事机构（如政府委托法制办、具体承办机关、办公厅工作人员）、行政主管部门与经办机构、上级行政机关对下级行政机关依法以其名义作出的行政行为引起的行政诉讼案件，必要时可以委托下级行政机关的工作人员作为其诉讼代理人参加诉讼。

②不允许：上下级行政机关之间在被诉行为事项上不是直接相关，即下级行政机关不是被诉事项的直接承办部门，上级行政机关不应委托下级行政机关工作人员出庭应诉；行政复议维持双被告案件中，复议机关不能委托原行政行为作出机关工作人员出庭应诉。

（4）行政机关负责人和行政机关相应的工作人员均不出庭，仅委托律师出庭的或者人民法院书面建议行政机关负责人出庭应诉，行政机关负责人不出庭应诉的，人民法院应当记录在案和在裁判文书中载明，并可以建议有关机关依法作出处理。

（5）委托律师的，同原告委托律师诉讼的核查要求。

3. 第三人委托代理人核查

第三人委托代理手续核查要求同原告委托手续要求。

4. 公益诉讼人基本情况核实

公益诉讼行政案件，人民检察院应当派员出庭，并应当自收到人民法院出庭通知书之日起三日内向人民法院提交派员出庭通知书。派员出庭通知书应当写明出庭人员的姓名、法律职务以及出庭履行的具体职责。开庭前应对人民检察院出庭人员身份进行核查。

人民法院审理第二审案件，由提起公益诉讼的人民检察院派员出庭，上一级人民检察院也可以派员参加。

（三）相关情况处理

（1）经合议庭审查，上诉人、被上诉人、其他当事人具有行政诉讼当事人的资格，其法定代表人、负责人、委托代理人的出庭手续符合法律规定，准许上述人员出庭参加诉讼。

（2）上诉人经传票合法传唤，无正当理由未到庭的，按照撤诉处理。上诉人申请撤诉，人民法院裁定不予准许的，上诉人经传票传唤无正当理由拒不到庭，或者未经法庭许可中途退庭的，人民法院可以缺席判决。

（3）被上诉人经传票合法传唤，无正当理由未到庭的，可以缺席判决。被上诉人为一审被告的情况下，可以将被上诉人拒不到庭情况予以公告，并可以向监察机关或者被上诉人的上一级行政机关提出依法给予其主要负责人或直接责任人员处分的司法建议。

（4）上诉人、被上诉人之外的其他当事人经合法传唤无正当理由未到庭的，不影响案件的审理。

（5）委托手续不符合要求的，人民法院一经发现应当及时口头（记入笔录）或书面方式向当事人告知，并告知其另行委托符合相关要求的诉讼代理人、补交证明材料或者亲自参加诉讼；经人民法院告知，当事人拒不更换代理人或补交证明材料的，人民法院则不允许该代理人参加诉讼。经人民法院合法传唤，出庭的委托代理人手续不符合要求的，对上诉人可按撤诉处理，对被上诉人可以缺席审理。

（四）宣布开庭

（1）宣布开庭。由审判长敲击法槌并宣布开庭，依法告知合议庭成员及审判辅助人员，并明示权利义务。

（2）庭审中回避申请的处理。回避申请的提出时间、事由、方式及处理参见前文。

（五）注意事项

（1）确保程序公正。合议庭成员及辅助人员应该严守依法、公正、中立原则，确保程序公正和形象公正。充分保障各方当事人依法平等行使诉讼权利，给予平等的发言机会，维护庭审秩序。

（2）注重司法礼仪。合议庭成员及辅助人员应符合司法礼仪，严肃、庄重、文明，彰显司法尊严。合议庭成员应当按时共同到庭，准时开庭，不得延误。合议庭成员按照规定着法袍，法官助理、书记员、法警按规定着装。当事人、代理人及其他诉讼参与人、旁听人员应当着正装，符合法庭礼仪。对着装不符合要求的，审判长可以要求纠正或者责令退出法庭。合议庭成员、法官助理、书记员、法警应当仪表端庄，专注庭审，不得做与庭审无关的事情，关闭手机等个人通信工具。

（3）依规使用法槌。开庭或者继续开庭，审判长在宣布之前先敲击法槌；休庭或者闭庭，在宣布之后敲击法槌；宣告裁判，在宣告之后敲击法槌；其他情形，在敲击法槌之后作出指令。一般敲击一下法槌，以能够清晰听见为宜，不连续敲击。诉讼参与人、旁听人员妨碍审判活动，扰乱法庭秩序，需要制止的，审判长先敲击法槌，然后予以制止。

（4）同步录音录像。庭审应同步摄录音像，拷贝存卷。该部分工作内容是审判辅助人员的重要工作内容。开庭之前，审判辅助人员应当提前与技术工作人员协调相关工作，确保同步无误。

三、法庭审查

法庭审查按照法庭调查和法庭辩论分别进行。视案情亦可采取法庭调查与法庭辩论合一的方式审理，在此应告知当事人。

（一）当事人陈述

宣布进入当事人陈述阶段。此阶段，要求上诉人明确诉讼请求，被上诉人明确答辩意见，第三人明确参诉意见。

（二）归纳争议焦点

合议庭（主审法官）结合当事人的上诉及答辩意见及阅卷情况归纳案件争议焦点，对在一审中属于当事人争议焦点但在二审中不再坚持的，可不作为二审争议焦点。争议焦点向当事人释明并询问当事人补充意见。

（三）事实调查

对一审裁判认定的事实和证据进行审查，听取当事人双方意见。围绕争议焦点开展法庭调查。

（四）证据的审查

（1）新证据的质证。

（2）对一审证据的审查。

（3）证人、专家辅助人、鉴定人、勘验人出庭的，参照一审相关程序进行。

（4）在法庭调查过程中，当事人要求补充证据或者申请重新鉴定、勘验的，合议庭应当当庭或者休庭合议后作出决定。

（5）不公开审理的案件，涉及国家秘密、商业秘密、个人隐私等证据，法庭不宜公开出示的，可以适当归纳说明，并听取当事人的意见。

四、法庭调解

（一）调解的适用范围

人民法院审理行政案件，不适用调解。但行政赔偿、补偿以及行政机关行使法律、法规规定的自由裁量权的案件可以调解。对因平等主体间民事纠纷引发的行政案件，在征得各方同意后，合议庭可以对平等主体间的民事争议进行调解。

（二）调解的程序

当事人同意调解的，可以当庭进行，也可以在休庭后进行。调解时，可以先由当事人提出调解方案。必要时，合议庭也可以提出调解方案供当事人参考。调解时，当事人各方可以同时在场，也可以根据需要分别做当事人调解工作。当事人达成调解协议符合法律规定，各方同意在调解协议上签名或者盖章后生效的，经法院审查确认后，记入笔录或者将协议附卷。代理人进行调解、提出撤诉申请，应当审查其是否具有相应的代理权限。

五、法庭辩论

按上诉人、被上诉人、第三人顺序，围绕被诉行为的合法性展开充分的辩论。合议庭可视案件具体情况和辩论意见发表情况，适时宣布法庭辩论结束。

（一）庭辩论内容

法庭调查结束后，合议庭概括案件和争议焦点问题，由当事人围绕诉讼请求、焦点问题就适用法律意见及其根据、理由进行法庭辩论。

（二）法庭辩论顺序

法庭辩论按照下列顺序进行：

（1）上诉人及其代理人发言；

（2）被上诉人及其代理人发言；

（3）一审其他当事人及其代理人发言。

（三）恢复法庭调查的情形

当事人在法庭辩论阶段提出新的事实或者新的证据，涉及的问题比较简单的，合议庭可以简单地询问调查；涉及的问题比较复杂或者比较重要的，合议庭可以中止法庭辩论，恢复法庭调查。

六、最后陈述

告知各方当事人进行最后陈述。由审判长按照上诉人、被上诉人、第三人的先后顺序征询各方当事人对案件的最后意见。

七、休庭或当庭宣判

（一）休庭

不能当庭宣判的案件，在各方当事人最后陈述结束后，审判长告知当事人合议庭将于庭审后对案件进行合议，宣判时间另行通知，并宣布休庭（敲击法槌）。书记员要求全体人员起立，请合议庭成员退庭。

（二）核签笔录

庭审结束后，书记员校对庭审笔录后，将庭审笔录交由当事人和其他诉讼参与人当庭或者休庭后五日内阅读。当事人或者其他诉讼参与人阅读有障碍的，由书记员宣读。当事人和其他诉讼参与人认为记录无误的，应当在笔录上签名；当事人拒绝在笔录上签名的，书记员应当向审判长报告，并记明情况附卷。

当事人或者其他诉讼参与人认为庭审笔录有误或者有遗漏，申请补正的，可以在笔录上修改或者另页补正。重要修改、补正内容，书记员应向合议庭作出报告。最后，合议庭组成人员在开庭笔录上签字。

（三）当庭宣判

合议庭成员对案件进行合议后，当庭宣判决，并告知判决内容以向当事人送达的书面判决为准，判决书将于十日内向当事人送达。当事人核签开庭笔录。

第三节　案件评议、研究与讨论

一、合议庭评议

（一）案件合议的组织和记录

合议庭评议案件应当在庭审结束后及时进行，由审判长主持，全体合议庭成员参加，由书记员制作笔录。

评议中的不同意见，必须如实记载。评议笔录由合议庭的组成人员签名。

（二）案件合议和表决的规则

（1）合议庭评议案件时，先由承办法官对认定案件事实、证据是否确实、充分以及适用法律等发表意见，审判长最后发表意见；审判长作为承办法官的，由审判长最后发表意见。

（2）对案件的裁判结果进行评议时，由审判长最后发表意见。审判长应当根据评议情况总结合议庭评议的结论性意见。

（3）合议庭成员对评议结果的表决，以口头表决的形式进行，实行少数服从多数原则。

（三）合议内容

合议庭成员应当对一审法院的判决、裁定和被诉行政行为进行全面审查，对案件的证据采信、事实认定、法律适用、裁判结果以及诉讼程序等问题充分发表意见。必要时，合议庭成员还可提交书面评议意见。

合议庭对一审裁判结果存在疑问的，应当认真阅读一审评议笔录，必要时可向一审合议庭了解相关情况。

裁判结果分为如下几种：

（1）裁定准许撤回上诉；

（2）判决／裁定驳回上诉，维持一审判决／裁定；

（3）改判；

（4）裁定撤销一审判决，发回重审；

（5）裁定撤销一审判决，驳回起诉；

（6）裁定撤销一审裁定，指令一审法院立案受理或继续审理。

二、其他研究讨论方式

（一）提请专业法官会议研究

合议庭认为所审理的案件因重大、疑难、复杂而存在法律适用标准不统一的，可以提请庭长将法律适用问题提交庭内专业法官会议研究讨论。

（二）提交审判委员会讨论

重大、敏感、疑难、复杂、新类型案件以及涉及统一裁判标准的案件，或者经合议庭、专业法官会议讨论，合议庭复议后仍然存在重大分歧意见，难以作出决定的案件，可以由合议庭层报庭长、主管副院长提请院长决定是否提交审判委员会讨论。

三、卷宗留痕

司法机关领导干部和上级司法机关工作人员因履行领导、监督职责，需要对正在办理的案件提出指导性意见的，应当依照程序以书面形式提出，口头提出的，由办案人员记录在案。对司法机关内部人员过问案件的情况，办案人员应当全面、如实记录，做到全程留痕，有据可查。

人民法院工作人员因履行法定职责需要过问案件或者批转、转递涉案材料的，应当依照法定程序或相关工作程序进行，并且做到全程留痕，永久保存。人民法院领导干部和上级人民法院工作人员因履行法定职责，需要对正在办理的案件提出监督、指导意见的，应当依照法定程序或相关工作程序以书面形式提出，口头提出的，应当由办案人员如实记录在案。人民法院办案人员应当将人民法院领导干部和上级人民法院工作人员因履行法定职责提出监督、指导意见的批示、函文、记录等资料存入案卷备查。

其他司法机关工作人员因履行法定职责，需要了解人民法院正在办理的案件有关情况的，人民法院办案人员应当要求对方出具法律文书或者公函等证明文件，将接洽情况记录在案，并存入案卷备查。对方未出具法律文书或者公函等证明文件的，可以拒绝提供情况。人民法院办案人员在办案工作中遇有司法机关内部人员在法定程序或相关工作程序之外过问案件情况的，应当及时将过问人的姓名、单位、职务以及过问案件的情况全面、如实地录入司法机关内部人员过问案件信息专库，并留存相关资料，做到有据可查。

第四节　行政案件二审宣判工作规范

一、宣判的种类

合议庭对公开审理和不公开审理的案件，一律公开宣告判决。

（一）当庭宣判

当庭宣判的案件，应当由审判长宣布休庭，经合议庭成员讨论决定案件的裁判结论后，合议庭成员需返回法庭进行宣判。宣判时，合议庭成员应当起立，审判长宣读裁判文书时声音要洪亮、清晰、准确无误。当庭宣判的，应当宣告裁判文书的主文，并简要说明裁判理由。书记员需将当庭宣判的情况记入庭审笔录，并交当事人签字确认。裁判文书应在当庭宣判十日内向各方当事人送达。宣判后，承办法官应对诉讼各方提出的质疑，耐心做好解释工作。

（二）定期宣判

定期宣判的案件，由书记员采用书面或口头方式将宣判的时间、地点通知各方当事人。宣判前，书记员应核对受送达人的身份，特别是有无身份信息变更的情况。宣判过程中，审判长向受送达人宣读裁判文书的全文，书记员制作宣判笔录，并交受送达人签字。受送达人在送达回证上记明收到日期，签名或者盖章。受送达人拒绝在宣判笔录和送达回执上签字或盖章的，视为送达，书记员应将情况记入宣判笔录中。

（三）委托宣判

接受宣判的当事人在外地的，受理案件的人民法院可以委托当地基层人民法院代为宣判。委托宣判的案件，委托人民法院应当出具委托书和需要宣判的法律文书。委托人民法院对委托宣判事项有特殊要求的，应当在委托书中说明。受委托人民法院应当在收到委托书之日起七日内完成，并将宣判情况制作笔录。宣判后，及时将宣判笔录和送达回证寄回委托人民法院。

（四）邮寄送达

在诉讼过程中，案件当事人同意邮寄送达裁判文书的并填写送达地址确认书的，按照送达地址确认书预留方式向当事人邮寄送达。送达地址确认书应写明受送达人的姓名、联系方式、地址。案件当事人可以向人民法院指定代收人作为受送达人。书记员按照案件当事人及委托代理人的人数确定受送达人的人数及裁判文书的份数，交由 EMS 公司向受送达人进行邮寄送达。

当事人已经签署《送达地址确认书》的，按照送达地址确认书预留方式向当事人邮寄送达。邮寄送达的，以交邮日期为结案日期。亦可按照《北京市高级人民法院审判流程管理办法（试行）》的相关规定，以受送达人在邮件回执上签收的日期为结案日期。

二、宣判的注意事项

（1）核对当事人身份，特别注意有无身份信息变更的情况，如法人名称变更、法定代表人变更等。

（2）告知当事人上诉的权利、上诉的期限、不上诉的后果、执行的相关问题等。

（3）邮寄判决书的注意事项：

① 当事人在提起上诉时未书面变更送达地址的，其在第一审程序中确认的邮寄送达地址可以作为第二审程序的送达地址；

② 邮寄裁判文书的信件被退回的，书记员应及时联系当事人，协商送达裁判文书的方式。

（4）个别案件需要特殊说明的内容。如判决行政机关履责的案件，告知行政机关应当于判决书限定的期限内履行职责，告知相关人在判决书限定的期限内等候行政机关处理结果，如行政机关到期未履行可申请强制执行等。

（5）案件当事人、诉讼代理人在宣判时不到庭，又未申请邮寄送达裁判文书的，书记员可以告知受送达人到法院领取裁判文书。受送达人领取裁判文书时应在送达回证上记明收到的日期，签字或者盖章。当事人、诉讼代理人到达人民法院，拒绝签署送达回证的，视为送达。审判人员、书记员应当在送达回证上注明送达情况并签名。

（6）人民法院可以在当、事人住所地向当事人直接送达裁判文书。直接送达裁判文书需案件承办人和书记员至少二人在场。受送达人本人在的，应由本人签收；本人不在交他的同住成年家属签收；受送达人是法人或者其他组织的，应当由法人的法定代表人、其他组织的主要负责人或者该法人、组织负责收件的人签收；受送达人有诉讼代理人的，可以送交其代理人签收；受送达人已向人民法院指定代收人的，送交代收人签收。受送达人的同住成年家属，法人或者其他组织的负责收件的人，诉讼代理人或者代收人在送达回证上签收的日期为送达日期。

（7）受送达人或者他的同住成年家属拒绝接收裁判文书的，送达人可以邀请有关基层组织或者所在单位的代表到场，说明情况，在送达回证上记明拒收事由和日期，由送达人、见证人签名或者盖章，把诉讼文书留在受送达人的住所；也可以把诉讼文书留在受送达人的住所，并采用拍照、录像等方式记录送达过程，即视为送达。

（8）人民法院可以在当事人住所地以外向当事人直接送达裁判文书。直接送达裁判文书需案件承办人和书记员至少二人在场。当事人拒绝签署送达回证的，采用拍照、录像等方式记录送达过程即视为送达。审判人员、书记员应当在送达回证上注明送达情况并签名。

（9）受送达人是军人的，通过其所在部队团以上单位的政治机关转交。受送达人被监禁的，通过其所在监所转交。受送达人被采取强制性教育措施的，通过其所在强制性教育机构转交。代为转交的机关、单位收到诉讼文书后，必须立即交受送达人签收，以在送达回证上的签收日期，为送达日期。

（10）受送达人下落不明，或者用其他方式无法送达的，经合议庭讨论决定，可以采用公告的方式送达裁判文书。书记员可以在法院的公告栏和受送达人住所地张贴公告，也可以在报纸、信息网络等媒体上刊登公告，公告应当说明裁判的主要内容。发出公告日期以最后张贴或者刊登的日期为准。公告送达，书记员应当在案卷中记明原因和经过。人民法院在受送达人住所地张贴公告的，应当采取拍照、录像等方式记录张贴过程。

三、宣判后事项

（一）文书错误补救

对一般文字差错或者病句，应当及时向当事人说明情况并收回裁判文书，以校对章补正或者重新制作裁判文书。

对重要文字差错或者病句，能立即收回的，当场及时收回并重新制作；无法立即收回的，应当制作裁定予以补正。

（二）案件报结

承办法官在案件审判后，应当办理结案手续，并于结案后三个工作日内在案件信息系统中录入结案信息。

案件判决书宣判、裁定书宣告或者调解书送达最后一名当事人的日期为结案日期。书记员应在送达后三个工作日内在案件信息系统中录入送达信息。

案件判决书宣判、裁定书宣告或者送达有下列情形之一的，结案时间遵守以下规定：

（1）受送达人在宣判笔录、送达回证或邮件回执上签收的日期；

（2）受送达人的法定代理人或同住成年家属，法人或其他组织的法定代表人、主要负责人或者负责收件的人，受送达人的诉讼代理人或者指定代收人在送达回证或邮件回执上签收的日期；

（3）留置送达的，裁判文书留在受送达人的住所地或确认的有效地址的日期；

（4）公告送达的，公告刊登的日期；

（5）通过有关单位转交送达的，受送达人在送达回证上签收的日期；

（6）因受送达人自己提供或者确认的送达地址不准确、拒不提供送达地址、送达地址变更未及时告知，或者受送达人本人、第（2）项所列人员拒绝签收，导致诉讼文书未能被受送达人实际收取的，以文书退回的日期；

（7）邮寄送达的，邮件有效签收的，依据第（2）项规定执行；邮件被退回的，依据第（6）项规定执行。

核对基本信息。录入结案信息时，应当认真核对承办人信息、追加当事人信息、开庭时间、合议时间、案由、结案方式、是否有法院协调、结案时间、诉讼费减免、提请审委会讨论等信息，并将裁判文书上传至结案系统。

报结失误的处理。案件报结后发现结案信息有错误的，由承办人在北京法院智慧云系统内的"网上办公"模块中填写《案件信息修改审批表》，经庭长批准后，报本院审管办修改。如需跨自然月修改结案信息的，需由承办人在北京法院智慧云系统内的"网上办公"模块中填写《北京法院案件信息修改审批表》，经庭长批准后，报北京市高级人民法院审管办修改。

（三）裁判文书上网

（1）应当上网的文书。行政判决书、行政裁定书、对妨害诉讼行为、执行行为作出的拘留、罚款决定书，提前解除拘留决定书，因对不服拘留、罚款等制裁决定申请复议而作出的复议决定书、行政调解书、其他有中止、终结诉讼程序作用或者对当事人实体权益有影响、对当事人程序权益有重大影响的裁判文书，应当通过"智慧云"系统在互联网上公布。

（2）上网文书的校核处理。书记员协助案件承办法官在裁判文书发生法律效力后的七个工作日内，对符合公布条件的裁判文书，进行技术处理和校对，报送审判管理机构审查并在互联网公布。裁判文书应当内容真实准确，格式规范，引用法律条款无误，文字表述、数字和标点符号等无错漏。

（3）不得上网的文书。涉及国家秘密的裁判文书和人民法院认为不宜在互联网公布的其他裁判文书，不得在网上公布。合议庭认为裁判文书具有不宜在互联网公布情形的，应当在裁判文书发生法律效力后三日内，提出书面意见及理由，由部门负责人审查后报主管院领导审定。主管院领导在三日内完成审批。主管院领导审批同意后，可以不在互联网上公布。

（4）上网文书的特殊处理。在互联网公布裁判文书时，应当对未成年人及其法定代理人、证人的姓名作隐名处理。进行隐名处理时，应保留姓氏，名字以"某"替代。对于少数民族姓名，保留第一个字，其余内容以"某"替代。对于外国人、无国籍人姓名的中文译文，保留第一个字，其余内容以"某"替代。对于外国人、无国籍人的英文姓名，保留第一个英文字母，删除其他内容。对不同姓名隐名处理后发生重复的，通过在姓名后增加阿拉伯数字进行区分。

（5）上网文书不应公开的信息。在互联网公布案件信息，应当删除：

① 自然人的家庭住址、通讯方式、身份证号码、银行账号、健康状况、车牌号码、动产或不动产权属证书编号等个人信息；

② 法人以及其他组织的银行账号、车牌号码、动产或不动产权属证书编号等信息；

③ 涉及商业秘密的信息；

④ 人民法院认为不宜公开的其他信息。

（6）上网文书笔误处理。已在互联网公布的裁判文书发现笔误的，应由合议庭及时做出补正裁定，应将补正裁定按前述程序公布上网。在互联网公布裁判文书前发现笔误，已经作了补正裁定并送达的，可以按程序公布补正完善后的裁判文书。

（7）上网文书的撤销。已经在互联网公布的裁判文书，确因法定理由或者其他特殊原因需要撤销的，承办法官应当填写裁判文书网上撤销审批表。

（四）归档

（1）书记员应在案件裁判文书生效后3个月内，完成案卷的收集、整理和归档工作。承办法官负责检查卷宗质量，并监督承办书记员按期归档。承办法官检查卷宗质量后应在备考表上签字。

（2）入卷的诉讼文书材料，一般只保存一份（有领导人批示的材料除外），重份的材料一律剔除。本院的判决书、裁定书、调解书可保留三份，装入卷底袋内备用。

（3）整理卷宗档案时，没有参考价值的信封、转办单、工作材料，内容相同的重份申诉材料，法规、条例复制件，一般的法律文书草稿（未定稿）和与本案无关的材料可以不归入卷宗。

（4）卷宗中诉讼文书材料的排列顺序，总的要求是按照诉讼程序的客观进程形成文书时间的自然顺序，兼顾文件之间的有机联系进行排列。

（5）行政二审案件正卷诉讼文书材料的排列顺序：① 卷宗封面；② 卷内目录；③ 一审法院案件上诉移送函；④ 诉讼费票据；⑤ 原审判决书、裁定书；⑥ 上诉状；⑦ 答辩状；⑧ 法定代表人、代理人身份证明及授权委托书；⑨ 询问、调查笔录及取证材料；⑩ 鉴定委托书及鉴定报告；⑪ 开庭通知、传票、公告；⑫ 开庭审判笔录；⑬ 代理词、辩护词；⑭ 撤诉书；⑮ 判决书、裁定书正本；⑯ 宣判笔录；⑰ 送达回证；⑱ 退卷函存根；⑲ 司法建议书；⑳ 备考表；㉑ 证物袋；㉒ 卷底。

（6）行政二审案件副卷诉讼文书材料的排列顺序：① 卷宗封面；② 卷内目录；③ 阅卷笔录；④ 审理报告；⑤ 承办人与有关部门内部交换意见的材料或笔录；⑥ 有关本案的内部请示及批复；⑦ 合议庭评议案件笔录；⑧ 审判庭研究、汇报案件记录；⑨ 专业法官会议、审判委员会讨论记录；⑩ 判决书、裁定书原稿；⑪ 其他不宜对外公开的材料；⑫ 备考表；⑬ 卷底。

（7）诉讼文书材料经过系统排列后，要逐页编号。页号一律用阿拉伯数字编写在有文字正面的右上角，背面的左上角。卷宗封面、卷内目录、备考表、证物袋、卷底不编号。

（8）卷内目录应按诉讼文书材料排列顺序逐件填写。一份诉讼文书材料编一个顺序号。

（9）卷宗封面、卷内目录要用毛笔或钢笔按规定项目逐项填写齐全。字迹要工整、规范、清晰。结案日期填写宣判日期。

（10）卷宗装订前，承办法官要对诉讼文书材料进行全面检查，检查合格后在备考表上签字确认方可装订。

（11）承办法官应在申报归档前，完成案件归档信息的录入工作，并对案件信息进行自查。

（12）承办法官经自查后，认为案件卷宗符合归档要求的，由书记员将案件卷宗送交档案室并制定已归档案件登记表。

（13）档案室认为案卷不符合归档标准以及案件信息有误，将案卷退回的，承办法官应对案卷进行修改，并再次送交档案室。

第十五章　行政诉讼案卷的整理与归档

案件材料是仲裁、诉讼和行政非诉执行等程序实际进行过程的原始记载档案。案件审结后，人民法院及各方当事人应当将案卷材料整理，订卷归档，以存备查。尤其是仲裁机关、人民法院、律师事务所和行政机关，都必须严格管理，使案卷及时归档。这里主要对人民法院、律师事务所和行政机关涉行政诉讼案件的案卷归档做详细介绍。

第一节　人民法院行政案卷整理与归档

行政案件涉及面广，每个具体案件审结情况不尽相同，我们仅就一般情况下，案卷归档普遍应注意的具体内容分述如下，以一审诉讼案卷为例，二审案卷基本与一审案卷相同，只有个别地方略有不同。同学们在掌握普遍要求的基础上，再视实际案件审结情况，做好案件归档工作。在实际工作中，通常由书记员负责案卷整理和归档工作，因此，书记员应养成随手整理好卷宗材料的习惯，与案件承办法官做好卷宗材料的交接工作，以确保卷宗材料完整齐全，符合归档要求。一审审结未上诉案件及二审审结退回一审法院的案件，书记员应在三个月内完成案卷归档工作。

一、卷宗整理与归档工作流程

行政案件的审理，主要是依据行政诉讼和其他法律、法规与司法解释规定的程序进行，案卷材料要与法定审理程序相吻合，翔实记录案件的整个审理过程。一案一档，严格按规定序号与内容编目订卷。

（一）填写卷宗封面

正卷封面包括：受案法院、案件审级及类别、案号、案由、当事人诉讼地位及姓名、合议庭组成人员及书记员姓名、审理结果、结案日期、保存期限等。填写卷宗封面时，应认真工整，所填写内容应与裁判文书中的内容一致。正卷卷脊要书写清楚，文字竖着写，数字横着写。正、副卷为两册以上的在卷皮上按顺序编写"一""二"。一案多册的，各册分别编页，编页时凡有文字或数字的都应进行编页，编页正面位置为右上角，背面位置为左上角，漏页或编错的都需要重新编页，对于文件上已有页码的，应予以清除。页码编写错误的，不能使用涂改液涂改，可使用胶带或刀片等工具修改。案件存在证物，如光盘等应归入证物袋，于正卷后粘贴，庭审光盘也应装袋于正卷后粘贴。

副卷封面包括：受案法院、案号、案由、当事人诉讼地位及姓名、承办法官、书记员、结案日期等。

（二）卷内材料立案归档工作

按顺序整理卷宗材料，先归类再按时间顺序排列，同类材料按时间顺序排列。

行政一审案件正卷和副卷内容及排列顺序。行政诉讼案件正卷卷宗内容及排列顺序：（1）卷内目录；（2）立案信息表；（3）结案信息表；（4）起诉书；（5）诉讼费票据（收费及退费）；（6）原告身份证明及委托手续；（7）应诉通知书；（8）答辩状；（9）被告身份证明及委托手续；（10）第三人参加诉讼通知书；（11）第三人身份证明及委托手续；（12）当事人提供的证据材料（按照原告、被告、第三人材料的顺序整理）；（13）鉴定材料（鉴定申请、移送函、摇号结果、委托函、委托调查函、鉴定报告、异议申请、异议回复函、鉴定费收据）；（14）保全手续（保全申请、移送表、担保书、担保物证明、担保人身份证明、裁定书原本、正本、执行局保全回执手续、权利义务告知书等）；（15）调查笔录、电话联系笔录、询问笔录、勘验笔录（笔录按照时间顺序分类整理）；（16）谈话笔录（按照时间顺序整理）；（17）开庭公告；（18）开庭审判笔录；（19）当事人及其代理人书面代理意见；（20）裁判文书（有副卷的，文书原本放入副卷；无副卷的，文书原本放在正卷文书正本之前）；（19）宣判公告；（20）宣判笔录；（21）送达回证；（22）上诉案件移送函；（23）上级法院退卷函；（24）上级法院的裁判文书；（25）备考表。

副卷卷宗内容及排列顺序：（1）卷内目录；（2）合议笔录（合议笔录上要有所有合议庭组成人员及记录人员的签字或盖章）；（3）法律文书原本（法律文书原本在第一页上写明（原本）字样，合议庭组成人员及书记员在落款处签字确认或加盖人名章）；（4）汇报笔录（按时间顺序整理）；（5）审委会记录及决定；（6）其他不宜对外公开的材料；（7）备考表。

目录、备考表需填写完整。目录页次只写首页码，最后一项填写首尾页码，备考表写在最后一格，但不编页，编写页码采用阿拉伯数字。卷宗封面、封底、卷内目录不列入页码范围，但应计入总页数，即本卷连面带底共多少页是总页数加四页。备考表在案卷顺序号处填写本案卷案号，在本卷内缺点及其他情况处写上此卷符合立卷归档要求，在立卷人处由书记员签字确认或加盖人名章，在检查人处由承办法官签字确认或加盖人名章。

其他立卷归档工作。卷中材料有复印件的按原件在前、复印件在后的顺序放置。归档材料必须为 A4 纸大小，当事人提交的材料小于或超过 A4 纸的，需要粘贴 A4 衬纸或折叠处理。

每册案卷厚度以不超过 15mm 为宜。材料过多的，应按顺序分册装订，每册页码应重新编写。卷宗装订前，要对诉讼文书材料进行全面检查，材料不完整的要补充齐全，有破损或褪色的要修补、复印。订口过窄或有字迹的要粘贴衬纸。对于字迹难以辨认的材料，应附上抄件。需要附卷保存的信封，要打开展平加贴衬纸，邮票不得取掉。文书材料上的金属物必须剔除干净，材料上有铅笔字的也要擦净。

整理完成的卷宗如果还有未进行电子扫描的材料，还需要进行电子扫描，并随案生成电子卷宗。对于要上诉移转的案卷，需要将卷宗材料进行装订，可以选择手动钻孔装订或机器打孔装订，卷宗装订的基本要求是保证卷内材料齐全、排列整齐。装订部位过窄或装订处有文字的，或纸面过小的，应用纸衬托并在贴接处骑缝加盖名章。

二、行政案卷整理与归档的重点提示

案卷材料应严格按照正卷、副卷的内容进行归类装订，对于把握不好到底属于正卷还是副卷的材料，应请示承办法官做好区分归档。不能出现应归于副卷的材料归入正卷的情况，造成审判秘密的泄露。

案卷材料中有用铅笔、圆珠笔、纯蓝墨水笔书写的材料，有传真件或热敏纸等材料的均需进行复印，原件和复印件按前后顺序排列存卷。

如果有随案保存的材料，在归档时填写随案移送清单送至本院相关部门，将清单回执入卷。

三、案卷归档

案卷归档前需将网上办案系统的归档信息填写完整。应将立卷人、归档人、期限、案卷册数、光盘张数、文书等项填全。如因客观原因不能按时归档的，须提前填写《延期归档申请书》，经承办法官确认，庭长审核后入卷。

第二节　律师代理行政案件案卷整理与归档

律师事务所律师代理行政案件形成的案件材料是律师从事业务活动的真实记录，是国家重要的专业档案，具有重要的参考利用价值，保管、整理好律师业务档案是律师事务所的重要任务。律师承办业务形成的文件材料，必须严格按照相关法律法规的要求立卷归档。立卷归档工作由承办律师或助理律师负责。律师代理案件形成的档案材料应按年度和一案一卷、一卷一号原则立卷。两个以上律师共同承办同一案件或同一法律事务一般应合并立卷，但不同律师事务所律师合办的法律事务除外。律师承办跨年度的业务，应在办结年立卷。

律师接受委托并开始承办法律事务时，即应同时注意收集保存相关材料，着手立卷的准备工作。律师应在法律事务办理完毕后，即全面整理、检查办理该项法律事务的全部文书材料，要补齐遗漏的材料，去掉不必立卷归档的材料。

一、卷宗整理与归档工作流程

律师事务所律师代理行政案件，根据案件结案的不同情况及时将卷宗材料进行整理，按照案卷封面、卷内目录、案卷材料、备考表、卷底的顺序排列。案卷内档案材料应按照诉讼程序的客观进程或时间顺序排列。

（一）填写卷宗封面

《律师业务档案卷宗封面格式》根据律师从事业务种类的不同分别规定了诉讼类律师业务档案卷宗、非诉讼类律师业务档案卷宗等式样，其中诉讼类档案卷宗封面包括类别、案号、承办律师事务所、承办律师、委托人、对方当事人、案由、收案日期、结案日期、归档日期、立卷人、审理法院、审级、法院收案号、办理结果、保管期限等与案件有关的信息。在填写卷宗封面时应保证各项填写齐全，字迹清晰、工整、规范。在填写各项内容时应使用碳素墨水、蓝黑墨水钢笔或签字笔书写，不得使用红、蓝墨水或铅笔、圆珠笔及易褪色不易长期保存的书写工具书写。

（二）卷内材料立卷归档工作

律师代理行政诉讼案件立卷归档过程中，内容相同的文字材料一般只存一份。对已提交给人民法院的证据材料，承办律师应将其副本或复印件入卷归档。对于委托律师办理法律事务前有关询问如何办理委托手续的信件、电文、电话记录、谈话记录以及复函等，其他律师事务所委托代查的有关证明材料的草稿及未经签发的文电草稿，历次修改草稿等材料不必立卷归档。

1. 律师代理行政案件的卷宗材料排列顺序

（1）律师事务所收案审批表；（2）收费凭证；（3）委托书（委托代理协议、授权委托书、所函）；（4）起诉书、上诉书或答辩书；（5）阅卷笔录；（6）会见当事人谈话笔录；（7）调查材料（证人证言、书证）；（8）诉讼保全申请书、证据保全申请书、先行给付申请书和法院裁定书；（9）承办律师代理意见；（10）集体讨论记录；（11）出庭通知书；（12）出庭材料，包括：举证目录及说明，质证笔录，发问提纲，对方观点预测及答辩提纲，辩护、代理辞；（13）庭审笔录；（14）判决书、裁定书、调解书、上诉书；（15）律师办案／服务质量监督卡；（16）律师事务所结案审批表；（17）办案小结；（18）备考表。

2. 律师代理行政案件的立卷编目和装订工作

整理后的卷宗档案材料一律使用阿拉伯数字逐页编号，两面有字的要两面编页码。页号位置正面在右上角，背面在左上角，无字页不编号。卷内目录页码的填写，除最后一项需填写起止页号外，其余只填写起始页号。

承办案件日期以委托书签订日期或人民法院指定日期为准；结案日期以收到判决书（裁定书、调解书）之日为准。

律师业务文书材料装订前要进一步整理。对破损的材料要修补或复制，复制件放在原件后面。对字迹难以辨认的材料应当附上抄件。主要外文材料要翻译成中文附后。卷面为 16 开，窄于或小于卷面的材料，要用纸张加衬底；大于卷面的材料，要按卷面大小折叠整齐。需附卷的信封要打开平放，邮票不要揭掉。文书材料上的金属物要全部剔除干净。

二、律师代理行政案件案卷整理与归档的重点提示

在保证委托人或当事人有一套原件材料的情况下，归档材料必须是原件，否则保留复印件。证据材料保留复印件，将证据原件同其他材料移送给委托人或当事人，并将移交清单归档。

对不能附卷归档的实物证据，承办律师可将其照片及证物的名称、数量、规格、特征、保管处所、质量检查证明等记载或留存附卷后，分别保管。

代理案件过程中获取的录音、视频光盘等声像材料应装袋附卷，并注明当事人的姓名、内容、档案编号、录制人、录制时间等，逐盘登记造册归档。

三、案卷归档

律师代理行政案件形成的材料应在结案或事务办结后三个月内整理立卷。装订成册后由承办人根据司法部、国家档案局制定的《律师业务档案管理办法》的有关规定提出保管期限，经律师事务所主任审阅盖章后，移交档案管理人员，并办理移交手续。

档案管理人员接收档案时应进行严格审查，凡不符合立卷规定要求的，一律退回立卷人重新整理，全部合格后，办理移交手续。

第三节　行政机关应诉案件案卷整理与归档

行政案件中被诉行政机关在案件结案后，也应当及时将应诉过程中形成的各种材料，订卷存档，以作为事件处理过程的结论性档案备查。通过网络检索不难发现很多行政机关对应诉案件立卷归档都有明文规定，如国家税务总局在 2017 年印发的《税务行政应诉工作规程》明确规定，税务机关法制工作机构应当在行政诉讼活动全部结束后 30 日内，将案件的卷宗材料装订成册，并按相关规定归档保管。案件卷宗应一案一卷，按诉讼流程或者时间先后顺序排列诉讼材料并编制目录清单。下文将以民政机关行政应诉立卷归档相关规定为蓝本，具体介绍行政机关参与行政诉讼案件的卷宗材料档案管理工作相关事项。

一、卷宗整理与归档工作流程

作为行政诉讼被告的行政机关，应当整理行政应诉形成的文书材料、声像材料以及其他相关材料归档。行政诉讼案件的承办机构应当在结案后 3 个月内完成案件文件材料的初步整理，由直接负责人审核后移交本机关档案管理机构。

案件文件材料应当按照一案一卷的原则立卷归档。立卷分为正卷、副卷。主要文书、反映外部程序的材料应当归入正卷，正卷、副卷编制同一个案卷号。行政诉讼一审、二审、审判监督程序形成的案件文件材料分别立卷，编制同一个案卷号，用 a、b、c 卷区分。案件文件材料较多的，可以分开立卷，编制分案卷号。

（一）填写档案目录封面

行政机关应诉案件卷宗材料应当放入档案盒内存放，档案盒上填写案卷号、类别、保管期限、编制机关、编制时间等信息，档案盒盒脊填写类别、案卷号、保管期限等信息。在填写卷宗封面时应保证各项填写齐全，字迹清晰工整。在填写各项内容时应避免使用红、蓝墨水或铅笔、圆珠笔及易褪色不易长期保存的书写工具。

（二）卷内材料立卷归档工作

行政机关应诉案件立卷归档过程中，内容相同的材料一般只存一份。有原件的材料保存原件，原件易损坏或不易保存的应当进行复印，并将复印件存放于原件之后。卷内文件材料一律用阿拉伯数字逐页连续编写页号，页号编写在有文字页面的正面右上角和背面左上角。照片、图表等正面难以编写页号的，可以编在背面左上角。

1.行政机关应诉案件正卷和副卷内容及排列顺序

正卷卷宗内容及排列顺序：（1）行政裁判文书（有多份文书的按制作日期排序）；（2）应诉通知书；（3）起诉状（上诉状）副本；（4）答辩状；（5）证据材料（包括与行政行为有关的证据、依据和其他文件材料等）；（6）委托手续（包括统一社会信用代码证书、法定代表人身份证明、授权委托书等）；（7）代理词；（8）开庭通知书；（9）强制执行申请书；（10）备考表。行政机关应诉案件有其他的文件材料需要入卷的，按逻辑顺序适当确定编排位置。

行政机关应诉案件副卷卷宗内容主要包括：集体讨论记录、请示与批复、涉及秘密的材料以及其他不宜公开的内部程序材料，相关材料的存放顺序可以按照形成的过程依顺序进行排列，也可以根据重要程度进行排序。

2.卷内文件目录填写规范

（1）在件号栏目，填写卷内文件的顺序号，每份文件编一个件号；有证据目录的，可以保留原证据目录，将证明一个事实的证据目录编一个件号；

（2）在责任者栏目，填写制发文件的组织或者个人；

（3）在文号栏目，有文件发文字号的要填写文号；

（4）在题名栏目，有文件标题的按原文件标题填写，没有文件标题的可以自拟标题，并用"（）"符号标明；

（5）在日期栏目，填写文件的形成时间；

（6）在页号栏目，标明每份文件的起始页号，最后一份文件同时标明终止页号；

（7）在备注栏目，填写本份文件需要说明的其他有关情况；

（8）备考表按照以下要求填写：在本卷情况说明栏目，说明卷内文件是否完整，有无破损，是否有重要价值或者有特别意义的重要文件等情况；在整理人栏目，由负责整理归档的人员签名；在检查人栏目，由案卷质量审核人签名；在立卷时间栏目，填写立卷完成的时间。

二、行政机关应诉案件案卷整理与归档的重点提示

行政诉讼案件的证据材料，凡是能够附卷的应当编写证据目录，附卷保存；不能附卷的，应当装入证物袋，注明年度、案由、案卷号等事项，随同本案卷宗归档。

卷宗材料中不得保存与本案无关的文件材料，破损的文件材料要进行一定的修裱，字迹容易褪色的文件材料要制作复印件。纸张过大的文件材料要折叠，纸张过小的文件材料要粘贴在 A4 规格的白纸上，装订线部分有文字内容的文件材料要加贴衬纸。信封上要保留邮票或者专递记录，文件材料上的金属物应当拆除。

三、案卷档案管理

档案管理人员接收档案时应进行严格审查，凡不符合立卷规定要求的，一律退回立卷人重新整理，全部合格后，办理移交手续。行政应诉档案的保管期限一般为三十年。

（一）行政机关应诉案件档案利用规定

（1）本单位档案管理机构应当建立档案的查阅、借阅制度，对副卷的利用必须符合国家有关保密的规定；

（2）案件承办人或者本单位综合机构需要查阅、借阅档案，须经本部门主要负责人同意，借阅的需要在五日内归还；

（3）业务处（科、室）需要查阅与业务内容相关的档案，须经本单位档案管理机构同意，并通报案件承办机构；

（4）上级主管部门，政府法制、监察、公安部门，检察院、法院等单位因公务需要可以查阅档案；

（5）律师凭律师执业证书和律师事务所证明，可以查阅与承办法律事务有关的档案正卷；

（6）查阅、借阅或者复印档案，不得损毁、丢失档案材料。

（二）档案材料的清理工作

档案管理机构应当会同案件承办机构、办公综合机构，对保管期限到期的行政

应诉档案进行鉴定，对无保存价值的档案予以销毁，有继续保存价值的延长保管期限。销毁的档案应当建立销毁清册。销毁清册与行政应诉档案目录一起永久保存。档案管理机构应当派专人监督档案销毁过程，并在销毁清册上签字。

行政案件的原告是法人或者其他组织的，亦应当建档保存参加诉讼的材料，以备后查。即使是个人的，一般说来，虽无制度性要求必须建立档案材料，但作为曾经历的重要事件也应保存相关材料，以备查考。

案卷归档，对人民法院、行政机关、律师事务所而言，是结案后必做的一项重要工作。作为法学专业学生，认真学习和掌握相关知识，是一种最基本的专业素质训练，应引起大家重视。

第十六章　行政诉讼庭审工作示范及训练案例

第一节　行政诉讼庭审工作示范

一、示范案例介绍

刘某某诉北京市公安局某分局不履行法定职责案

（一）庭审参与人员

审判方：审判长一人，人民陪审员二人，书记员一人。

原告方：刘某某，男，1974 年 7 月 25 日出生，汉族，户籍所在地贵州省某市某县某镇某村某组某号。

被告方：北京市公安局某分局，住所地北京市某区某街某号。

法定代表人李某，局长。

委托代理人张某，北京市公安局某分局工作人员。

（二）案情概要

2015 年 9 月 12 日，刘某某以邮寄方式向某公安分局提出政府信息公开申请，要求公开"2015 年 9 月 2 日 17 时 36 分，手机 137××31 拨打 01083××61 报警后处警记录"。刘某某在政府信息公开申请表中填写的获取政府信息的方式为"邮寄"，预留的通信地址为"贵州省某市某县某镇某村某组某号"，并预留了联系电话。某公安分局收到该申请后受理，并于 2015 年 10 月 8 日作出京公×（2015）第 × 号－答复《政府信息答复告知书》，告知刘某某：根据《中华人民共和国政府信息公开条例》第二十一条第（三）项的规定，其申请获取的政府信息，丰台公安分局未保存，该信息不存在。2015 年 10 月 12 日，某公安分局按照刘某某在政府信息公开申请表中填写的通信地址以 EMS 特快专递的方式向其邮寄送达上述告知书。庭审中，被告称该邮件未投递成功。刘某某以未收到被告的答复为由认为被告未履行法定职责，向北京市某区人民法院提起行政诉讼。

（三）证据材料

1. 原告证据材料

（1）政府信息公开申请表

政府信息公开申请表

申请人信息	姓名	刘某某	证件名称	身份证
	证件号码	520××92		
联系方式	联系电话	137××31	邮政编码	56××5
	通信地址	贵州省某市某县某镇某村某组某号		
提出申请的方式	邮寄			
受理机关名称	北京市公安局某分局			
所需的政府信息	申请公开：2015年9月2日17时36分，手机137××31拨打01083××61报警后处警记录。			
获取政府信息的方式	邮寄			
政府信息的载体形式	纸质文本			
所需政府信息的用途	具体用途：知情权和公民监督。			
申请人签名	刘某某	申请时间	2015年9月12日	
备注	1. 请受理机关按照申请事项一事一答复，不得与其他申请内容合并答复。 2. 如答复需要提供资料的复印件时，请注明"与原件核对无异"并加盖单位印章，有多页材料时请加盖单位骑缝章。 3. 请受理机关依法、按期、按申请的内容和方式准确提供政府信息，以免引起不必要的行政复议和行政诉讼，浪费行政资源和司法资源；如因受理机关没有依法或没有按照申请的内容和方式准确提供政府信息，而引发的行政复议和行政诉讼，由受理单位承担全部责任。			

（2）国内挂号信函收据

国内挂号信函收据

邮1101甲

国内挂号信函收据

寄达地：

收件人姓名：

重量：

资费：

邮件编号：×A××30

收寄人员盖章：

贵州某县某营业　2015.09.12

（3）挂号信信封

挂号信信封

邮：北京市公安局某分局

负责人（收）

寄件人：贵州省某市某县某镇某村某组某号 刘某某

电话：158××95

内装：1、政府信息公开申请表四份，内容为申请公开：（1）2015 年 9 月 2 日 17 时 36 分，手机 137××31 拨打 01083××61 报警的电话录音及接警记录⋯⋯（4）2015 年 9 月 2 日 17 时 36 分，手机 137××31 拨打 01083××61 报警后处警记录。2、申请人刘某某身份证复印件一份。3、2015 年 9 月 2 日 17 时 36 分，手机 137××31 拨打 01083××61 通话记录一份。

邮政编码：

（4）中国邮政－给据邮件跟踪查询系统截图

中国邮政－给据邮件跟踪查询系统截图

序号	邮件号码	寄达地	当前状态	时间
1	×A××30	北京北京市	已签收，收发室收	2015-09-15 10：00：00

（5）《刑满释放证明书》

× 看释字［2016］× 号《刑满释放证明书》

某县看守所
刑满释放证明书

× 看释字［2016］× 号

兹有刘某某（性别男，出生日期 1974-07-25，住址贵州省某市某县某镇某村某组某号），因故意毁坏财物罪于 2016 年 8 月＿＿＿日被贵州省某市某县法院判处有期徒刑一年，剥夺政治权利＿＿＿＿年（自＿＿＿＿年＿＿＿月＿＿＿日至＿＿＿＿年＿＿＿月＿＿＿日），在执行期间曾被依法＿＿＿＿。现因执行期满，予以释放。特此证明。

某县看守所（印）

2016 年 11 月 1 日

（6）（2016）黔 2626 刑执 × 号《执行通知书》

（2016）黔 2626 刑执 × 号《执行通知书》

罪犯刘某某：

你犯故意毁坏财物罪，经依法判处有期徒刑一年，现交付执行，并将有关事项通知如下：

主刑起算日期：2015 年 11 月 2 日。

羁押抵刑：_____ 年 __ 个月 __ 日。

刑满日期：2016 年 11 月 1 日。

附加剥夺政治权利

某县人民法院

2016 年 10 月 × 日

此联发给罪犯本人收执

2. 被告证据材料

（1）政府信息公开申请表

政府信息公开申请表

申请人信息	姓名	刘某某	证件名称	身份证
	证件号码	520××92		
联系方式	联系电话	137××31	邮政编码	56××5
	通信地址	贵州省某市某县某镇某村某组某号		
提出申请的方式	邮寄			
受理机关名称	北京市公安局某分局			
所需的政府信息	申请公开：2015 年 9 月 2 日 17 时 36 分，手机 137××31 拨打 01083××61 报警后处警记录。			
获取政府信息的方式	邮寄			
政府信息的载体形式	纸质文本			
所需政府信息的用途	具体用途：知情权和公民监督。			
申请人签名	刘某某	申请时间	2015 年 9 月 12 日	
备注	1. 请受理机关按照申请事项一事一答复，不得与其他申请内容合并答复。 2. 如答复需要提供资料的复印件时，请注明"与原件核对无异"并加盖单位印章，有多页材料时请加盖单位骑缝章。 3. 请受理机关依法、按期、按申请的内容和方式准确提供政府信息，以免引起不必要的行政复议和行政诉讼，浪费行政资源和司法资源；如因受理机关没有依法或没有按照申请的内容和方式准确提供政府信息，而引发的行政复议和行政诉讼，由受理单位承担全部责任。			

（2）刘某某身份证复印件

刘某某身份证复印件

姓名　刘某某

性别　男

民族　汉

出生日期　××××年×月×日

住址　贵州省某市某县某镇某村某组某号

公民身份证号码　520××92

发证机关　某县公安局

有效期限　2010.06.21—2030.6.21

（3）中国移动通话详单

中国移动通话详单

起始时间	通信地点	通信方式	对方号码	通信时长	……
……	……	……	……	……	……
09-02 17：36：13	某县	被叫	01083××61	00小时05分36秒	……
……	……	……	……	……	……

（4）挂号信信封

挂号信信封

邮：北京市公安局某分局

负责人（收）

寄件人：贵州省某市某县某镇某村某组某号　刘某某

电话：158××95

内装：1. 政府信息公开申请表四份，内容为申请公开：（1）2015年9月2日17时36分，手机137××31拨打01083××61报警的电话录音及接警记录……（4）2015年9月2日17时36分，手机137××31拨打01083××61报警后处警记录。2. 申请人刘某某身份证复印件一份。3.2015年9月2日17时36分，手机137××31拨打01083××61通话记录一份。

邮政编码：

（5）登记回执

登记回执

京公×（2015）第×号－回

刘某某：

您好，我们于2015年9月15日收到您要求获取"2015年9月2日17时36分，手机137××31拨打01083××61报警后处警记录"的政府信息。

我们将：

1. 当场给予答复。

2. 于2015年10月12日前作出书面答复。如需延长答复期限，将另行告知。√

北京市公安局某分局政府信息公开接待室专用章

2015年9月15日

（6）政府信息答复告知书

政府信息答复告知书

京公×（2015）第×号－答复告

刘某某：

您好，我们于2015年9月15日受理了您提出的政府信息公开申请，具体见《登记回执》京公×（2015）第×号－回。

根据《中华人民共和国政府信息公开条例》第二十一条第（三）项的规定，其申请获取的政府信息，丰台公安分局未保存，该信息不存在。

如您对本答复有异议，可以在收到本答复之日起60日内申请行政复议，或者在6个月内向人民法院提起行政诉讼。

北京市公安局某分局政府信息公开接待室专用章

2015年10月8日

EMS快递单

寄件人：某公安分局　　电话／手机：010-83××32

地址：北京市某区某街某号

邮编：10××7

收件人：刘某某　　电话／手机：137××31

地址：贵州省某市某县某镇某村某组某号

邮编：56××5

内件品名：文件资料

寄件人签名：张××

2015 年 10 月 12 日

EMS 快递单

寄件人：李某科长　　电话／手机：139××28

公司名称：某公安分局信访科

地址：北京市某区某街某号

邮编：10××7

收件人：刘某某　　电话／手机：138××53

地址：贵州省某市某县某镇某村某组某号

邮编：56××5

内件品名：政府信息公开回执、答复告知书

寄件人签名：李某

2017 年 2 月 16 日

（四）各方观点

（1）原告：原告于 2015 年 9 月 12 日向被告邮寄政府信息公开申请表，经查询，被告已于 2015 年 9 月 15 日收到，但至今原告未收到被告的答复。被告未在法定期限内对原告的申请作出答复的行为违反了《中华人民共和国政府信息公开条例》的规定，侵犯了原告的合法权益。特依法提起诉讼，请求依法确认被告没有在法定期限内履行政府信息公开职责，没有对原告的政府信息申请作出回复的行为违法；责令被告在限定期限内对原告申请的政府信息依申请的内容和要求进行回复；本案诉讼费由被告承担。

（2）被告：2015 年 9 月 15 日，被告收到原告邮寄的政府信息公开申请，2015 年 10 月 8 日作出《政府信息答复告知书》，并于 2015 年 10 月 12 日按照原告提供的通信地址邮寄送达原告，已经履行了法定职责。原告提起行政诉讼超过法定起诉期限且无正当理由。综上所述，请求法院驳回原告的诉讼请求。

（五）庭审要点提示

（1）审查起诉期限。

（2）核实被告在政府信息公开中的法定职责。

（3）审查被告是否已经履行涉案政府信息公开的法定职责。

二、案例操作过程示范

该案排庭、送达阶段演示。

（涉及人员：法官：郑法官；书记员：小王；原告：刘某某；被告：北京市公安局某分局）

郑：小王，今天周一，咱们先梳理下这周需要排庭的案件，有一个上个月月底分下来的刘某某诉公安分局的不履行法定职责案，你看下现在进行到哪一步了。

王：郑姐，这个案件上周五下班前被告提交了答辩状、委托手续和证据材料，我核对了下，在十五天答辩期内。因原告现居住在外省市，为方便其应诉，准备这两天向他邮寄答辩状及相关诉讼材料。

郑：你一会看下案卷材料，如果案情比较清楚，原告和被告双方提交材料齐全，可以考虑下周开庭。

王：好的，我一会儿核实下。

郑：咱们再梳理下其他案件，有一个张某某诉人力资源和社会保障局不履行法定职责案，我记得也是上周五被告提交了答辩状等材料，委托手续齐全吗？

王：我看下卷……

（两人继续梳理待排庭案件）

郑：现在答辩回来还未排庭的案件咱们都梳理完了，你先看下梳理的这几个案件卷内材料是否齐全，然后和我说下，接着就可以安排开庭时间了。我下周三上午要参加一个会议，把那天上午时间错开就行了。我先去找庭长汇报下工作。

王：好的。

（半小时后）

王：郑姐，我看了下刘某某的卷，材料齐全，可以安排开庭了，我看了下周全庭排庭情况，周二至周五都有法庭可以安排开庭，这个案件当事人在外省市，考虑到邮寄送达时间，要保证当事人开庭前三天收到传票，建议安排周四或周五开庭。

郑：我时间都可以，周五下午可能会有会议安排，尽量错开时间，具体时间你和当事人确定下。

王：好的。我这就去给原被告双方打电话确定开庭时间。

（书记员小王拨打原告电话，预约开庭时间）

王：您好，请问是刘某某先生吗？

刘：你好，我是刘某某。你哪位，有什么事吗？

王：刘先生您好，我是行政庭书记员小王，郑法官承办的您起诉某公安分局的案件，现在跟您约一下开庭时间。

刘：你们这么快就能安排开庭了？我还没有收到被告的答辩状和证据材料。

王：被告已经在法定期限内向法院提交了答辩状和证据材料，我跟您约完庭后，今天就和开庭传票一块邮寄给您。

刘：好的，你们想哪天开庭？

王：您看下周四上午九点这个时间您是否方便？

刘：稍等下，我看下，下周四上午九点可以，具体开庭地点是哪？

王：开庭地点在我院第二十八法庭，具体开庭时间、地点及承办法官联系方式，我会在开庭传票上标注清楚。您收到传票后按传票要求的时间和地点准时来开庭就好了。我一会还要跟被告预约开庭时间，如果时间有变化，我再跟您确认，没有变化我就不再跟您电话联系了。

刘：好的，我知道了。

王：对了，还要提醒下您一下，您来开庭的时候记得带着证据原件。如果有委托代理人需要提交相关委托手续，哪些人员可以作为代理人，您可以具体看下《中华人民共和国行政诉讼法》第三十一的相关规定。刘先生，您记得准时来开庭。

刘：好的，谢谢你。

王：不客气，那刘先生再见，您记得查收邮件。

刘：好的，我知道了，再见。

（挂断原告电话后，和被告预约开庭时间）

王：您好，请问是请问您是某公安分局代理人张某某先生吗？

张：你好，我是某公安分局工作人员。您有什么事吗？

王：张先生，您好。我是行政庭书记员小王，郑法官承办的刘某某诉某公安分局的案件，现在跟您约一下开庭时间。

张：好的，你们计划哪天开庭啊？

王：是这样的，我刚才先和原告刘某某约了开庭时间，他下周四上午九点可以来开庭，您看这个时间您这边方便吗？

张：稍等，我看下我下周的工作安排。下周四上午时间可以。

王：好的，开庭传票上我会标注清楚开庭的具体时间和地点，您收到传票后按传票要求的时间和地点准时来开庭就好了。您看您今天下午两点方便来我院取开庭传票吗？

张：我今天下午有会议安排，明天早上九点去取可以吗？

王：可以，您到了给我打电话就可以了，记得带着您的身份证件和工作证件。

张：好的，我知道了，那明天上午见。

王：好的，再见。

张：再见。

（当天上午，书记员小王将准备好的开庭传票、答辩状、证据等材料通过 EMS 特快专递方式向原告刘某某邮寄。第二天，某公安分局代理人张某某准时到法院领取开庭传票，书记员小王再次提醒其开庭当日准时到庭，并携带证据原件。）

（约庭后第四天下午）

郑：小王，你一会抽空看一下刘某某诉某公安分局不履行法定职责的案件，咱们给原告邮寄的传票、答辩状和证据等材料是否已经签收了。

王：好的，我这就看下。郑姐，我看了下庭审系统，刘某某今天上午已经签收了。

郑：那就好。你记得提前准备好庭审笔录，也提前熟悉下案情。

王：好的，郑姐。

三、该案庭审阶段演示

（一）庭前准备阶段

书记员：双方当事人是否到庭？

原告：到庭。

被告：到庭。

书记员：下面宣读法庭纪律，请双方当事人及旁听人员自觉遵守：

（1）未经人民法院允许，不得录音、录像、摄像；

（2）不得鼓掌、喧哗和吵闹，不得实施妨害法庭审判活动的行为；

（3）旁听人员不得发言、提问，不得进入审判区；

（4）请所有人将移动通信工具关闭。

书记员：全体起立，请审判人员入庭。

（审判人员入庭，分别侧立椅旁）

书记员：报告审判长，庭审准备工作就绪，可以开庭。

审判长：请坐下。

（二）庭审阶段

审判长：首先核对当事人及其诉讼代理人的基本情况。

审判长：原告刘某某，男，1974 年 7 月 25 日出生，汉族，户籍所在地贵州省某市某县某镇某村某组某号。

审判长：原告方，上述基本情况是否正确。

原告：正确。

审判长：被告北京市公安局某分局，住所地北京市某区某街某号。法定代表人李某（未到庭），局长。委托代理人张某，北京市公安局某分局工作人员。

审判长：被告方，上述基本情况是否正确。

被告：正确。

审判长：（敲击法锤）现在开庭，依照《中华人民共和国行政诉讼法》第五十四条规定，北京市某区人民法院行政审判庭今天依法公开审理（20××）京 010× 行初 × 号原告刘某某诉被告北京市公安局某分局政府不履行法定职责一案。本案由郑某某担任审判长，人民陪审员李某某、孟某某，共同组成合议庭，由书记员王某某担任法庭记录。

审判长：关于诉讼当事人在诉讼过程中享有的权利和应履行的义务，本院在庭前已向当事人告知，对此各方当事人是否了解。

原告：了解。

被告：了解。

审判长：原告方对合议庭组成人员是否申请回避？

原告：不申请。

审判长：被告方对合议庭组成人员是否申请回避？

被告：不申请。

审判长：被告方，对原告主体资格以及自己是否作为被告有何异议？

被告：无异议。

审判长：经合议庭审查原告、被告具备诉讼的主体资格，准予其出庭参加诉讼。根据《中华人民共和国行政诉讼法》第六条的规定，人民法院审理行政案件对行政行为是否合法进行审查，本案合议庭将对被告是否存在不履行法定职责情形进行审查。

审判长：下面开始法庭调查。首先由原告方明确起诉的事实、理由及诉讼请求。

原告：事实和理由详见起诉书。诉讼请求：请求依法确认被告没有在法定期限履行政府信息公开职责，未对原告的政府信息申请作出回复的行为违法；责令被告在法定期限内对原告申请的政府信息依申请的内容和要求进行回复；本案诉讼费用由被告承担。

审判长：下面由被告方陈述答辩意见。

被告：不同意原告诉讼请求，具体答辩意见详见答辩状。

审判长：当事人对自己提出的诉讼请求所依据的事实或反驳对方诉讼请求所依据的事实有责任提供证据加以证明。没有证据或者证据不足以证明当事人的事实主张的，由负有举证责任的当事人承担不利后果。双方听清楚了吗？

原告：听清楚了。

被告：听清楚了。

审判长：下面由双方当事人出示证据材料，对方当事人进行质证。首先由原告方出示证据，说明证据名称、证明内容，明确证明目的。

原告：出示证据：

（1）政府信息公开申请表（附卷）；

（2）国内挂号信函手机、挂号信信封及中国邮政－给据邮件跟踪查询系统截图（附卷）；

证据 1 至证据 2 证明原告向被告申请政府信息公开的内容及要求回复的方式，同时证明被告已经收到原告政府信息公开申请的时间。

（3）《刑满释放证明书》（附卷）；

（4）（2016）黔 2626 刑执 × 号《执行通知书》（附卷）。

证据 3 至证据 4 证明原告从 2015 年 11 月 2 至 2016 年 11 月 1 日在贵州省某看守所服刑，失去人身自由，本案诉讼未过起诉期限。

审判长：下面由被告就证据的真实性、合法性、关联性发表质证意见。

被告：对原告出示证据的真实性认可，不认可其证明目的，不能证明被告没有履行法定职责。

审判长：原告方，是否举证完毕？

原告：完毕。

审判长：对于被告发表的质证意见，原告有无补充意见发表？

原告：被告质证意见不能成立。

审判长：下面由被告方出示证据，说明证据名称、证明内容，明确证明目的。

被告：出示证据：

（1）政府信息公开申请表（附卷）；

（2）刘某某身份证复印件（附卷）；

（3）中国移动通话详单（附卷）；

（4）挂号信信封（附卷）；

证据1至证据4证明案件来源，原告提出申请。

（5）《登记回执》及京公×（2015）第×号－答复告《政府信息答复告知书》（附卷）；

（6）EMS快递单两份（附卷）。

证据（5）至证据（6）证明被告作出《政府信息答复告知书》并向原告送达。

审判长：下面由原告方就证据的真实性、合法性、关联性发表质证意见。

原告：1.对政府信息公开申请表真实性、合法性、关联性没有异议。2.对《登记回执》有异议，原件还在被告手里，没有标注是否为存根，被告自己作出的东西自己保存，真实性、合法性无法确认。3.《政府信息答复告知书》的原件还在被告手里，被告没有将原件邮寄给原告。4.EMS特快专递封面为复印件，真实性、合法性不能确认，不能达到被告证明目的，不能显示给原告邮寄的是什么东西，封面没有标注，说不定里面是空的，不能证明被告向原告公开了原告申请公开的政府信息，达不到被告证明目的。

审判长：被告方，是否举证完毕？

被告：完毕。

审判长：对于原告所发表的质证意见，被告有无补充意见发表？

被告：《政府信息答复告知书》和《登记回执》原件我们留的都是左联，右联已经邮寄给原告。

审判长：下面，本庭就本案的事实询问双方当事人一些问题。

审判长：原告方，针对本案诉请事项是否提起行政复议？

原告：没有

审判长：原告方，被告邮寄信件的EMS特快专递封面上写明的地址是否是你向其提供的地址？

原告：与我提交的政府信息公开申请表上写的地址是一致的。

审判长：被告方，向原告邮寄信件时，邮寄的都有哪些材料？

被告：针对原告信息公开申请作出的《登记回执》和《政府信息答复告

知书》。

审判长：原告方，明确下你提交信息公开申请表后个人情况的变化。

原告：我在2015年11月2日中午（12点以前）都是自由的，通信也是畅通的，我的通信地址始终没有变。11月2日下午我被采取拘留强制措施。

审判长：原告方，你2015年11月2日之前是什么状态？

原告：我提前没有预感到会被采取刑事拘留，2015年11月2日进看守所后，直到2016年11月1日才出来。

审判长：原告方，从看守所出来后有无同被告沟通，要求对信息申请答复？

原告：没有。

审判长：被告方，有无查询向原告邮寄信件投递结果？

被告：通过11185查询过，人工回答是2015年10月29日投递成功，2015年11月29日被退回，但被告并未收到，退回原因因隔了一年，不能显示。被告并未收到退信，被告不知道原告并未收到信件，也不能与原告进行沟通。

审判长：原告方，涉案信息答复告知书被告已经作为证据向你提供，是否考虑起诉该告知书，主张相关权利？

原告：我事后是采取行政复议还是行政诉讼，目前不能确定，法院给我的证据都是复印件，不能作为被告给我的信息公开答复。

审判长：被告方，加盖红章的《政府信息答复告知书》和《登记回执》能否向原告提供？

被告：可以按照原告提供的电话和地址邮寄，分局接待办也可以接待原告，将复印件加盖红章给原告。

审判长：原告方，被告提供的解决方式，是否认可？

原告：我现在不能确定，我参加诉讼时间和花费都很大。被告提交的EMS快递单没有显示邮寄的是何内容，不能证明被告将《政府信息答复告知书》和《登记回执》邮寄给原告。被告《登记回执》已于2015年10月12日作出，如果邮寄给原告，原告当时就可以提前知道被告已经收到原告信息公开申请，但被告是将《登记回执》同《政府信息答复告知书》一起邮寄的，导致原告不能及时获知被告是否收到原告信息公开申请表。我坚持本案诉讼请求。

审判长：原告方，从北京邮寄快递多少天你可以收到？

原告：大概四天左右。我目前不在提供的地址居住，我会提前跟邮局打电话，告知如果可以保留就给我留着，不能保留就按规定办理。被告主张未收到邮局退件，可以起诉邮局。我当时到北京，被黑监狱关了八天，扣留我的东西，没有出示任何收据，到目前也没有退还给我，我只能向被告求助。

审判长：双方当事人对事实有无补充？

原告：没有了。

被告：没有了。

审判长：庭审中，双方当事人围绕本案争议的事实，进行了充分的陈述，对双方出示的证据，进行了纸质。双方当事人对本案争议事实的主张均已记录在案。法庭调查到此结束。

审判长：下面开始法庭辩论。根据原告陈述的诉讼请求、所依据的事实和理由、被告的抗辩主张和双方当事人的举证质证，合议庭归纳本案双方当事人争议的焦点问题为：被告在收到原告提出的政府信息公开申请后是否在法定期限内对该申请进行答复。

审判长：原告方、被告方对合议庭归纳的争议焦点有无异议，有无补充？

原告：无异议，没有补充。

被告：无异议，没有补充。

审判长：双方应结合合议庭归纳的争议焦点，就本案的争议事实发表辩论意见。为便于法庭清楚的了解双方的辩论观点和意见，辩论时请明确观点，突出重点。下面首先由原告方发表辩论意见。

原告：通过庭审和质证，被告在收到原告的政府信息公开申请后没有在法定期限内对原告的申请进行答复，事实清楚、证据确凿。

审判长：被告方发表辩论意见。

被告：坚持答辩意见。

审判长：原告方有无补充辩论意见？已发表的意见，无须赘述。

原告：没有了。

审判长：被告方有无补充辩论意见？已发表的意见，无须赘述。

被告：没有了。

审判长：法庭辩论结束，下面由当事人发表最后意见，请用简短语言明示对本案的处理态度。

原告：坚持起诉意见。

被告：坚持答辩意见。

审判长：合议庭将根据法庭调查的事实以及当事人发表的辩论意见进行庭后合

议。现不对本案宣判，宣判时间另行通知。庭后请双方当事人查阅今天的庭审笔录并签字。如有错误，可以请求补正。

审判长：现在休庭（敲法槌）。

书记员：全体起立，请审判人员退庭。

四、庭审后查阅笔录及签字阶段演示

书记员：双方当事人看阅笔录，请在笔录每页下面签字，最后一页签字写日期，如对笔录内容存有异议，请向法庭提出。双方当事人如果还有进一步的补充意见，请在五日内向法庭提交书面意见。

原告：好的。签字。

被告：好的。签字。

（原告、被告看阅笔录签字后，审判长、人民陪审员、书记员看阅笔录签字。）

五、开庭各阶段应注意事项提示

（一）开庭排期阶段

（1）确定开庭时间应当综合考虑合议庭成员、书记员等参与开庭审理人员的时间，案件开庭审查所需时间，方便当事人诉讼等因素。

（2）书记员排庭后务必确保规范送达传票。传票送达是否合法，决定庭审能否按照预期进行、庭审是否有效；也决定着当出现《中华人民共和国行政诉讼法》第五十八条规定的情形时法院如何处理，因此，传票的规范送达极为重要。

（3）要区分是否公开开庭。对于涉及国家秘密、个人隐私、商业秘密的案件，应由合议庭依据相关规定确定是否公开开庭。对于不公开开庭的案件，不发布开庭公告。

（二）庭前准备阶段

（1）开庭前三日，书记员应再次检查送达情况、诉讼费交纳情况。

（2）当事人提出调取证据、鉴定、证人出庭、中止审理等申请或管辖异议的，书记员应当在接到申请后立即报告法官。

（3）书记员应当按照规定着装，提前到达法庭，调试相关设备。检查审判席及诉讼参与人席前的标志牌摆设是否正确。认真核实出庭人员提交的各项手续是否齐全、准确，查明当事人和其他诉讼参与人是否到庭。

（4）书记员在确认开庭准备工作就绪后，应事先准备好法庭纪律文本。宣读的法庭纪律内容除《中华人民共和国法庭规则》所规定的内容之外，还可根据实际情况，对旁听人员应遵循的法庭纪律内容有所增加。

（三）庭审记录阶段

（1）书记员在庭前应做好阅卷工作，主动与审判员沟通，了解案情和审理重点。预先填写开庭前可以填写的笔录内容，以节省正式开庭的记录时间。

（2）庭审中应重点记录宣布开庭及有关事项，法庭调查阶段的活动，如原告陈述事实、被告答辩情况、原告和被告举证质证情况等，法庭辩论阶段的活动，如原告和被告发言辩论情况、当事人的最后陈述及诉讼意见等。

（四）庭审后的工作阶段

（1）当事人或其他诉讼参与人不能自行阅读的，书记员应当向其宣读；当事人或其他诉讼参与人有聋哑、外国人或者使用少数民族语言的情况，由翻译人员进行翻译，对此情况书记员应当记录在案。

（2）在笔录中有陈述的当事人和其他诉讼参与人都要在笔录上签字盖章。

（3）如果外出开庭或因实际条件限制无法制作纸质打印笔录的，需进行手写记录。

第二节　行政诉讼模拟庭审训练案例

一、赵某某诉北京市××区市场监督管理局工商登记案

（一）庭审参与人员

审判方：审判长一人，人民陪审员二人，法官助理一人，书记员一人。

原告方：赵某某，男，户籍所在地黑龙江省××市××区。

委托代理人：郭某，北京市××律师事务所律师。

被告方：北京市××区市场监督管理局，住所地北京市××区××街××号。

法定代表人李某某，局长。

委托代理人王某，北京市××区市场监督管理局工作人员。

委托代理人韩某，北京市××区市场监督管理局工作人员。

第三人北京元泽××公司（以下简称元泽××公司），住所地北京市××区××街×号楼×室。

法定代表人张某，总经理。

第三人张某，男，户籍所在地黑龙江省××县××镇×委×组×号。

第三人张某某，男，户籍所在地黑龙江省××县××镇×委×组×号。

（二）案情概要

2015年3月25日，元泽××公司向原北京市工商行政管理局××分局（以下简称原××工商分局，因机构调整，其相关职能现由北京市××区市场监督管理局承担，以下简称××市场监管局）申请设立登记，公司法定代表人为张某，公司股东为张某、张某某、赵某某，提交了内资公司设立登记申请书、指定（委托）书、张某身份证、张某某身份证、赵某某身份证、企业名称预先核准通知书、元泽××公司章程、关于研究××区企业招商工作的会议纪要、社会团体法人登记证书等材料。当日，原××工商分局核准了其申请。

2019年5月30日，赵某某向北京××司法鉴定所申请对元泽××公司2015年3月25日设立登记档案中元泽××公司章程中"全体股东亲笔签字"处的"赵某某"签名是否为赵某某本人书写进行鉴定，北京××司法鉴定所于2019年5月30日受理。2019年6月11日，北京××司法鉴定所出具××司鉴[2019]文鉴字第×号《文书检验司法鉴定意见书》，鉴定意见为：元泽××公司章程第6页"全体股东亲笔签字"处的"赵某某"签名字迹与样本上的"赵某某"本人签名字迹不是同一人所写。

赵某某主张元泽××公司工商登记档案中指定（委托）书、公司章程上的签名均不是其本人所签。原××工商分局将赵某某登记为元泽××公司股东所依据的事实基础不存在。为维护自身合法权益，赵某某向北京市××区人民法院提起行政诉讼。

（三）证据材料

1.原告证据材料

（1）北京元泽××公司营业执照

营业执照

注册号 110106×××28

名称：北京元泽××公司

类型：有限责任公司（自然人投资或控股）

住所：北京市××区××街×号楼×室

法定代表人：张某

注册资本：50000 万元

成立日期：2015 年 3 月 25 日

营业期限：2015 年 3 月 25 日至 2035 年 3 月 24 日

经营范围：资产管理；企业管理服务；经济信息咨询；企业策划；技术推广服务；组织文化艺术交流活动；设计、制作、代理、发布广告等。

登记机关：北京市工商行政管理局××分局

登记时间：2015 年 3 月 25 日

（2）指定（委托）书

指定（委托）书

兹指定（委托）原某某（代表或代理人姓名）向工商行政管理机关办理北京元泽××公司（单位名称）的登记注册（备案）手续。

委托期限自 2015 年 2 月 10 日至 2015 年 4 月 10 日。

委托事项：（请在以下选项□划"√"）

□报送登记文件□领取营业执照和有关文书□其他事项：

请确认代表或代理人更正下列内容的权限：（请在以下选项□划"√"）

（1）修改文件材料中的文字错误：同意□不同意□

（2）修改表格的填写错误：同意□不同意□

指定（委托）人签字或加盖公章：张某　张某某　赵某某

代表或代理人郑重承诺：本人了解办理工商登记的相关法律、政策及规定，确认本次申请中所提及申请材料真实，有关证件、签字、盖章属实，不存在协助申请人伪造或出具虚假文件、证件，提供非法或虚假住所（经营场所）等违法行为，否则将依法承担相应责任。

代表或代理人签字：原某某　　　　　　　　　　2015 年 3 月 25 日

（3）北京元泽××公司章程

北京元泽××公司章程

第一章　总则

第一条　依据《中华人民共和国公司法》（以下简称《公司法》）及有关法律、法规的规定，由张某、张某某、赵某某等 3 方共同出资，设立北京元泽××公司，（以下简称公司）特制定本章程。

第二条　本章程中的各项条款与法律、法规、规章不符的，以法律、法规、规章的规定为准。

第二章　公司名称和住所

第三条　公司名称：北京元泽××公司。

第四条　住所：北京市××区××街×号楼×室。

第三章　公司经营范围

......

第八章　附则

第二十四条　公司登记事项以公司登记机关核定的为准。

第二十五条　本章程一式二份，并报公司登记机关一份。

全体股东亲笔签字：张某　张某某　赵某某

年　　月　　日

（4）司法鉴定书

北京××司法鉴定所
文书检验司法鉴定意见书

编号：××司鉴〔2019〕文鉴字第×号

一、基本情况

（一）委托方：赵某某

（二）受理日期：2019年5月30日

（三）鉴定材料：

检材（JC）：

无标注日期的《北京市元泽××公司章程》1份6页，复制件，第6页"全体股东亲笔签字"处有"赵某某"签名字迹，编号：2019-×-JC。

样本（YB）

（1）签订日期2014年7月12日《实习劳动合同》1份3页，原件，第3页下方"乙方（签字）"处有"赵某某"签名字迹，编号：2019-×-YB1；

（2）标注日期2015年3月25日"入党申请书"1份2页，原件，第2页下方"申请人"处有"赵某某"签名字迹，编号：2019-×-YB2；

（3）标注日期2017年7月20日《外包人员劳动合同书》1份10页，原件，第10页"乙方（签名）"处有"赵某某"签名字迹，编号：2019-×-YB3；

（4）2019年5月30日赵某某书写的《笔迹样本（　）提取表》1页，原件，编号：2019-×-YB4。

（四）委托鉴定事项：

检材上的"赵某某"签名字迹与样本上的"赵某某"签名字迹是否为同一人所写。

（五）鉴定日期：2019年5月30日—2019年6月11日

（六）鉴定地点：北京××司法鉴定所

（七）鉴定技术标准：GB/T37234-2018 GB/T37238-2018 GB/T37239-2018

二、基本案情

委托方为上述检材上的"赵某某"签名字迹存疑，特委托本所对上述鉴定事项进行司法鉴定。

三、鉴定过程

检材分析：检材为无标注日期的《北京元泽××公司章程》1份6页，复印件，第6页"全体股东亲笔签字"处有"赵某某"签名字迹。经到北京市××区市场监督管理局查验北京元泽×× 公司（91××8R）工商档案原件，检材上的"赵某某"签名字迹为黑色墨水硬笔书写，字迹清楚，书写正常，特征稳定，符合检验要求。

样本分析：样本共4份，均为原件，其上均有"赵某某"签名字迹，均为黑色墨水硬笔书写，字迹清楚，书写正常，特征稳定，可供比对。

比较检验：经用C210放大镜、3R-WM401WIFI显微镜和SYW-600A视频荧光文检仪观察，将检材上的"赵某某"签名字迹与样本上的"赵某某"签名字迹进行比较检验，发现两者风貌特征不同，在"赵、某、某"3字的写法、起收笔位置、运笔方向、连笔形态和笔画间搭配比例等特征上均存在差异，尤其是连笔形态特征存在差异的质量高。

四、分析说明

综合以上检验情况，检材上的"赵某某"签名字迹与样本上的"赵某某"签名字迹差异点数量多、质量高，特征总和反映了不同人的书写习惯。

五、鉴定意见

检材无标注日期的《北京元泽××公司章程》第6页"全体股东亲笔签字"处的"赵某某"签名字迹与样本上的"赵某某"本人签名字迹不是同一人所写。

六、附件

（1）特征比对表。

（2）检验材料和样本材料的复制件。

（3）《司法鉴定人执业证》和《司法鉴定许可证》的复制件。

司法鉴定人签名：韩某某

《司法鉴定人执业证》证号：11××××3

司法鉴定人签名：韩某某

《司法鉴定人执业证》证号：11××××4

司法鉴定人签名：董某某

《司法鉴定人执业证》证号：11××××5

2. 被告证据材料

（1）内资企业设立（变更）登记（备案）审核表

①内资企业设立（变更）登记（备案）审核表

内资企业设立（变更）登记（备案）审核表

预登记号或注册号：（京）名称预核（内）字 [2015] 第 ×× 号

名称	北京元泽×× 公司			
住所 （地址、营业场所、经营场所）	北京市 ×× 区 ×× 街 × 号楼 × 室			
功能区				
联系方式	固定电话	186××74	邮政编码	300 000
	传真电话		移动电话	186××74
	电子邮件地址			
法定代表人姓名 （负责人、投资人、执行事务合伙人、委派代表）	张某	企业类型 （经济性质）	有限责任公司（自然人投资或控股）	
注册资本	50 000 万元			
经营范围	资产管理；企业管理服务；经济信息咨询；企业策划；技术推广服务；组织文化艺术交流活动；设计、制作、代理、发布广告等。			
营业期限 （合伙期限）	20 年			
隶属单位				
从业人数	0	其中：本市人数：0 外地人数：0 下岗失业人数：0		
投资者人数	3	其中外地投资者人数：3		
变更事项				
备案事项				
受理意见	经审查，材料齐全、符合法定形式，建议准予设立登记。 审查员签字：王某某 宋某某　　　2015 年 3 月 25 日			
核准意见	准予登记（备案）。 核准人签字：张某某　　　　　　年　月　日			
备注				

②准予设立（变更、注销、撤销变更）登记（备案）通知书

北京市工商行政管理局 ×× 分局
准予设立（变更、注销、撤销变更）登记（备案）通知书

京工商 × 注册企许字（　） 号

北京元泽 ×× 公司（名称或姓名）：

你（单位）于 2015 年 3 月 25 日向本局提交的设立申请，经审查，本局作出准予设立√（变更、注销、撤销变更）登记（备案）的决定。说明事项如下：

（1）请于 2015 年 3 月 31 日持此通知书及本人身份证件领取营业执照√、登记证、备案通知书。领取人为法定代表人（负责人）或其被委托人。

标注内容：

核准人签字：张某某

申请人或被委托人签字：原某某　　　　联系电话：010-6×××××8

③北京市工商行政管理局 ×× 分局受理通知书

北京市工商行政管理局 ×× 分局受理通知书

京工商 × 注册企受字（　） 号

北京元泽 ×× 公司（名称或姓名）你（单位）于 2015 年 3 月 25 日向本局提交的设立申请，材料齐全、符合法定形式，本局决定予以受理。请申请人或被委托人按下列第　项内容办理相关手续。

一、请于 3 月 31 日，凭本通知书及本人身份证件到⑩号窗口领取《名称（变更）预先核准通知书》《名称核驳通知书》《准予登记通知书》《登记驳回通知书》。

二、以传真、电子数据交换、电子邮件方式提出申请，按照规定请申请人或被委托人，自收到本通知书之日起十五日内，向本局行政许可机构提交申请材料的原件。

三、按照企业名称分局登记管理规定，我局向国家工商性管理总局报送企业名称变更核准意见，国家公司行政管理总局依法定程序作出核准或驳回的决定。

四、由于_____，我局将对提交的申请材料中_____进行核实，并于本通知之日起十五日内作出是否核准登记的决定。

受理人签字：宋某某

申请人或被委托人签字：原某某　联系电话：6×××8

本文书一式二联，第一联归入登记档案，第二联交申请人。

（2）指定（委托）书

指定（委托）书

兹指定（委托）原某某（代表或代理人姓名）向工商行政管理机关办理北京元泽××公司（单位名称）的登记注册（备案）手续。

委托期限自 2015 年 2 月 10 日至 2015 年 4 月 10 日。

委托事项：（请在以下选项□划"√"）

□报送登记文件　□领取营业执照和有关文书　□其他事项：

请确认代表或代理人更正下列内容的权限：（请在以下选项□划"√"）

（1）修改文件材料中的文字错误：同意□　不同意□

（2）修改表格的填写错误：同意□　不同意□

指定（委托）人签字或加盖公章：张某　张某某　赵某某

代表或代理人郑重承诺：本人了解办理工商登记的相关法律、政策及规定，确认本次申请中所提及申请材料真实，有关证件、签字、盖章属实，不存在协助申请人伪造或出具虚假文件、证件，提供非法或虚假住所（经营场所）等违法行为，否则将依法承担相应责任。

代表或代理人签字：原某某

2015 年 3 月 25 日

（3）原某某、张某等人身份证复印件

原某某身份证复印件

姓名　原某某

性别　女

民族　汉

出生日期　××××年×月×日

住址　北京市××区××南里×楼×单元×层×号

公民身份证号码　1101××58

发证机关　北京市公安局××分局

有效期限　2005.06.09-2015.06.09

张某身份证复印件

姓名　张某

性别　男

民族　汉

出生日期　××××年×月×日

住址　黑龙江省××县××镇×委×组×号

公民身份证号码　2306××70

发证机关　××县公安局

有效期限　2014.11.26-2034.11.26

张某某身份证复印件

姓名　张某某

性别　男

民族　汉

出生日期　××××年×月×日

住址　黑龙江省××县××镇×委×组×号

公民身份证号码　2306××52

发证机关　××县公安局

有效期限　2009.09.14-长期

赵某某身份证复印件

姓名　赵某某

性别　男

民族　汉

出生日期　××××年×月×日

住址　黑龙江省××市××区×号×门×室

公民身份证号码　2202××14

发证机关　××市公安局××分局

有效期限　2009.10.16-2019.10.16

（4）企业名称预先核准通知书

受理号：002015××58

企业名称预先核准通知书

（京）名称预核（内）字[2015]第××号

杜某某：

根据《企业名称登记管理规定》《企业名称登记管理实施办法》及有关法律、行政法规规定，准予预先核准下列由三个投资人出资设立的企业名称为：

北京元泽××公司

投资人姓名或名称：

张某

张某某

赵某某

以上预先核准的企业名称有效期6个月，至2015年08月04日有效期届满自动失效。在有效期届满前30日，申请人可以登记机关申请延长有效期，有效期延长不超过6个月。

预先核准的企业名称不得用于经营活动，不得转让。经登记机关设立登记，颁发营业执照后企业名称正式生效。

核准日期：2015年2月26日

（5）内资公司设立登记申请书

内资公司设立登记申请书

公司名称：北京元泽××公司

①郑重承诺

郑重承诺

本人张某拟任北京元泽××公司（公司名称）的法定代表人，现向登记机关提出公司设立申请，并就如下内容郑重承诺：

1.如实向登记机关提交有关材料，反映真实情况，并对申请材料实质内容的真实性负责；

2.本人出任公司法定代表人，具有完全民事行为能力，且不存在以下情况：

（1）无民事行为能力或者限制民事行为能力。

……

（8）法律和国务院规定不得担任法定代表人的其他情形。

法定代表人签字：张某

年　月　日

②登记基本信息表

登记基本信息表

公司名称	北京元泽××公司		
住所	北京市××区××街×号楼×室		
法定代表人	张某	注册资本	50 000万元
公司类型	有限责任公司		
经营范围	资产管理；企业管理服务；经济信息咨询；企业策划；技术推广服务；组织文化艺术交流活动；设计、制作、代理、发布广告等。		
营业期限	20年	申请副本数	3份

③自然人股东（发起人）名录

自然人股东（发起人）名录

姓名	性别	民族	户籍登记地址	证据名称及号码	是否为发起人
张某	男	汉	黑龙江省××县××镇×委×组×号	身份证：2306××70	是
张某某	男	汉	黑龙江省××县××镇×委×组×号	身份证：2306××52	是
赵某某	男	汉	黑龙江省××市××区×号×门×室	身份证：2202××14	是

④法定代表人、董事、经理、监事信息表

法定代表人、董事、经理、监事信息表

股东在本表的盖章或签字视为对下列人员职务的确认。如可另行提交下列人员的任职文件，则无需股东在本表盖章或签字。

姓名	民族	现居所	职务信息		任职期限	产生方式
			职务	是否为法定代表人		
张某	汉	黑龙江省××县××镇×委×组×号	执行董事	是	3年	选举
张某某	汉	黑龙江省××县××镇×委×组×号	监事	否	3年	选举
赵某某	汉	黑龙江省××市××区×号×门×室	经理	否	3年	聘任
全体股东盖章（签字）：张某　张某某　赵某某						

⑤住所证明

住所证明

公司名称	北京元泽××公司	
住所	北京市××区××街×号楼×室	
产权人证明	同意将上述地址房屋提供给该公司使用。	产权人盖章（签字）： 北京××区××商会 年　月　日
需要证明情况	上述住所产权人为＿＿＿＿＿＿，房屋用途为＿＿＿＿＿＿＿＿＿＿＿。 特此证明。	证明单位公章： 证明单位负责人签字： 年　月　日

⑥会议纪要

会议纪要

关于研究××区企业招商工作的会议纪要

……

一、关于协调××区入住企业注册地址相关事宜的问题

……

二、关于进一步加强××区招商服务的意见

……

北京市××区政府办公室
年　月　日印发

⑦社会团体法人登记证书

社会团体法人登记证书

（副本）

京×民社证字第××号

发证机关：××区民政局

发证日期：2014 年 10 月 4 日

有效日期：2014 年 10 月 14 日至 2018 年 10 月 13 日

名称：北京 ×× 商会

业务范围：行业调研、行业协调、行业自律、对外交流等

住所：北京市 ×× 区 × 号院 × 号楼 × 室

法定代表人：秦某某

活动地区：北京市 ×× 区

注册资金：伍万元

业务主管单位：北京市 ×× 区 ×× 办公室

登记时间：2014 年 10 月 14 日

⑧企业联系登记表

企业联系登记表

企业名称	北京元泽 ×× 公司		
联系人姓名	刘某某	身份证件类型	身份证
身份证件号码	3715××41		
联系人地址	天津市 ×× 区 × 栋 × 门 × 号	邮政编码	300 000
固定电话	010-84××17	移动电话	186××74
电子邮件		传真电话	
身份证复印件		本人担任企业联系人，对所填写内容予以确认，并承诺认真履行联系人职责。 签字：刘某某 年 月 日	

⑨核发营业执照情况

核发营业执照情况

发照人民签字	张某某	发照日期	2015 年 4 月 2 日
领执照情况	本人领取了执照证本一份，副本___份。 签字：原某某 2015 年 4 月 2 日		
备注			

（6）北京元泽××公司章程

北京元泽×× 章程

第一章 总 则

第一条 依据《中华人民共和国公司法》（以下简称《公司法》）及有关法律、法规的规定，由张某、张某某、赵某某等3方共同出资，设立北京元泽××公司，（以下简称公司）特制定本章程。

第二条 本章程中的各项条款与法律、法规、规章不符的，以法律、法规、规章的规定为准。

第二章 公司名称和住所

第三条 公司名称：北京元泽××公司。

第四条 住所：北京市××区××街×号楼×室。

第三章 公司经营范围

……

第四章 公司注册资本

……

第五章 股东姓名、出资方式、出资额、分散交付数额及期限

……

第六章 股东的权利与义务

……

第七章 股东转让出资条件

……

第八章 附 则

第二十四条 公司登记事项以公司登记机关核定的为准。

第二十五条 本章程一式贰份，并报公司登记机关一份。

全体股东亲笔签字：张某 张某某 赵某某

年 月 日

（四）各方观点

1.原告方观点

因原告单位要求原告就登记为股东一事作出说明，原告通过国家企业信用信息

公示系统查询得知原告被登记为元泽××公司股东。2018年11月7日，原告发现元泽××公司工商登记档案中指定（委托）书、公司章程上的签名均不是原告本人所签。原××工商分局将原告登记为元泽××公司股东所依据的事实基础不存在。为维护自身合法权益，提起行政诉讼，请求法院判决撤销原××工商分局于2015年3月25日作出的将原告登记为元泽××公司股东的行政行为；诉讼费由被告承担。

2.被告方观点

原××工商分局于2015年3月25日作出准予元泽××公司设立登记的行政行为合法，原告的诉讼请求缺乏事实根据和法律依据，请求法院依法判决驳回。

（五）庭审要点提示

1.审查起诉期限。

2.审查原告与涉案公司是否具有关联关系。

3.核实司法鉴定意见书的真实性。

4.审查涉案公司登记情况。

5.工商登记机关办理有限责任公司设立登记的程序及法律依据。

二、张某某诉北京市××区人力资源和社会保障局不履行法定职责案

（一）庭审参与人员

审判方：审判长一人，人民陪审员二人，法官助理一人，书记员一人。

原告方：张某某，男，户籍所在地北京市××区×街×路×号。

被告方：北京市××区人力资源和社会保障局，住所地北京市××区×街×号。

法定代表人肖某，局长。

委托代理人张某，北京市××区人力资源和社会保障局工作人员。

委托代理人金某，北京市××律师事务所律师。

（二）案情概要

2018年8月1日，张某某在北京市××区人力资源和社会保障局处领取并填写《劳动保障监察接待投诉登记表》，该表中被投诉单位全称为北京××技术有限公司，投诉人姓名为张某某，投诉事项：（一）被投诉人拖欠×元与加班费×元（不接受投诉人的短信证据）；（二）被投诉人非法解除合约（劳动关系）（已明确告知不受理，建议申请仲裁）；（三）被投诉人不依法缴纳社会保障费（××区

劳动监察大队已告知不受理）。张某某认为北京市××区人力资源和社会保障局对其投诉事项未予以受理，属于行政不作为，向北京市××区人民法院提起行政诉讼。

（三）证据材料

原告于庭审中向法庭提交并出示《劳动保障监察接待投诉登记表》，被告未向法庭提交证据材料。

原告证据材料如下：

劳动保障监察接待投诉登记表

行政机关：　　　　　　接待人：　　　　　　序号：

<table>
<tr><td rowspan="3">被投诉单位</td><td>全　称</td><td>北京××技术有限公司</td><td>法定代表人
（负责人）</td><td colspan="2">李××</td></tr>
<tr><td>注册或登记地址</td><td>北京市××区×街×院×号楼×室</td><td>劳资负责人</td><td colspan="2">王　×</td></tr>
<tr><td>经营或办公地址</td><td>北京市××区×街×院×号楼×室</td><td>联系电话</td><td colspan="2">138×××26</td></tr>
<tr><td rowspan="4">投诉人</td><td>姓　名</td><td>张××</td><td>性别　　男</td><td>年龄</td><td>28</td></tr>
<tr><td>身份证号</td><td>1101×××256</td><td>联系电话</td><td colspan="2">185×××57</td></tr>
<tr><td>通讯地址</td><td>北京市××区×路×号</td><td>邮政编码</td><td colspan="2"></td></tr>
<tr><td>户籍地址</td><td colspan="4">□农户　□非农户</td></tr>
<tr><td colspan="6">投诉事项：
1.被投诉人拖欠×元与加班费×元（不接受投诉人的短信证据）；
2.被投诉人非法解除合约（劳动关系）（已明确告知不受理，建议申请仲裁）；
3.被投诉人不依法缴纳社会保障费（××区劳动监察大队已告知不受理）。</td></tr>
<tr><td colspan="3">批办意见：

批准人：
　　年　月　日</td><td colspan="3">备注：</td></tr>
</table>

（四）各方观点

1.原告方观点

原告因用人单位拖欠工资、非法解除劳动关系及不依法缴纳社会保险费向被告反映情况。被告要求原告填写《劳动保障监察接待投诉登记表》，且要求在表中投诉事项后注明不接受原告的短信证据，不受理投诉事项及已建议申请仲裁。原告按要求填写完后，被告仍不接收。故提起诉讼，请求确认2018年8月1日原告向被告举报用人单位不依法缴纳社会保险费、非法解除与原告的劳动合同及拖欠原告工资，被告不受理的行为违法；本案诉讼费用由被告承担。

2. 被告方观点

2018 年 8 月 1 日，原告在被告处领取《劳动保障监察接待投诉登记表》，经接待人员审查后，依据《劳动保障监察条例》《关于实施〈劳动保障监察条例〉若干规定》等规定及原告提交的《劳动保障监察接待投诉登记表》，告知原告被投诉人拖欠工资与加班费，属于被告的职责范围，原告可携带相关证据材料到劳动保障监察队投诉。被投诉人非法解除合约（劳动关系），原告可携带相关证据到劳动保障监察队投诉，如此事项劳动者与单位有争议，根据《劳动保障监察条例》的相关规定，需要通过其他途径解决。被投诉人不依法缴纳社会保障费，此投诉事项不属于被告的受理范围，建议向社保稽核部门反映相关情况。后原告未向被告提交《劳动保障监察接待投诉登记表》，故该投诉事项未立案。原告关于被告行政不作为的主张，缺乏事实依据，请求法院驳回原告的诉讼请求。

（五）庭审要点提示

（1）审查原告要求被告对其投诉事项履行法定职责的法律依据。

（2）审查被告主张原告相关投诉事项不属于其法定职责的法律依据。

（3）查明原告投诉过程，明确案件相关事实。

（4）原告和被告对案件事实存在争议时，法庭为查明相关事实，可以依据《中华人民共和国行政诉讼法》第三十九条之规定，要求当事人提供或者补充证据。

第十七章　行政诉讼基本法律文书

第一节　行政裁判文书概述

一、行政裁判文书的概念及种类

裁判文书是法官经过审理案件，运用文字将法律或判例所蕴含的国家意志及立法精神等应用于具体的案件中，从而惩治犯罪、定分止争，其制作既是人民法院审判工作的重要组成部分，也是法官履行国家审判职责的一项经常性工作。所谓行政裁判文书，是人民法院在行政审判中，为解决当事人之间的争议，对行政案件实体、程序问题所作的依法产生法律效力的文书。

行政裁判文书的种类，从广义的角度而言，人民法院在审理行政案件过程中制作、形成的相关文书都可称之为行政裁判文书，按照其使用范围的不同，又可以分为人民法院对外使用的行政裁判文书和人民法院内部使用的文书。人民法院对外使用的行政裁判文书主要包括以下内容：（1）判决书、裁定书、调解书；（2）决定、通知、信函类文书；（3）司法建议书。人民法院内部使用的文书主要有请示、报告及其他文书等。从狭义的角度而言，行政裁判文书专指包括行政赔偿范围在内的行政判决书、行政裁定书、行政赔偿判决书、行政赔偿裁定书、行政赔偿调解书等行政裁判文书。

按照不同的审判程序，行政裁判文书可以分为一审、二审和再审行政裁判文书，一审裁判文书是人民法院对行政争议案件第一次审理终结，对实体、程序问题所作的判决书或裁定书。二审裁判文书，是人民法院对行政争议案件第二次审理终结后所作的判决书或裁定书，二审裁判文书对于诉争的法律问题具有终局裁判的效力。再审裁判文书是人民法院按照审判监督程序，对已经生效的裁判重新审理所作的裁判文书。在行政裁判文书中，一审裁判文书具有突出的地位。本节主要从广义的角度来讨论一审行政裁判文书的制作，并着重分析行政判决书、行政裁定书等与行政诉讼当事人权利义务密切相关的行政文书的制作。

二、行政裁判文书的撰写样式

行政诉讼文书撰写样式适用 2015 年 5 月最高人民法院行政审判庭编写的《行政诉讼文书样式（试行）》。下文简要列明了行政诉讼一审程序中主要的裁判文书样式，并以附件的形式将审判实务工作中几类常用文书的具体格式列于文后，以备学习、参考。

（一）判决书

凡适用判决书的行政案件均需经开庭审理程序，在查明案件事实的基础上，围绕案件争议焦点问题制作行政判决文书。行政诉讼一审程序中判决文书主要有以下几类：

（1）行政判决书（一审请求撤销、变更行政行为类案件用）

（2）行政判决书（一审请求履行法定职责类案件用）

（3）行政判决书（一审请求给付类案件用）

（4）行政判决书（一审请求确认违法或无效类案件用）

（5）行政判决书（一审复议机关作共同被告类案件用）

（6）行政判决书（一审行政裁决类案件用）

（7）行政判决书（一审行政协议类案件用）

（8）行政赔偿判决书（一审行政赔偿案件用）

（9）民事判决书（一并审理的民事案件用）

（10）行政判决书（一审请求撤销、变更行政行为类简易程序案件用）

（11）行政判决书（一审请求履行法定职责或给付类简易程序案件用）

（二）调解书

行政调解文书可以在案件开庭审理前制作，也可以在案件开庭审理后制作。行政诉讼一审程序中调解书主要有以下几类：

（1）行政调解书（一审行政案件用）

（2）行政赔偿调解书（一审行政赔偿案件用）

（3）行政调解书（一审简易程序行政案件用）

（三）裁定书

行政裁定书样式丰富，适用情形主要针对程序性问题。在开庭审理前适用行政裁定书的情形主要包括：《行政诉讼法》及其司法解释规定的驳回原告起诉的情形，管辖异议、证据保全、先予执行、中止或终结诉讼、准予撤诉、不准予撤诉、简易程序转为普通程序等。开庭审理中适用行政裁定书的情形主要包括：准予撤诉、不准予撤诉、按撤诉处理、中止或终结诉讼等。开庭审理后适用行政裁定书的情形主要包括：《行政诉讼法》及其司法解释规定的驳回原告起诉的情形，中止或终结诉讼、补正裁判文书笔误、准予撤诉、不准予撤诉等。行政诉讼中裁定书主要有以下几类：

（1）行政裁定书（驳回起诉用）

（2）行政裁定书（证据保全用）

（3）行政裁定书（先予执行用）

（4）行政裁定书（依申请停止执行行政行为或驳回申请用）

（5）行政裁定书（依职权停止执行行政行为用）

（6）行政裁定书（准许或不准许撤回起诉用）

（7）行政裁定书（按撤诉处理用）

（8）行政裁定书（中止或终结诉讼用）

（9）行政裁定书（补正裁判文书笔误用）

（10）行政裁定书（简易程序转为普通程序用）

（四）决定书

开庭审理前适用行政决定书的情形主要包括：不准予当事人申请法院调取收集证据、驳回当事人申请法院调查收集证据的复议申请、停止执行或驳回停止执行的申请复议、不予准许一并审理民事争议等。开庭审理中适用行政决定书的情形主要包括：当事人妨害行政诉讼、针对罚款或拘留决定的复议申请、回避申请及驳回回避申请的复议申请等。开庭审理后适用行政决定书的情形主要包括：不准予当事人申请法院调取收集证据、驳回当事人申请法院调查收集证据的复议申请、停止执行或驳回停止执行的申请复议、提前解除拘留等。行政诉讼中决定书主要有以下几类：

（1）决定书（不予准许当事人申请法院调查收集证据用）

（2）复议决定书（驳回当事人申请法院调查收集证据的复议申请用）

（3）复议决定书（撤销不予准许当事人申请法院调查收集证据决定用）

（4）复议决定书（停止执行或驳回停止执行的申请复议决定用）

（5）决定书（不予准许一并审理民事争议用）

（6）复议决定书（不予准许一并审理民事争议用）

（7）罚款决定书（妨害行政诉讼用）

（8）拘留决定书（妨害行政诉讼用）

（9）决定书（提前解除拘留用）

（10）复议决定书（拘留、罚款决定复议用）

（五）通知书

行政案件中，通知书主要适用于开庭审理前的程序性工作，如应诉通知书、参加诉讼通知书、合议庭组成人员及书记员通知书、举证通知书、准予或不准予延长举证期限通知书、调取证据通知书、证据保全通知书、准许证人出庭作证通知书、庭前证据交换通知书等。行政诉讼庭审中适用的通知书有对新的证据提出意见或者举证通知书、执行拘留通知书等。行政诉讼庭审后适用的通知书有提前解除拘留通知书、准许或不予准许对法院委托的鉴定部门的鉴定重新鉴定申请通知书。行政诉讼中通知书主要有以下几类：

（1）应诉通知书（通知被告用）

（2）参加诉讼通知书

（3）行政机关负责人出庭通知书

（4）合议庭组成人员及书记员通知书

（5）变更合议庭组成人员及书记员通知书

（6）举证通知书（被告举证用）

（7）举证通知书（原告、第三人举证用）

（8）通知书（准许延长举证期限用）

（9）通知书（不予准许延长举证期限用）

（10）通知书（因公告送达变更举证期限用）

（11）通知书（准许当事人申请法院调查收集证据用）

（12）通知书（调取证据用）

（13）通知书（证据保全担保用）

（14）通知书（驳回证据保全申请用）

（15）通知书（人民法院通知当事人交换证据、召开庭前会议用）

（16）通知书（准许/不予准许对被告提供的鉴定结论重新鉴定申请用）

（17）通知书（准许/不予准许对法院委托的鉴定部门的鉴定重新鉴定申请用）

（18）通知书（准许/不予准许对法院勘验结论重新勘验申请用）

（19）通知书（准许证人出庭作证用）

（20）通知书（不予准许证人出庭作证用）

（21）通知书（法院依当事人申请通知证人出庭作证用）

（22）通知书（法院依职权通知证人出庭作证用）

（23）通知书（准许具有专门知识人员出庭协助质证用）

（24）通知书（不予准许具有专门知识人员出庭协助质证用）

（25）通知书（具有专门知识人员出庭协助质证用）

（26）通知书（对新的证据提出意见或者举证用）

（27）执行拘留通知书（妨害行政诉讼用）

（28）执行拘留通知书（回执）

（29）通知书（提前解除拘留用）

（30）通知书（回执）（提前解除拘留用）

（31）简易程序审理通知书（通知简易程序审理和独任法官用）

（六）建议书

人民法院审判工作中比较常用的建议书是司法建议书，主要针对参与行政诉讼的行政机关在日常执行工作中存在的不符合法律法规规定情形，提出改进建议和意见，是行政诉讼促进行政机构依法行政的重要途径。行政诉讼中建议书主要有以下几类：

（1）适用简易程序建议书（适用简易程序征求当事人意见用）

（2）司法建议书（人民法院提出书面建议用）

（3）处理建议书（对规范性文件提出处理建议用）

（4）适用简易程序暨移送非集中管辖法院审理建议书（适用简易程序暨移送非集中管辖法院审理征求当事人意见用）

（七）函

行政诉讼中，人民法院在开庭审理前或审理后为查明案件事实或送达相关法律文书可以向其他法院发送委托调查函和委托送达函，请求其协助调查相关事实或代为送达法律文书。人民法院受理行政案件后，经审查认为不属于本院管辖，应当移送给有管辖权的人民法院审理，并向其发送案件移送函，案件移送函主要适用于未开庭审理的案件。审判实践中，上诉移送函适用于一审案件结案后，当事人对裁判结果不服提起上诉的案件。行政诉讼中函类文书主要有以下几类：

（1）委托调查函（委托其他法院协助调查用）

（2）委托送达函（委托其他法院送达文书用）

（3）委托宣判函（委托其他法院宣判用）

（4）案件移送函

（5）上诉移送函

（八）报告

行政诉讼中，报告类文书主要适用于案件审理中出现的疑难复杂问题，需要向本院审判委员会或上级人民法院请示报告的情形，开庭审理前或审理后均有可能适用报告类文书。行政诉讼中报告类文书主要有以下两类：

（1）延长审理期限报告

（2）审理报告（一审行政案件用）

三、行政判决书、行政调解书、行政裁定书的文书格式示范

（一）一审请求撤销、变更行政行为类案件判决书格式

××××人民法院

行政判决书

（××××）×行初第××号

原告×××，……（写明姓名或名称等基本情况）。

代表人×××，……（写明姓名、职务）。

委托代理人（或指定代理人、法定代理人）×××，……（写明姓名等基本情况）。

被告×××，……（写明行政主体名称和所在地址）。

法定代表人×××，……（写明姓名、职务）。

委托代理人×××，……（写明姓名等基本情况）。

第三人×××，……（写明姓名或名称等基本情况）。

法定代表人×××，……（写明姓名、职务）。

委托代理人（或指定代理人、法定代理人）×××，……（写明姓名等基本情况）。

原告×××不服被告×××（行政主体名称）……（行政行为），于××××年××月××日向本院提起行政诉讼。本院于××××年××月××日立案后，于××××年××月××日向被告送达了起诉状副本及应诉通知书。本院依法组成合议庭，于××××年××月××日公开（或不公开）开庭审理了本案。……（写明到庭参加庭审活动的当事人、行政机关负责人、诉讼代理人、证人、鉴定人、

勘验人和翻译人员等）到庭参加诉讼。……（写明发生的其他重要程序活动，如：被批准延长本案审理期限等情况）。本案现已审理终结。

被告×××（行政主体名称）于××××年××月××日作出……（被诉行政行为名称），……（简要写明被诉行政行为认定的主要事实、定性依据和处理结果）。

原告×××诉称，……（写明原告的诉讼请求、主要理由以及原告提供的证据、依据等）。

被告×××辩称，……（写明被告的答辩请求及主要理由）。

被告×××向本院提交了以下证据、依据：1.……（证据的名称及内容等）；2.……。

第三人×××述称，……（写明第三人的意见、主要理由以及第三人提供的证据、依据等）。

本院依法调取了以下证据：……（写明证据名称及证明目的）。

经庭审质证（或庭前交换证据、庭前准备会议），……（写明当事人的质证意见）。

本院对上述证据认证如下：……（写明法院的认证意见和理由）。

经审理查明，……（写明法院查明的事实。可以区分写明当事人无争议的事实和有争议但经法院审查确认的事实）。

本院认为，……（写明法院判决的理由）。依照……（写明判决依据的行政诉讼法以及相关司法解释的条、款、项、目）的规定，判决如下：

……（写明判决结果）。

……（写明诉讼费用的负担）。

如不服本判决，可以在判决书送达之日起十五日内向本院递交上诉状，并按对方当事人的人数提出副本，上诉于××××人民法院。

审　判　长　×××

审　判　员　×××

审　判　员　×××

××××年××月××日

（院　印）

本件与原本核对无异

书记员　×××

（二）一审行政案件行政调解书格式

××××人民法院
行政调解书

（××××）×行初第××号

原告×××，……（写明姓名或名称等基本情况）。

法定代表人×××，……（写明姓名、职务）。

委托代理人（或指定代理人、法定代理人）×××，……（写明姓名等基本情况）。

被告×××，……（写明行政主体名称和所在地址）。

法定代表人×××，……（写明姓名、职务）。

委托代理人×××，……（写明姓名等基本情况）。

第三人×××，……（写明姓名或名称等基本情况）。

法定代表人×××，……（写明姓名、职务）。

委托代理人（或指定代理人、法定代理人）×××，……（写明姓名等基本情况）。

原告×××不服被告×××（行政主体名称）（行政行为），于××××年××月××日向本院提起行政诉讼。本院于××××年××月××日立案后，于××××年××月××日向被告送达了起诉状副本及应诉通知书。本院依法组成合议庭，于××××年××月××日公开（或不公开）开庭审理了本案。……（写明到庭参加庭审活动的当事人、行政机关负责人、诉讼代理人、证人、鉴定人、勘验人和翻译人员等）到庭参加诉讼。……（写明发生的其他重要程序活动，如：被批准延长本案审理期限等情况）。本案现已审理终结。

经审理查明，……（写明法院查明的事实）。

本案在审理过程中，经本院主持调解，双方当事人自愿达成如下协议：

……（写明协议的内容）。

……（写明诉讼费用的负担）。

上述协议，符合有关法律规定，本院予以确认。本调解书经双方当事人签收后，即具有法律效力。

审　判　长　×××

审　判　员　×××

审　判　员　×××

×××× 年 ×× 月 ×× 日

（院　印）

本件与原本核对无异

书记员 ×××

（三）一审行政案件驳回起诉裁定书格式

×××× 人民法院

行政裁定书

（××××）× 行初第 ×× 号

原告 ×××，……（写明姓名或名称等基本情况）。

被告 ×××，……（写明姓名或名称等基本情况）。

第三人 ×××，……（写明姓名或名称等基本情况）。

（当事人及其他诉讼参加人的列项和基本情况的写法，除当事人的称谓外，与一审行政判决书样式相同。）

原告 ××× 诉被告 ×××……（写明案由）一案，本院受理后，依法组成合议庭（或依法由审判员 ××× 独任审判），公开（或不公开）开庭审理了本案，现已审理终结（未开庭的，写"本院依法进行了审理，现已审理终结"）。

……（概括写明原告起诉的事由）。

……（各方当事人对案件是否符合起诉条件有争议的，围绕争议内容分别概括写明原告、被告、第三人的意见及所依据的事实和理由；如果没有，此项不写）。

经审理查明，……（各方当事人对案件是否符合起诉条件的相关事实有争议的，写明法院对该事实认定情况；如果没有，此项不写）。

本院认为，……（写明驳回起诉的理由）。依照……（写明裁定依据的行政诉讼法以及相关司法解释的条、款、项、目，如《最高人民法院关于适用〈中华人民共和国行政诉讼法〉的解释》第六十九条第一款）的规定，裁定如下：

驳回原告 ××× 的起诉。

……（写明诉讼费用的负担）。

如不服本裁定，可在裁定书送达之日起十日内，向本院递交上诉状，并按对方当事人的人数提出副本，上诉于 ×××× 人民法院。

审　判　长 ×××

审　判　员 ×××

审　判　员 ×××

×××× 年 ×× 月 ×× 日

（院　印）

本件与原本核对无异

书记员 ×××

第二节　行政诉讼当事人文书

在行政诉讼中，当事人有原告、被告、第三人等，他们在行政诉讼中也需提交各种文书。本节侧重介绍行政起诉状、行政答辩状、行政上诉状。

一、行政起诉状

根据我国《行政诉讼法》的规定，公民、法人或者其他组织不服行政机关的具体行政行为，可以向人民法院提起诉讼。根据立案登记制，行政起诉采取书面主义，即起诉人除确实存在困难外，必须递交行政起诉状。行政起诉状即公民、法人或者其他组织不服行政机关的具体行政行为，向人民法院递交的，请求人民法院对该行政行为是否合法予以裁决，用以保护当事人合法权益的行政诉讼文书。

撰写行政起诉状，是《行政诉讼法》赋予公民的一种权力。原告被国家行政机关或其工作人员的具体行政行为侵犯之后，为了维护合法权益，可以向人民法院提起诉讼。对受理行政诉讼的人民法院来说，起诉状是引起行政诉讼程序的根据，并成为审判结论的重要依据。其格式如下：

行政起诉状

原告 ×××，……（自然人写明姓名、性别、工作单位、住址、有效身份证件号码、联系方式等基本信息；法人或其他组织写明名称、地址、联系电话、法定代表人或负责人等基本信息）。

委托代理人 ×××，……（写明姓名、工作单位等基本信息）。

被告 ×××，……（写明名称、地址、法定代表人等基本信息）。

其他当事人 ×××，……（参照原告的身份写法，没有其他当事人，此项可不写）。

诉讼请求：……（应写明具体、明确的诉讼请求）。

事实和理由：……（写明起诉的理由及相关事实依据，尽量逐条列明）。

证据和证据来源、证人姓名和住址

……

此致

××××人民法院

原告：×××（签字盖章）

［法人：×××（盖章）］

××××年××月××日

（写明递交起诉之日）

附：

1．起诉状副本×份

2．被诉行政行为×份

3．其他材料×份

【说明】

1．根据立案登记制，行政起诉采取书面形式，即起诉人除确实存在困难外，必须递交行政起诉状，且起诉状必须具备法定的基本要素和要求，能初步证明符合《中华人民共和国行政诉讼法》第四十九条等规定的起诉条件。

2．公民、法人或者其他组织提起行政诉讼，可以根据《中华人民共和国行政诉讼法》第四十九条第（三）项的规定提出下列具体的诉讼请求：

（1）请求判决撤销、变更行政行为；

（2）请求判决行政机关履行法定职责或者给付义务；

（3）请求判决确认行政行为违法；

（4）请求判决行政机关予以赔偿或者补偿；

（5）请求解决行政协议争议；

（6）请求一并审查规章以下规范性文件；

（7）请求一并解决相关民事争议。

（8）其他诉讼请求。

诉讼请求不明确的，人民法院应当予以释明。

二、行政答辩状

行政答辩状是行政诉讼中的被告（或被上诉人）针对原告（或上诉人）在行政起诉状（或上诉状）中提出的诉讼请求，事实与理由，向人民法院作出的书面答复。根据我国《行政诉讼法》第六十七条的规定，人民法院受理行政诉讼案件后，应当在立案之日起五日内，将起诉状副本发送给被告。被告应当在收到起诉状副本之日起十五日内向人民法院提交作出具体行政行为的有关材料，并提出答辩状。人民法院应当在收到答辩状之日起五日内，将答辩状副本发送给原告。

《行政诉讼法》第三十四条规定："被告对作出的具体行政行为负有举证责任，应当提供作出该具体行政行为的证据和所依据规范性的文件。"因而当被诉行政机关进行答辩时，不仅要对原告的诉讼请求和提出的事实和理由进行反驳，还必须提供自己作出该具体行政行为的证据和所依据的规范性文件，否则就会导致败诉的后果。

提出答辩状是诉讼当事人的一项诉讼权利，而不是诉讼义务。根据《行政诉讼法》第六十七条第二款的规定，在答辩期限内不提出答辩状的，不影响人民法院审理。行政答辩状的格式如下：

行政答辩状

答辩人×××，……（写明名称、地址、法定代表人等基本信息）。

法定代表人×××，……（写明姓名、职务等基本信息）。

委托代理人×××，……（写明姓名、工作单位等基本信息）。

因×××诉我单位……（写明案由或起因）一案，现答辩如下：

答辩请求：……

事实和理由：……（写明答辩的观点、事实与理由）。

此致

××××人民法院

答辩人：×××（盖章）

××××年××月××日

（写明递交答辩状之日）

附：

1．答辩状副本×份

2．其他文件×份

3．证物或书证×件

【说明】

行政答辩状是行政诉讼中的被告（或被上诉人）针对原告（或上诉人）在行政起诉状（或上诉状）中提出的诉讼请求、事实与理由，向人民法院作出的书面答复，适用《中华人民共和国行政诉讼法》第六十七条的规定。

三、行政上诉状

行政上诉状是行政诉讼当事人不服地方各级人民法院第一审行政判决或裁定，在法定的上诉期限内，向上一级人民法院提出上诉，请求撤销、变更原裁判的书状。

我国《行政诉讼法》第八十五条的规定："当事人不服人民法院第一审判决的，有权在判决书送达之日起十五日内向上一级人民法院提起上诉。当事人不服人民法院第一审裁定的，有权在裁定书送达之日起十日内向上一级人民法院提起上诉。逾期不提起上诉的，人民法院的第一审判决或者裁定发生法律效力。"当事人行使上诉权，提起上诉，必须要有上诉对象，也就是地方各级人民法院第一审未发生法律效力的判决和裁定。

行政诉讼当事人提起上诉应当提交行政上诉状。上诉状应通过原审人民法院提出。当事人若直接向第二审法院提起上诉，第二审法院则应依法在五日内将上诉状移交原审法院。上诉被受理后，案件就进入第二审程序。

行政上诉状

上诉人：×××（写明姓名、性别、年龄、民族、籍贯、职业或者工作单位和职务、住址，如果是法人或者其他组织，应写明名称、法定代表人、住所、联系地址和邮政编码等，如果是行政机关作为被上诉人的，则应写明行政机关的名称、法定代表人和住所）

被上诉人：×××（写法同上诉人）

上诉人因××××一案（写明一审判决或者裁定书所列的案由），不服×××人民法院×年×月×日（××）字第××号判决（或者裁定），现提出上诉。

上诉请求：

（写明要求上诉审法院解决的事由，如撤销原判；重新判决等）

上诉理由：

……（写明一审判决或者裁定不正确的事实根据和法律依据）

此致

××××人民法院

　　附：本上诉状副本×份

上诉人：×××

（签字或者盖章）

××××年×月×日

第三节　行政裁判文书撰写的技术规范

一、行政裁判文书撰写基本要素规范

行政裁判文书一般由标题、正文、落款三部分组成，下文将结合审判实例，着重介绍一审行政判决书、行政裁定书各部分的撰写规范和具体要求，其他行政文书的撰写，如决定书、通知书等，可参照行政判决书、行政裁定书的撰写规范。

（一）标题

行政判决书和行政裁定书的标题包括法院名称、文书名称和案号。

1. 法院名称

法院名称一般应与院印的文字一致。基层人民法院、中级人民法院名称前应冠以省、自治区、直辖市的名称，但军事法院、海事法院、铁路运输法院、知识产权法院等专门人民法院除外。

涉外裁判文书，法院名称前一般应冠以"中华人民共和国"国名；案件当事人中如果没有外国人、无国籍人、外国企业或组织的，地方人民法院、专门人民法院制作的裁判文书标题中的法院名称无需冠以"中华人民共和国"。

2. 文书名称

文书名称适用2015年5月最高人民法院行政审判庭编写的《行政诉讼文书样式（试行）》文书样式名称。

例：行政判决书、行政赔偿判决书、行政裁定书

3. 案号

案号由收案年度、法院代字、类型代字、案件编号组成。

案号的编制、使用应根据《最高人民法院关于人民法院案件案号的若干规定》等执行。

例：（2019）京 0106 行初 1 号，（2019）京 0106 行赔初 1 号

（二）正文

行政裁判文书的正文主要包括首部、事实、理由、裁判依据、裁判主文、尾部等部分。

1. 首部

首部包括诉讼参加人及其基本情况，案件由来和审理经过等。

（1）诉讼参加人及其基本情况

当事人是自然人的，应当写明其姓名、性别、出生年月日、民族、职业或者工作单位和职务、住所。姓名、性别等身份事项以居民身份证、户籍证明为准。

当事人职业或者工作单位和职务不明确的，可以不表述。

当事人住所以其户籍所在地为准；离开户籍所在地有经常居住地的，经常居住地为住所。连续两个当事人的住所相同的，应当分别表述，不用"住所同上"的表述。

有法定代理人或指定代理人的，应当在当事人之后另起一行写明其姓名、性别、职业或工作单位和职务、住所，并在姓名后用括号注明其与当事人的关系。代理人为单位的，写明其名称及其参加诉讼人员的基本信息。

例：原告孙××，女，2010 年 3 月 12 日出生，汉族，户籍所在地北京市××区××胡同×号。

法定代理人孙××（原告孙××之父），1977 年 11 月 6 日出生，汉族，户籍所在地北京市××区×街×号。

当事人是法人的，写明名称和住所，并另起一行写明法定代表人的姓名和职务。当事人是其他组织的，写明名称和住所，并另起一行写明负责人的姓名和职务。

例：原告北京××公司，住所地北京市××区×街×号××大厦×座×层。

法定代表人朱××，董事长。

当事人是个体工商户的，写明经营者的姓名、性别、出生年月日、民族、住所；起有字号的，以营业执照上登记的字号为当事人，并写明该字号经营者的基本

信息。

例：原告北京市××区××五金建材商店，经营地址北京市××区×街×号。

经营者刘××，女，1952年5月30日出生，汉族，北京市××区××五金建材商店经营者，住北京市××区×街×号。

当事人是起字号的个人合伙的，在其姓名之后用括号注明"系……（写明字号）合伙人"。

法人、其他组织、个体工商户、个人合伙的名称应写全称，以其注册登记文件记载的内容为准。

法人或者其他组织的住所是指法人或者其他组织的主要办事机构所在地；主要办事机构所在地不明确的，法人或者其他组织的注册地或者登记地为住所。

当事人为外国人的，应当写明其经过翻译的中文姓名或者名称和住所，并用括号注明其外文姓名或者名称和住所。

外国自然人应当注明其国籍。国籍应当用全称。无国籍人，应当注明无国籍。

外国自然人的姓名、性别等基本信息以其护照等身份证明文件记载的内容为准；外国法人或者其他组织的名称、住所等基本信息以其注册登记文件记载的内容为准。

港澳台地区的居民在姓名后写明"香港特别行政区居民""澳门特别行政区居民"或"台湾地区居民"。

港澳地区当事人的住所，应当冠以"香港特别行政区""澳门特别行政区"。

台湾地区当事人的住所，应当冠以"台湾地区"。

当事人有曾用名，且该曾用名与本案有关联的，裁判文书在当事人现用名之后用括号注明曾用名。

诉讼过程中当事人姓名或名称变更的，裁判文书应当列明变更后的姓名或名称，变更前姓名或名称无需在此处列明。对于姓名或者名称变更的事实，在查明事实部分写明。

诉讼过程中，当事人权利义务继受人参加诉讼的，诉讼地位从其承继的诉讼地位。裁判文书中，继受人为当事人；被继受人在当事人部分不写，在案件由来中写明继受事实。

在代表人诉讼中，被代表或者登记权利的当事人人数众多的，可以采取名单附后的方式表述，"原告×××等×人（名单附后）"。

当事人自行参加诉讼的，要写明其诉讼地位及基本信息。

当事人有委托诉讼代理人的，应当在当事人之后另起一行写明委托诉讼代理人的姓名和其他基本情况。有两个委托诉讼代理人的，分行分别写明。

当事人委托近亲属或者本单位工作人员担任委托诉讼代理人的，应当列在第一位，委托外单位的人员或者律师等担任委托诉讼代理人的列在第二位。

当事人委托本单位人员作为委托诉讼代理人的，写明姓名及其工作人员身份。其身份信息可表述为"该单位（如行政机关、公司、委员会、厂等）工作人员"。

律师、基层法律服务工作者担任委托诉讼代理人的，写明律师、基层法律服务工作者的姓名，所在律师事务所的名称、法律服务所的名称及执业身份。其身份信息表述为"××律师事务所律师""××法律服务所法律工作者"。

例：被告北京市××区食品药品监督管理局，住所地北京市××区××路×号院×号楼。

法定代表人李××，局长。

委托代理人张×，北京市××区食品药品监督管理局工作人员。

委托代理人常××，北京市××律师事务所律师。

委托诉讼代理人变更的，裁判文书首部只列写变更后的委托诉讼代理人。对于变更的事实可根据需要写明。

一审行政案件当事人的诉讼地位表述为"原告""被告"和"第三人"。先写原告，后写被告，再写第三人。有多个原告、被告、第三人的，按照起诉状列明的顺序写。起诉状中未列明的当事人，按照参加诉讼的时间顺序写。

（2）案件由来和审理经过

案件由来部分简要写明案件名称与来源。

案件名称是当事人与案由的概括。行政一审案件名称可表述为"原告×××不服被告×××……（行政行为）"；"原告×××因认为被告×××……（写明不履行法定职责的案由）"等。

诉讼参加人名称过长的，可以在案件由来部分第一次出现时用括号注明其简称，表述为"（以下简称×××）"。裁判文书中其他单位或组织名称过长的，也可在首次表述时用括号注明其简称。

诉讼参加人的简称应当规范，能够准确反映其名称的特点。

案由应当准确反映案件所涉及的行政法律关系的性质，符合《最高人民法院关于规范行政案件案由的通知》的规定。

审理经过部分应写明立案日期及庭审情况。

立案日期表述为："本院于××××年××月××日立案后"。

庭审情况包括适用程序、程序转换、审理方式、参加庭审人员等。

适用程序包括普通程序、简易程序。

行政一审案件由简易程序转为普通程序的，审理经过表述为："于××××年××月××日公开／因涉及……不公开（写明不公开开庭的理由）开庭审理了本案，经审理发现有不宜适用简易程序的情形，裁定转为普通程序，于××××年××月××日再次公开／不公开开庭审理了本案"。

审理方式包括开庭审理和不开庭审理。开庭审理包括公开开庭和不公开开庭。

开庭审理的应写明当事人出庭参加诉讼情况（包括未出庭或者中途退庭情况）；不开庭的，不写。

如有第三人参加诉讼，可选择使用"因×××与本案被诉行政行为或与案件处理结果有利害关系，本院依法通知其为第三人参加诉讼"或"因×××与本案被诉行政行为有利害关系，经×××申请，本院依法准许其为第三人参加诉讼"。

当事人未到庭应诉或者中途退庭的，写明经传票传唤，无正当理由拒不到庭或者未经法庭许可中途退庭的情况。

一审庭审情况表述为："本院于××××年××月××日公开／因涉及……（写明不公开开庭的理由）不公开开庭审理了本案，原告×××及其诉讼代理人×××，被告×××及其诉讼代理人×××等到庭参加诉讼。"

对于审理中其他程序性事项，如中止诉讼、经批准延长审限、鉴定等情况应当写明。如对中止诉讼情形，表述为："因……（写明中止诉讼事由），于××××年××月××日裁定中止诉讼，××××年××月××日恢复诉讼。"

2. 事实

事实部分包括行政行为、当事人的诉辩意见及举证质证情况，人民法院认定的证据及事实。

（1）被诉行政行为主要包括被诉行政行为的作出时间、行政主体和行政相对人、认定事实、法律适用和结论。

（2）当事人的诉辩意见按照原告、被告、第三人的顺序依次表述当事人的起诉意见、答辩意见、陈述意见。当事人诉辩意见之后，另起一段写明该当事人的举证情况。

诉辩意见不需原文照抄当事人的起诉状或答辩状、代理词内容，应当全案考虑当事人在法庭上的诉辩意见综合表述。证据表述根据全案证据多少、证明内容决定是否单列证明目的。

当事人诉辩意见及举证后对人民法院调取的证据、鉴定意见、现场勘验等情况进行说明。

证据列明后写明各当事人对各方举证及法院调取的证据、鉴定意见、现场勘验等的质证意见。

人民法院对证据的认定情况分别写明证据采用及不采用的理由。

（3）在证据的审查认定之后，另起一段概括写明法院认定的基本事实，表述为："根据当事人陈述和经审查确认的证据，本院认定事实如下：……"。

认定的事实，应当重点围绕当事人争议的事实展开。按照行政举证责任分配和证明标准，根据审查认定的证据有无证明力、证明力大小，对待证事实存在与否进行认定。

认定事实的书写方式应根据案件的具体情况，层次清楚，重点突出，繁简得当，避免遗漏与当事人争议有关的事实。一般按时间先后顺序叙述。综述事实时，可以划分段落层次，亦可根据情况以"另查明"为引语叙述其他相关事实。

3. 理由部分

行政裁判文书的理由部分以"本院认为"作为开头，其后直接写明具体意见。

理由部分需要援引法律、法规、司法解释时，应当准确、完整地写明规范性法律文件的名称、条款项序号和条文内容，不得只引用法律条款项序号，在裁判文书后附相关条文。

理由部分的核心内容是针对被诉行政行为的合法性并结合当事人的诉讼请求，根据认定的案件事实，依照法律规定，阐述被诉行政行为是否合法，依法应当如何处理，原告的诉讼请求是否成立，裁判文书说理要做到论理透彻，逻辑严密，精炼易懂，用语准确，并视案件的具体类型有所侧重。

（1）判决理由

对采用驳回诉讼请求、确认判决等判决方式的作为类案件，应当针对被诉行政行为的主体是否具有法定职权，是否符合法定的行政程序，认定事实是否清楚、主要证据是否充分，适用法律、法规、规章和其他规范性文件是否正确，是否超越职权、滥用职权，行政处罚是否有失公正等论证说理。

对采用判决履行、驳回诉讼请求或确认违法等判决方式的不作为类案件，应当针对原告起诉要求被告履行何种法定职责、是否提出过申请，被告是否具有法定职权以及其明示拒绝、拖延履行、不予答复是否合法，原告诉讼请求是否成立、法院是否予以支持等论证说理。

对行政赔偿类案件，应当针对被诉行政行为是否合法或是否已被法院依法确认违法，原告的合法权益是否受到侵害，被侵害的程度和后果及其与被诉行政行为、事实行为的因果关系，被告应否承担、如何承担行政赔偿责任等论证说理。

（2）裁定理由

驳回起诉行政裁定书的说理，应当根据案件的具体情况，重点阐述起诉的事项为何不符合起诉条件。

准予撤诉行政裁定书的说理，应当载明撤诉、准予撤诉的理由，客观反映原告自愿撤诉和法院合法性审查的过程。

4. 裁判依据

裁判依据是人民法院作出裁判所依据的实体法和程序法条文。

引用法律、法规、司法解释时，应当严格适用《最高人民法院关于裁判文书引用法律、法规等规范性法律文件的规定》。

人民法院的裁判文书应当依法引用相关法律、法规等规范性法律文件作为裁判依据。引用时应当准确完整写明规范性法律文件的名称、条款序号，需要引用具体条文的，应当整条引用。

并列引用多个规范性法律文件的，引用顺序如下：法律及法律解释、行政法规、地方性法规、自治条例或者单行条例、司法解释。同时引用两部以上法律的，应当先引用基本法律，后引用其他法律。引用包括实体法和程序法的，先引用实体法，后引用程序法。

行政裁判文书应当引用法律、法律解释、行政法规或者司法解释。对于应当适用的地方性法规、自治条例和单行条例、国务院或者国务院授权的部门公布的行政法规解释或者行政规章，可以直接引用。

确需引用的规范性文件之间存在冲突，根据立法法等有关法律规定无法选择适用的，应当依法提请有决定权的机关作出裁决，不得自行在裁判文书中认定相关规范性法律文件的效力。

裁判文书不得引用宪法和各级人民法院关于审判工作的指导性文件、会议纪要、各审判业务庭的答复意见以及人民法院与有关部门联合下发的文件作为裁判依据，但其体现的原则和精神可以在说理部分予以阐述。

引用最高人民法院的司法解释时，应当按照公告公布的格式书写。

指导性案例不作为裁判依据引用。

引用法律、法规、司法解释应书写全称并加书名号。

法律全称太长的，也可以简称，简称不使用书名号。可以在第一次出现全称后使用简称，例："《中华人民共和国行政诉讼法》（以下简称行政诉讼法）"。

引用法律、法规和司法解释条文有序号的，书写序号应与法律、法规和司法解释正式文本中的写法一致。

引用公文应先用书名号引标题，后用圆括号引发文字号；引用外文应注明中文译文。

5. 裁判主文

行政裁判文书的主文是人民法院对案件实体、程序问题作出的明确、具体、完整的处理决定。

裁判主文中当事人名称应当使用全称。

裁判主文内容必须明确、具体、便于执行。

6. 尾部

裁判文书尾部包括诉讼费用负担和告知事项。

诉讼费用包括案件受理费和其他诉讼费用。收取诉讼费用的，写明诉讼费用的负担情况。如："案件受理费……元，由……负担；鉴定费、公告费等……元，由……负担"。若诉讼费已免交，可写成："案件受理费……元，由……负担（已免交）。"

诉讼费用不属于诉讼争议的事项，不列入裁判主文，在判决主文后另起一段写明。

对依法可以上诉的一审判决，在尾部表述为："如不服本判决，可以在判决书送达之日起15日内，向本院递交上诉状，并按对方当事人的人数或者代表人的人数提出副本，交纳上诉案件受理费五十元，上诉于××××人民法院。"

对一审驳回起诉、管辖权异议的裁定，尾部表述为："如不服本裁定，可以在裁定书送达之日起十日内，向本院递交上诉状，并按对方当事人的人数或者代表人的人数提出副本，上诉于××××人民法院。"

（三）落款

行政裁判文书的落款包括署名、日期和核对戳。

行政诉讼文书应当由参加审判案件的合议庭组成人员或者独任审判员署名。合议庭的审判长，不论审判职务，均署名为"审判长"；合议庭成员有审判员的，署名为"审判员"；有陪审员的，署名为"人民陪审员"。独任审理的，署名为"审判员"。法官助理、书记员，署名为"法官助理""书记员"。

裁判文书落款日期为作出裁判的日期，即裁判文书的签发日期。当庭宣判的，应当写宣判的日期。院印加盖在日期居中位置。院印上不压审判员，下不压书记员，下弧骑年压月在成文时间上。印章国徽底边缘及上下弧以不覆盖文字为限。公章不应歪斜、模糊。法院印章不得第二次加盖。裁判文书页与页之间不加盖骑缝章。

裁判文书正本与原本核对无异的，应当加盖"本件与原本核对无异"印戳。印戳颜色为红色，应当端正加盖于裁判日期的左下方、书记员署名的左上方空行处。

二、文书制作数字用法

行政裁判文书中数字用法可适用《北京市高级人民法院关于制作裁判文书有关技术要求的规定》的规定。裁判文书中表述数字，视不同情况可分别使用阿拉伯数字或汉字数字小写（下简称汉字数字），但应保持相对统一。

（一）下列情况应使用汉字数字

（1）裁判文书的裁判主文需要列条的序号。

（2）裁判文书的裁判主文涉及的数字。

（3）裁判文书尾部的年、月、日。

（4）定型的词、词组、成语、惯用语、缩略语或具有修辞色彩的词语中作为词素的数字。

例：一律、星期五、七上八下、不管三七二十一、第一季度。

（5）相邻的两个数字并列连用表示的概数，如：二三米、三四天、十八九岁、五六十种，但在连用的两个数字之间不得用顿号隔开。

（6）带有"几"字的数字表示的约数。

例：几十年、十几天、几万分之一。

（二）下列情况应使用阿拉伯数字

（1）除（一）列举的情况之外的公历世纪、年代、年、月、日及时、分、秒。

（2）物理量的量值，即表示长度、质量、电流、热力学温度、物质的量和发光强度量等的量值。

例：567.80 千米、600 克、11.5 平方米。

（3）非物理量（日常生活中使用的量）的数量。

例：53.60 元、33 亿美元、21 岁、8 个月。

（4）案号、部队番号、证件号码、地址门牌号码。

（5）为保持裁判文书体例一致，凡用"多""余""左右""上下""约"等表示的约数。

例：60 余次、约 60 次、600 多吨。

引用法律、法规及司法解释条文时，原条文用阿拉伯数字的，应用阿拉伯数字；原条文用汉字数字的，应用汉字数字。

（三）使用阿拉伯数字应注意下列问题

（1）四位以内的数字，不需用分节法。

例：5780。

（2）四位以上的数字，采用三位分节法，即从小数点往前每三位数字为一节，节与节之间采用空格的方法断开，空格位置不需使用千分撇（","）。

例：3 458 756

（3）五位以上的数字，尾数零多的，可以"万""亿"为单位。

例：567 000 000，可以写成56700 万或 5.67 亿，但不能写作5 亿 6 千 7 百万

（4）每两个阿拉伯数字占一个汉字的位置。

（5）一个用阿拉伯数字书写的多位数不能断开移行。

例：100 000，不能在一行末写100，又在下一行开头写000。

（6）年份不能简写。

例："1997 年"不得写为"97 年"。

其他数字的使用问题，按照《中华人民共和国国家标准 GB/T15835－2011 出版物上数字用法》执行。

三、文书制作标点符号用法

（1）"被告辩称""本院认为"等词语之后用逗号。

（2）"本院认定如下""判决如下""裁定如下"等词语之后用冒号。

（3）裁判项序号后用顿号。

（4）除本规范有明确要求外，其他标点符号用法按照《中华人民共和国国家标准 GB/T15834－2011 标点符号用法》执行。

四、文书制作计量单位用法

行政裁判文书计量单位用法可参照适用《北京市高级人民法院关于制作裁判文书有关技术要求的规定》的规定。

长度法定计量单位采用米制，单位名称用"米""海里""千米（公里）"；不得使用"公分""尺""寸""分"及"时（英寸）"。

质量计量单位名称使用"千克""克""吨"；不得使用"斤""两"。

时间计量单位名称使用"秒""分""时""日""周""月""年"；不得使用"点""刻"。

体（容）积计量单位名称使用"升"；不得使用"公升"。

其他计量单位的使用问题，依照《中华人民共和国法定计量单位》的规定执行。

五、文书制作印刷要求

行政裁判文书的纸张标准为 A4 型纸，成品幅面尺寸为：210mm×297mm。版心尺寸为：156mm×225mm，一般每面排 22 行，每行排 28 个字。裁判文书采用双面印刷，单页页码居右，双页页码居左；印品要字迹清楚、均匀。

行政裁判文书的标题位于版心下空两行，居中排布。标题中的法院名称和文书名称一般用二号小标宋体字；标题中的法院名称与文书名称分两行排列。案号之后空二个汉字空格至行末端。案号、主文等用三号仿宋体字。

行政裁判文书尾部落款处的审判长、审判员每个字之间空二个汉字空格。审判长、审判员与姓名之间空三个汉字空格，姓名之后空二个汉字空格至行末端。

凡裁判文书中出现误写、误算，诉讼费用漏写、误算和其他笔误的，未送达的应重新制作，已送达的应以裁定补正，避免使用校对章。

六、行政裁判文书制作语言要求

行政裁判文书应当按照国家规定的现代汉语语法规范和技术规范表述。

行政裁判文书中叙述语言要具有求实性、规范性、简洁性、时序性，说理语言要具有庄严性、周密性、情理性，避免模糊、繁杂、冗长、华丽，语言均力求准确、规范、质朴、庄重，不得用俗语、土语及污秽语言。

行政裁判文书中表述国家、地区、地址和当事人、标的物名称，一般不直接使用外文或其缩写形式，可以在第一次出现中文译名时括注外文名称或者其缩写形式。中文译名除社会长期使用的以外，应当以国家主流媒体、权威出版部门或权威辞典的译名为准。使用专业术语以通用教科书或权威辞典为依据。

主要参考文献

[1] 刘淑莲. 庭审实务 [M]. 北京：北京大学出版社, 2008.

[2] 樊学勇. 模拟法庭审判讲义及案例脚本 [M]. 刑事卷. 北京：中国人民公安大学出版社, 2007.

[3] 樊学勇. 模拟法庭审判讲义及案例脚本 [M]. 民事卷. 北京：中国人民公安大学出版社, 2009.

[4] 樊学勇. 模拟法庭审判讲义及案例脚本 [M]. 行政卷. 北京：中国人民公安大学出版社, 2011.

[5] 孙青平. 法庭规制与技巧研究 [M]. 北京：中国政法大学出版社, 2015.

[6] 张明丽. 书记员规制原理与实务 [M]. 北京：法律出版社, 2009.

[7] 寇昉. 书记员工作流程 [M]. 北京：人民法院出版社, 2018.

[8] 郭林虎. 法律文书情境写作教程 [M]. 第五版. 北京：法律出版社, 2018.

[9] 法律出版社法规中心. 2020 最新民事诉讼法及司法解释汇编 [M]. 北京：法律出版社, 2020.

[10] 法律出版社法规中心. 中华人民共和国刑事诉讼法注释本 [M]. 北京：法律出版社, 2019.

[11] 法律出版社法规中心. 2020 中华人民共和国行政诉讼法及司法解释全书 [M]. 北京：法律出版社, 2020.